中文社会科学引文索引(CSSCI)来源集刊

清华大学社会科学学院
Tsinghua University SCHOOL OF SOCIAL SCIENCES

Tsinghua
Journal of Social Sciences

清华社会科学

第6卷 第1辑（2024）

商务印书馆
The Commercial Press

主办单位：清华大学社会科学学院

学术委员会（以姓氏拼音或字母为序）：
陈明明（复旦大学）
Deborah Davis（耶鲁大学）
James Fishkin（斯坦福大学）
刘守英（中国人民大学）
刘涛雄（清华大学）
彭凯平（清华大学）
Philip Zimbardo（斯坦福大学）
Richard Nisbett（密歇根大学）
时殷弘（中国人民大学）
王天夫（清华大学）
项　飙（马克斯·普朗克社会人类学研究所）
谢喆平（清华大学）
阎学通（清华大学）
应　星（清华大学）
俞可平（北京大学）
张　静（北京大学）
张小劲（清华大学）
周黎安（北京大学）
周晓虹（南京大学）

主　　编：应　星
编辑部主任：杜　月
编　　辑：董焱尧　齐　群（特约）　何居东　李泓博　胡卓炯　陈虹汐

目 录

特稿

3 探寻行政发包制的历史渊源：以清代基层治理为考察对象 /周黎安

专题：韦伯社会理论再研究

63 战争与和平之间：马克斯·韦伯的斗争理论 /何 蓉

86 自由的阈限：马克斯·韦伯的伦理理性化与支配 /陈艳楠

论文

127 作为异质的华南历史人类学共同体
——基于宗族研究的考察 /杜 靖

182 战争背景下的双十节图像与政治话语交锋（1931—1949）
/高 强

217 边缘军阀与中国革命
——以驻粤滇军为中心的考察（1922—1925） /黄丰富

249 古希腊铸币与政治权威 /李秀辉

269 国际安全中的威慑研究：演进与评析 /康 田 佘纲正

评论

295 "最好的文化社会学研究是高风险且有创意的"
——访著名文化社会学家菲利普·史密斯教授 /
刘子琨 朱远航 许松影

312 法律的信息功能 /张泰苏

320 《清华社会科学》投稿指南

特　稿

前 言

探寻行政发包制的历史渊源：以清代基层治理为考察对象[*]

周黎安[**]

摘要： 本文借助已有的历史文献和最新学术进展，考察了由州县官、书吏、衙役所构成的清代州县衙门的运作机制和治理特征，以此探寻行政发包制的历史原型和内在逻辑。本文详细论证了清代基层治理所呈现的是一个更加"原生态"、更加彻底纯粹的行政发包制形态这一观点，它表现为行政体制作为正式制度与"发包—承包"体制作为非正式制度的二元嵌套，两者既相互衔接、咬合，又相互摩擦和冲突，进而产生了一系列的组织张力，例如发包人的绝对控制权与承包人的自由裁量权之间看似"紧张和矛盾"的共存，正式预算体制与非正式（灰色）预算外体制之间既二元对立又二元互补，正式制度范围内承包人的"责权利不对称"与正式制度之外的"法外"补偿与修复等等。基于对行政发包制历史形态及其内在机理的深入剖析，本文还引申出一个更具一般性的理论命题——"治理不可能三角"，即具有挑战性且刚性的治理目标、有限且刚性的治理资源（预算人员规模）、严格且刚性的程序规则约束，三者不可兼得。

关键词： 行政发包制　历史原型　清代州县政府　基层治理　治理不可能三角

---

[*] 本文最初的内容源于 2023 年 12 月作者本人在北京大学文研院举行的学术讲座，感谢黄宗智、叶炜、罗祎楠、田凯等诸位老师的建设性评论和意见。
[**] 周黎安，北京大学光华管理学院教授。

一、引言

行政发包制的概念提出①之后在学术界产生了广泛的影响,许多学者借助和引申这一概念,分析和理解当代中国国家治理的诸多重要现象,如多层级块块政府间关系(如招商引资、精准扶贫、河长制、基础教育普及)②,条线政府间的关系(如环境治理)③,中国宪法关于发挥中央和地方"两个积极性"的表述④,同一政府内部围绕中心工作展开的政治动员和政策实施机制(如领导包干制)⑤,国家与社会关系⑥,以及最近兴起的互联网平台治理的结构性特征⑦。

随着相关研究的深入开展,学者开始关注行政发包制作为一种现代国家治理体制的历史起源及其沿革问题。事实上,在行政发包制概

---

① 周黎安:《转型中的地方政府:官员激励与治理》,上海:格致出版社,2008年;周黎安、王娟:《行政发包制与雇佣制:以清代海关治理为例》,载周雪光、刘世定、折晓叶编:《国家建设与政府行为》,北京:中国社会科学出版社,2012年;周黎安:《行政发包制》,《社会》2014年第6期;周黎安:《行政发包的组织边界:兼论"官吏分途"与"层级分流"现象》,《社会》2016年第1期。

② 郭亮:《土地征收中的"行政包干制"及其后果》,《政治学研究》2015年第1期;周黎安:《转型中的地方政府:官员激励与治理》(第二版),上海:格致出版社,2017年;李汉卿:《行政发包制下河长制的解构及组织困境:以上海市为例》,《中国行政管理》2018年第11期;李振、王浩瑜、孙宇飞、牛童、徐雅静:《"条块并举"发包制下的基层治理——以T区乡镇政府的精准扶贫工作为例》,《公共行政评论》2020年第13期;周黎安:《行政发包制与中国特色的国家能力》,《开放时代》2022年第7期;周黎安、白慧天:《计划经济时期中苏教育体制比较:行政发包制的视角》,2022年北京大学工作论文。

③ 周雪光、练宏:《中国政府的治理模式:一个"控制权"理论》,《社会学研究》2012年第7期。

④ 丁轶:《等级体制下的契约化治理重新认识中国宪法中的"两个积极性"》,《中外法学》2017年第4期。

⑤ 张静:《行政包干的组织基础》,《社会》2014年第6期;郭华、袁松:《行政包干制:县域治理的逻辑与机制——基于华中某省D县的考察》,《开放时代》2017年第9期;欧阳静:《县级政府包干制:特点及社会基础》,《中国行政管理》2020年第1期。

⑥ 曹正汉:《中国上下分治的治理体制及其稳定机制》,《社会》2011年第1期;黄晓春、周黎安:《政府治理机制转型与社会组织发展》,《中国社会科学》2017年第11期;陈伟:《统筹包干制:农村公共品供给的基层运作模式》,《湖湘论坛》2022年第5期。

⑦ 胡凌:《平台发包制:当代中国平台治理的内在逻辑》,《文化纵横》2023年第4期。

念提出之初①,笔者就试图将它延伸到帝制中国的历史场景之中,借助瞿同祖、黄仁宇、冯友兰等先生的著述,强调其历史的表现形式与当代的延续性,可惜这方面的证据较为零星和粗略。笔者在2012年的一项合作研究是一次更为系统地追寻行政发包制历史渊源的尝试,利用行政发包制的分析概念解析了清代海关的传统治理特征,并将它与英国人赫德(Robert Hart)引入现代科层制之后的海关治理进行了比较研究。②应星的研究将行政发包制的历史起源问题推向了一个崭新的视域,追溯到中国共产党领导的抗日战争和解放战争时期中央和根据地的关系问题上,基于当时革命根据地的组织管理模式与行政发包制的内在关联性,提出了"军事发包制"的重要概念。③笔者从行政发包制的衍生概念——"行政外包"的视角对中华帝制时期的国家社会关系进行了再审视,强调特定的治理领域特征与历史上行政外包的组织形态之间具有内在的对应关系,进而揭示了中华帝制时期国家社会关系呈现的"权力一元性"与"治理多样性"并存的特点及背后的运行机制和内在逻辑。④

上述的学术探索各有其理论价值,但是关于行政发包制的历史形态的研究还有许多可进一步拓展的空间。例如笔者关于清代海关治理特征的合作研究,使用今天的术语,侧重于对海关条线关系特征的刻画,关于清代"块块"政府间关系是否呈现行政发包制的基本特征以及与当今形态的联系和区别,我们仍然所知甚少。应星的研究将当代行

---

① 周黎安:《转型中的地方政府:官员激励与治理》,上海:格致出版社,2008年。
② 周黎安、王娟:《行政发包制与雇佣制:以清代海关治理为例》,载周雪光、刘世定、折晓叶编:《国家建设与政府行为》,北京:中国社会科学出版社,2012年。
③ 应星:《军事发包制》,《社会》2020年第5期。下文有关应星的部分均来自该文。黄宗智曾经简略地提及,当代中央和地方政府间的"行政发包"关系可以追溯到革命根据地时期中央和根据地之间的关系,因为革命策略和历史环境(如敌人反复发起的"围剿"、通信技术的局限等),根据地享有很大的独立性。这段时期形成的中央—根据地的"行政发包"关系被认为是新中国成立之后"两个积极性"的历史经验的重要来源。参见黄宗智:《重新思考"第三领域":中国古今国家与社会的二元合一》,《开放时代》2019年第3期。
④ 周黎安:《一体多面:中华帝制时期的国家—社会关系再研究》,《社会》2022年第5期。

政发包制的历史渊源追溯到革命战争时期,这是一个重要突破,填补了从中华帝制时期到新中国行政发包制演变的历史空隙。从时间顺序上,新中国的行政发包制直接承接了军事发包制,从中继承和吸收了不少重要治理元素,但从传统的长期影响看,以后时期的行政发包制的形成也很难割舍中华帝制时期治理模式的影响。换句话说,即使我们承认新中国的行政发包制从革命战争时期的军事发包制承接了许多重要的制度元素,但这些历史传承究竟是军事发包制的独有贡献,还是在更深的层次上来源于中华帝制时期绵延不断的治理传统?应星在文章中也直接提出了这一问题,并进行了一些很有启发意义的讨论。但为了有效讨论这一问题,我们仍然需要更深入地探知帝制中国的治理模式的机制特征及其与行政发包制的内在关联,而目前我们对于这一问题的认知还停留在一些粗略和零散的描述上。笔者关于中华帝制时期国家社会关系的研究涉及的是行政外包的诸种历史表现形式,而对中华帝制时期的行政内包——从中央朝廷到地方政府的"发包—承包"链条的治理特征——并未涉猎。

基于上述的理论背景,本文希冀有所推动和突破,试图以清代州县政府的运行实践为研究对象,在借鉴已有历史文献和最新学术进展的基础上,探寻行政发包制的历史渊源及其运作机理。本文聚焦清代州县政府的运行特征,既未涉及州县之上的地方政府和中央朝廷,也未延伸至清代以前,最主要的原因是关于清代州县政府运行的历史文献资料相对来说更为丰富、细致和翔实,尤其是有些学者基于一手历史档案(如巴县档案)和当事人的日记资料(如清朝担任过多地州县官的杜凤治留下的数百万字的日记),还原了州县政府运作、州县官吏日常行为极为丰富的历史场景[①],为我们从微观视角解析州县政府的运行机理以及州县官吏之间的工作分工、协作关系提供了坚实的经验素材。当然,

---

① 例如白德瑞:《爪牙:清代县衙的书吏与差役》,尤陈俊、赖骏楠译,桂林:广西师范大学出版社,2021年;邱捷:《晚清官场镜像:杜凤治日记研究》,北京:社会科学文献出版社,2021年。

在整个两千多年的中华帝制时期,县域政府作为联结上级政府(包括中央朝廷)和广大乡村社会的关键节点,一直是最为稳定的政府建制,也是国家治理体制最为重要的底座和基石,解开清代县域政府运行的机制和奥秘有助于我们理解中华帝制国家治理的一般性特征,其研究意义不言而喻。

关于清代州县政府的运行,已有学者从不同的视角和侧面揭示了与行政发包制密切相关的某些现象和特征。如瞿同祖的经典著作《清代地方政府》从社会学视角分析了清代州县政府现实运行及居于其中的州县官、书吏和衙役的行为特征,其中州县政府是"一人政府"的概括,州县政府和州县官吏对于陋规收入的高度依赖等重要叙述,构成了本文的重要研究起点。① 冯友兰基于他父亲做过清朝州县官的经历,将清朝县官描述为事实上的"采邑"(辖区)承包方,如同远古分封时代的"百里侯",只是每年须向朝廷上缴定额的税收,剩下的就是自己的收入。② 魏光奇也指出,清代州县政府的财政体制本质上就是州县官的个人"财政大包干"体制。③ 日本学者宫崎市定认为清代的书吏如同"官衙事务的承包人",说明衙门内部可能存在一个"发包—承包"关系。④ 借助笔者提出的行政发包制概念,黄宗智更加明确地指出,州县衙门内部相当广泛地采用了"行政发包"制度,州县官"委托某当地人为其各房体系中的主要(承包)负责人,由其出资来'承包'该房的责任和其所附带收入,转而将房内的其他职位也进一步分别由房主'发包'给各房内部的任职者"⑤。这些观察和论述为我们在清代州县政府运行中发现"行政发包制"的历史渊源提供了极有价值的线索和方向,但是,清代州

---

① 瞿同祖:《清代地方政府》,北京:法律出版社,2003年。
② 冯友兰:《三松堂自序》,北京:人民出版社,2008年。
③ 魏光奇:《有法与无法:清代的州县制度及其运作》,北京:商务印书馆,2009年。
④ 宫崎市定:《清代的胥吏和幕友》,载刘文俊编:《日本学者研究中国史论著选译》第6卷,北京:中华书局,1993年。
⑤ 黄宗智:《国家—市场—社会:关于中西国力现代化路径的不同》,《探索与争鸣》2019年第3期。

县政府的运行实践究竟在何种意义上与行政发包制系统联系在一起，是否与行政发包制的三个基本维度（行政权的分配、预算分配与经济激励、内部考核与问责）真正契合，清代基层治理所呈现的历史形态与当代行政发包制的承续与变革究竟在哪里，这一系列重要问题都需要更加深入地加以研究和回答。

本文的主要贡献体现在三个方面。第一，结合历史资料和相关学术文献，系统刻画了清代州县政府的运行特征，包括州县官层面和州县政府衙门内部书吏、衙役的职责分工和运行机制，详细论证了清代基层治理在行政权分配、预算分配和经济激励、内部考核和问责三个维度上呈现出一个更加"原生态"、更加彻底纯粹的行政发包制形态。州县官不仅从朝廷和上级政府承包了州县政务，他还是公共财政的私人承包方和经营者，衙门内部从州县官到书吏再到衙役也是一个层层发包、承包和转包的清晰链条，书吏和衙役的负责人各自担任其"工作单元"的独立承包方，负责人员招聘、绩效考核、经费自筹和任务完成等各项工作。近年来，有不少学者基于田野调查发现，行政发包体制不仅在当代多层级政府间发生，在县域政府内部也盛行行政包干制（如领导包干制）。① 本文解析和论证的州县政府的内部"发包—承包"机制虽然在政府架构、组织形式、工作内容等诸多方面不同于当今县域政府的内部包干制，但揭示出两者之间的历史延续性，从本文的主旨——探寻行政发包制的历史渊源——的角度看，仍然是一个有趣和重要的发现。

第二，基于清代基层治理的实践，本文揭示了行政发包制的历史形态所蕴含的运作机理和深层逻辑。概言之，清代的州县政府运行所呈现的行政发包制具体表现为行政体制作为正式制度与"发包—承包"体制作为非正式制度的二元组合，两者既相互衔接、咬合，又相互摩擦和冲突，进而产生了一系列的组织张力，例如发包人的绝对控制权与承包

---

① 例如张静：《行政包干的组织基础》，《社会》2014 年第 6 期；郭华、袁松：《行政包干制：县域治理的逻辑与机制——基于华中某省 D 县的考察》，《开放时代》2017 年第 9 期；欧阳静：《县域政府包干制：特点及社会基础》，《中国行政管理》2020 年第 1 期。

人的自由裁量权之间看似"紧张和矛盾"的共存,正式预算体制与非正式(灰色)预算外体制之间既二元对立又二元"咬合",正式制度范围内承包人的"责权利不对称"与正式制度之外的"法外"补偿与修复等等。本文还分析了这些特征在当代行政发包制的延续性,这对于重新理解当今政府间的权力划分的性质、集权与分权、财政二元体制、责权利关系以及政府内部的运行机制都具有重要的启示意义。

第三,基于对行政发包制历史形态及其内在机理的深度剖析,本文引申出一个更具一般性的理论命题——"治理不可能三角",即具有挑战性且刚性的治理目标、有限且刚性的治理资源(预算人员规模)、严格刚性的程序规则约束,三者不可兼得;锁定任意两者的刚性要求,就必须放弃第三者的刚性约束。行政发包制、理性科层制、现代公司治理作为三种不同的治理模式就是顺应"治理不可能三角"的基本原则——锁定两者的刚性要求就必须让第三者保持弹性和开放——而内生形成的自洽一致的产物。这说明,在不同文明形态和发展阶段所呈现的典型治理模式,看似相互不同,也很少看见有人将这三者放在一起比较研究,其背后却蕴含着更为深刻和普适的内在逻辑和制约关系,我们所揭示的行政发包制的历史形态只是这种深刻关系的一种具体表现而已。这个理论命题的提出有助于我们进一步思考决定不同国家(组织)治理背后更为底层的决定因素。

二、清代州县官与"一人政府"

(一) 州县官的名义和实质权力

清代的州县官兼行政官、税务官与法官于一身,职责无所不包,从钱粮上缴、决讼断辟、缉拿盗匪到劝农赈灾、兴教礼仪、公共工程等事无巨细,对于属地的一切事务都承担责任。按照清代朝廷的规定,这些职责县官都需要亲力亲为,不能委托他人(如佐贰官、书吏),事实上县官不可能全都尽心尽责。① 更有意思的是，在建制上州县一般设有正印官的辅佐官员（僚属），知州有州同、州判、吏目、杂职官（如巡检、巡宰、驿丞、仓大使、闸官），知县有县丞、主簿、典吏、佐杂等若干佐贰官。这些佐贰官分担州县官的部分职责（如河务、邮驿、典狱、治安），理应减轻州县官的任职负担（如秦汉、隋唐时期那样），但实际运行过程中他们被贬为"闲官"或"冗官"，更像是一个摆设，并不能真正为州县官分忧解难。② 也可能因为其"鸡肋"性质，相当一部分州县直接不设置佐贰官。③ 据瞿同祖的统计，清代设有州同、州判的州不足一半，不足三分之一的县设有丞、簿。④ 这更加凸显州县政府作为"一人政府"的特征。

在宋代之前，州县的县令主官（知县）、佐贰官（县丞、县尉、主簿）与掾史吏员作为一个整体构成县署行政团队，县主官与佐贰共同掌管县政。县官可以自辟掾属，但掾属也是"体制内"人员，可以晋升到更高职位，表现为"官吏一体"。自宋代之后，县署的内部人员结构发生分化。一是"官吏分流"，以前的掾史吏员变成身份低下的胥吏，逐渐由本地人担任，且丧失向上晋升机会，这与外地来的主官形成对照；二是佐贰官逐步淡出行政主干体系，不再与县主官圆坐联署，集体决策，而是被派去负责一些专任性职责（如粮马、巡捕、河务），佐贰官有自己的衙署职责，不再是州县官的副官或下属，但州县官对他们承担监察考核之责。⑤ 到了清代，州县治理就彻底演变成正印官独任制，州县官独揽县政大权，一人承担属地责任，宋代之前县政的集体（机构）责任最终走向

---

① 例如《清律例》规定，州县官不许委托乡约、地保调查抢劫、杀人等重大案件，对于死亡案子，必须亲自验尸化验。
② 佐贰官不允许审理刑事案件以及较为重要的民事案件；按照职掌设置，典吏或吏目应该是捕快的首领，但事实上他不能指挥捕快，捕快们是由州县官亲自统领的。参见瞿同祖：《清代地方政府》，北京：法律出版社，2003年，第27页。
③ 根据杜凤治的日记，在广东多个地方的佐杂长期没有衙署，佐杂官也长期住在县城；佐杂的权力也主要集中在防御、缉捕盗匪事务上。参见邱捷：《晚清官场镜像：杜凤治日记研究》，北京：社会科学文献出版社，2021年，第180—181页。
④ 瞿同祖：《清代地方政府》，北京：法律出版社，2003年，第22—23页。
⑤ 魏光奇：《有法与无法：清代的州县制度及其运作》，北京：商务印书馆，2010年，第31—36页。

了个人责任。

  清代的州县官职能广泛,责任重大,以一己之力根本无法胜任,具体事务就不得不落到六房书吏和衙役身上了。而关于书吏衙役的编制,清政府又严加限定,一个州县大约 10—12 个,明显满足不了县政府日常运行的需要。在《中国的宗教:儒教与道教》一书中,韦伯惊叹于古代中国的官吏数目之少,将帝制中华的行政管理描述为"疏放性行政"①,难以建立一套精细化、统一的行政体:

> 就中国官吏万般皆管的职务负担而言,我们可以断定,像普鲁士邦那么广大的一个辖区,即使是上百个官吏都无法治理得好的,更别说只有一个了。帝国其实可说是在最高祭司长统领下的一个督抚领区所结合成的联邦。②

  在 20 世纪之初,韦伯只能借助二手资料(如少数中华经典的译本、传教士的回忆录、西方学者的著述)了解古代中国,其局限性可想而知。比如他注意到了古代中国正式官吏之少,却忽略了正式官吏指使的庞大的"编外"衙门胥吏以及指派的乡村"准官员"群体(如里正、乡保),后者是国家治理体系不可或缺的一部分。③ 然而,给定其所受到的局限,韦伯对于古代中国的观察和分析之犀利和深刻,即使在今天也仍然是惊人的。作为一种间接的印证,中国哲学史研究大家冯友兰先生基于其父亲在清朝做州县官的亲身经历,也提供了一段关于清朝州县官和基层政府的特征描述:

---

① 韦伯所定义的"行政的疏放性"是指每个行政单位仅有少数现职的官吏,其背后的原因是国家财政汲取能力上的限制。参见韦伯:《中国的宗教:儒教与道教》,康乐、简惠美译,桂林:广西师范大学出版社,2010 年,第 140—141 页。
② 韦伯:《中国的宗教:儒教与道教》,康乐、简惠美译,桂林:广西师范大学出版社,2010 年,第 89 页。
③ 黄宗智:《集权的简约治理——中国以准官员和纠纷解决为主的半正式基层行政》,《开放时代》2008 年第 2 期。

县官的收入，无论增加或减少，朝廷是不管的。实际上，朝廷是把这一块地方包给县官了，县官只要把每年规定的银子定额上缴国库，就算尽职了。县官实际上等于一个封君，他所管的一县就是他的"采邑"。所不同于古代的封君者，就是古代的封君把采邑的收入全归自家享受，而县官则必须照定额向国库交银子。在这些地方，可以看出古代分封制的残余痕迹。县官确实像个百里侯。①

由此可以看到，清代正式的制度设计呈现了一个奇怪的局面：一方面，赋予州县官无所不包的职责，并要求其亲力亲为；另一方面，宁愿让有正式编制的佐贰官闲置也不让他们分担正印官的工作，而真正做事的书吏衙役，又给予很少的正式编制。从州县政府的实际运行过程看，朝廷是把州县范围之内的所有行政事务都"包"给了州县官个人，而非州县政府，州县官可以被视为一个综合承包方。有一个历史脚注值得提及：鉴于州县官事务繁杂，雍正皇帝曾经考虑过为知州、知县添设副职，认为这样既可以分担、协理州县官的工作，又有助于后任州县官的衔接，但最终因担心"两人同为一官，或因事无专责，互相推诿；或因意见不合，彼此争执，转致事务稽迟"而作罢。② 这说明从朝廷的视角看，权力集中于州县官一人，便于其承担全部属地责任（包责），比搭班子协同工作更为重要。这从一个侧面也凸显了"人格化"包责在行政发包体系当中的关键作用。

当然，朝廷将行政事务发包给州县官不是市场化的"外包"，而是在行政体制内部的包干制，必然受制于行政上级的监督和审查。至少在制度上，对于属地发生的人口增减、赋税征解、仓库盘查、词讼审理、命

---

① 冯友兰：《三松堂自序》，北京：人民出版社，2008年，第18页。
② 转引自魏光奇：《有法与无法：清代的州县制度及其运作》，北京：商务印书馆，2010年，第401页。

盗案件等重要事项,州县官都需要编造簿册,向道府官员汇报,道府再转藩臬、督抚审阅,核准之后方可行事,任何一位上级官员都拥有干预权和否决权,上级官员也会派人到州县督导检查。然而,以上级官吏之少、所辖地域面积之大、治理事务之繁复,这些层层相扣、叠床架屋的监督和节制事实上形成的行政约束是有限的。下级向上级的文簿申报经常是一种例行的公文往来,上级派人检查督导州县工作也更多是给属员"分润"收钱的机会,最后考验的是州县衙门舞文弄墨的笔头功夫以及迎来送往的接待能力。这里一个重要的制度背景是,督抚、藩臬、道府各级上宪其实只面对州县官一人,州县六房三班完全听命于正印官,上级没有"条线"部门直接联结州县各房科(用现代的术语来说,州县政府是一个纯粹的"块块"部门,不存在"条块结合"),因此从州县通达上级部门的信息渠道几乎完全控制在州县官手中。在这种情况下,朝廷试图通过细密的文法、频繁的申报监督和控制州县政府极为困难,而只能聚焦少数核心指标(如钱粮上缴、社会治安)的考核与监督,韦伯所强调的粗线条、疏放式行政不可避免。

由此,上级政府拥有的正式权力与州县官所拥有的自由裁量权(如同"土皇帝"和"地方诸侯"一样),有法与无法,形成鲜明对比。州县之内,州县官的权力完全集中于一身,州县政府成为"一人政府",名义上无人可以分享、分割、分担其正式权力。这里至少有三个含义:一是权力的一元性和集中性,整个州县的行政事务,只有州县官一人真正掌权决策,在一些重大决策方面州县官也要受制于上级政府的批准、审查、监督,但是在州县之内无人分享、分割、分担其权力①;这事实上也使得州县官容易隐藏地方信息,对上级政府进行屏蔽。二是责任的一元性,属地之内发生所有事情的责任都在州县官,他是唯一和最终的责任主体。三是朝廷拨付给州县官的行政和财政资源极其有限,这意味着州

---

① 这是州县权力结构的突出特征。在中央朝廷与行省之间一般设有不同的条线部门节制地方督抚,如布政司、按察司、盐运使等,他们直接听命于朝廷,从而对督抚进行横向制约。

县官必须想尽办法自筹经费，弥补资源缺口。朝廷钦定的实际有效的政府人员很少，佐贰官有编制但无实际功能，书吏承担具体事务但员额极为有限，如果按照正式制度的设计，州县官只能带领少数书吏"百事躬亲"，不堪重负。

正式制度设计所体现的权责完全集中于一人，与发包事务的庞杂无边、办事人员的高度短缺之间产生了巨大的张力。为了让州县行政正常运转，州县官必然要授权给其下属，分担其职责，不管愿意与否，实际控制权一定旁落。正如曾在多地担任巡抚的陈宏谋所言，许多州县官在处理公文时并不会事必躬亲，一般是让书吏起草，幕友审读把关。① 县官会根据公务繁忙程度和事项的轻重缓急而把具体事务"转包"给手下人处理，在"承包—转包"的过程中，非正式的权力下放不可避免地发生了，州县官正式的权力集中（名义控制权）与佐杂书吏非正式的决策权力（实际控制权）形成了对应。例如清朝明文规定佐杂不得听讼，但现实中州县官因公务繁忙而经常委托他们审讯案子；按照清制，征收钱粮应该是州县官的专责，禁止委托佐贰协办，但州县官委派佐贰下乡协办钱粮征缴时有发生。② 这些事例都是刚性体制与灵活实践的具体表现。关键的问题是，各级官员都不得不默认佐杂听讼或催征的事实。③ 当然从更广阔的视角看，在从皇帝到督抚、知府、州县官的"发包—承包"链条中，每一次"发包—承包"都是从名义控制权的集中到实际控制权的下放与旁落。

（二）正式与非正式预算体系

我们从行政权力的分配中看到正式制度设计与实际运行之间的反

---

① 瞿同祖：《清代地方政府》，北京：法律出版社，2003年，第37页，注释24。
② 魏光奇：《有法与无法：清代的州县制度及其运作》，北京：商务印书馆，2010年，第44页。
③ 邱捷：《晚清官场镜像：杜凤治日记研究》，北京：社会科学文献出版社，2021年，第185页；魏光奇：《有法与无法：清代的州县制度及其运作》，北京：商务印书馆，2010年，第44页。

差,这一点在上级政府与州县政府的财政关系当中也有类似的表现。清政府的财政制度名义上是高度集权的,各级政府的财政收支高度集中于中央政府,州县不存在独立的一级财政,即不存在制度上有所保障、州县政府可以独立支配的财政收入和支出。州县征收的田赋(包括地丁银和漕粮)、耗羡、盐课、杂税等收入按一定比例"起运",运解布政使司,一定比例列为"存留",供地方行政经费支出之用,但这一部分仍然属于中央户部直接控制的预算收入。清代财政体制之集权性质还体现为严格的奏销制度,类似于今天的预算决算制度。各省各项钱粮款项的征收、支出、拨付、储运都必须定期向户部册报请销,"凡钱粮入有额征,动有额支,解有额拨,存有额储,无额则有案。及奏销,则稽其额与有案而议之",户部审核通过才算完成奏销手续,否则就要打回修改,如果州县官确实在财政收支上存在问题,则要依照规定加以惩罚。① 事前定制定额的行政经费分配和事后严格的收支审核奏销使得州县官在正式的预算体系之中毫无自主性可言。

  清初因为战争耗资巨大对地方存留进行了大规模裁减,战后虽有所恢复,但康熙、雍正和乾隆朝又陆续裁减地方支出项目(如削减州县官薪俸、全部裁革书吏工食银、压缩州县办公经费等),相比明代,清代地方存留所占比例仍较低。据估算,有清一代,地方存留占国家财政收入的比例稳定在20%左右。② 地方"存留"包括官俸役食、驿站夫马、祭祀礼仪、科举廪膳、孤贫口粮等项目,一般来说官俸役食和驿站夫马占了绝大多数,其他支出用途所占比例极低。"存留"有几个特点需要指出。第一,如上所述,它不属于州县政府可以自由支配的预算收入,其控制权完全在户部,其用途和金额随时可能改变;第二,它按照固定用途、员额、金额详细列出,例如"知县俸薪银实支四十五两""门子二名,工食银一十二两""文庙修理银十两""进士牌坊银一百两,每年带征银

---

① 光绪《钦定大清会典》卷二十,户部。
② 岁有生:《清代州县经费研究》,郑州:大象出版社,2013年,第25页。

三十三两三钱三分三厘""孤贫口粮银额定十二名,支银四十三两二钱"等等。① 对于这些"项有定制、数有定额"的经费(有些项目精确到小数点后面六位数),州县官无权改变其用途和额度,除此之外也完全没有机动性财力;第三,州县存留不只是供州县行政开支之用,还包括支付上级地方政府(道府、藩臬、督抚)的行政经费。

严格意义上说,除了州县官、佐贰官和经制吏役的薪俸(雍正"火耗归公"改革之后还包括了州县官的养廉银)以及少量定向定额的行政经费之外,州县不存在独立的预算收入。严格的奏销制度也只发生在正式的预算收支范围之内。但是,州县政府面临许多常规性、数额不菲的预算支出,如非经制人员经费、行政办公经费等,且具有刚性。州县官所承包的政府财政就是这样一个注定"收不抵支"的局面。而保证政府的日常运转又必须保证政府的刚性支出,这是州县官作为政府事务承包方的不可推卸的任务,意味着他必须要从正式预算体制之外寻求额外收入,不论其来源是否合法。

我们可以为州县官的钱两收支算一笔账。我们先考察其各类潜在收入的来源。清代州县官的名义薪俸很低,知州每年是 80 两银子,知县 45 两,雍正"火耗归公"改革之后增加了养廉银(不完全是薪俸补助,还包括州县办公经费补助),地区间差异很大,知州在 500 两至 2000 两之间,知县在 400 两至 2260 两之间。② 朝廷核定的名义薪俸(包括州县官、佐贰官、康熙元年之前的书吏)、养廉银、经制差役的工食银,以及钱粮正额上缴之外用于支付州县行政经费(如"留存"以及正额征收附加的"火耗"),属于合法的收入来源。除此之外都是模糊灰色地带,通常包括四类来源,即田赋浮征、杂税盈余、陋规和差徭。雍正火耗归公改革之后,本来属于地方官员可以支配的养廉银逐渐被纳入户部控制

---

① 参见岁有生:《清代州县经费研究》,郑州:大象出版社,2013 年,第 11—13 页。
② 据方志记载,广宁知县每年俸禄 45 两、养廉银 600 两,南海知县年俸 45 两、养廉银 1500 两、心红纸张银 30 两。参见邱捷:《晚清官场镜像:杜凤治日记研究》,北京:社会科学文献出版社,2021 年,第 354 页。

范围,且经常作为"摊捐"对象,导致州县官在田赋之上加征各类项目弥补经费短缺,在一些地区田赋浮征占到正项钱粮的50%—80%。① 不仅出台新的浮收项目,田赋征收过程中官府还通过操纵银钱比价、奇零折算(如纳粮5钱1分1厘改为5钱2分核算)等各类手段搜刮百姓。杂税收入也是州县政府"法外收入"的一部分,包括田房契税、当税、牙行税、牲畜税等等。按照清政府的规定,杂税应该"尽征尽解",但因为来源广、数额小,清政府难以掌握实际情况,只好采取定额管理,规定一个相对较低的固定数额,这为州县衙门提供了获取定额之外不菲盈余的机会。

赋税征收、诉讼审理的陋规收入,书吏、衙役充任支付的"公礼"以及逢年节、生辰、升官等获得的馈赠赘仪等"法外收入"是州县官的重要收入来源。"法外"意味着不在正式的奏销范围,但不代表"非法",这是朝廷上下均知其有、上级也默认的收入来源,因为离开了这部分收入,州县政府(包括上级地方政府)无法正常运转。火耗一度被清政府认为是非法的,形同受贿处理,但由于各级政府均依靠陋规补充行政经费,火耗征收一直被默认,没有州县官因此受罚。康熙皇帝也曾经向一位巡抚表示,州县官在正常税收基础上加征一成火耗也是可以接受的。这位巡抚回答说,这是皇上的恩典,但不能告诉州县官这种做法是被允许的。②

一些州县官还可能通过贪赃枉法、勒索获取额外收入,这是不被大家认可的不法收入。概而言之,州县官的收入来自可动用的存留、名义薪俸、养廉银、少量的行政费用③及各种陋规收入,除此之外,当然也可能包括非法科征和勒索。需要说明的是,从督抚、藩臬到府道各级上司

---

① 岁有生:《清代州县经费研究》,郑州:大象出版社,2013年,第43页。
② 瞿同祖:《清代地方政府》,北京:法律出版社,2003年,第51页。
③ 雍正朝"火耗归公"改革之后,清政府才开始向各级地方政府提供行政经费,地方官员的养廉银也从中开支,但行政经费数额非常有限。根据河南省的情况,给下级部门拨付的行政经费只占全省火耗收入的5.57%,一个州县衙门只得到180—300两的银子。参见瞿同祖:《清代地方政府》,北京:法律出版社,2003年,第48页。

的行政经费,主要依靠州县的陋规和浮收,因为只有州县政府作为"亲民官"为百姓提供司法服务(如审理案件)、直接征收钱粮,具有获得陋规和浮收的渠道。而上级政府,如知府、道台、布政司、巡抚,并不能直接与老百姓发生关系,也就失去收取陋规等各种灰色甚至非法收入的机会,因而只能向下级政府"摊捐",或依靠下级政府的"进贡"(如节日祝寿的馈赠),进而参与到总陋规收入的分成过程中。瞿同祖提供了河南省的例子——行政经费的拨付只有巡抚和布政司的衙门是相对充足的,州县一级得到的金额可谓杯水车薪。① 也就是说,经费压力沿着权力序列向下依次传递,最底层的政府行政经费压力最大。

除了用货币体现的预算收入,州县政府还依靠一个由各种差役支撑的"准财政体系"。② 自从"摊丁入亩"改革之后,官府以前派发民户的徭役变成征收役银,理论上招募的职业夫役应该支付工食银。差役折成丁银且定额化有助于硬化基层政府的财政支出。③ 然而,现实生活中差役没有完全消失,州县所需的人力、物料等经常向民间摊征,差役支撑的"实物"财政体系仍然在运转,为基层政府的运行提供重要的物质基础。派发多少差徭没有设置上限,存在相当的任意性,成为州县政府及书吏衙役层层转嫁经费负担、敲诈勒索、中饱私囊的"隐性空间"。

下面我们看看州县官的财政支出项(正额钱粮上缴不计),一般包括如下几项:

(1)公务费用,如下乡催征缉盗、维持驿站运转的日常行政支出,更重要的是修缮衙署、城墙、学宫、祠庙及辖区道路、桥梁等公共工程支

---

① 瞿同祖:《清代地方政府》,北京:法律出版社,2003年,第48页,注释63。
② 韦伯将古代中国称为"赋役国家",即农民、工匠、商人等职业团体以负担徭役或实物贡赋的方式满足国家公共事务的预算需求。参见韦伯:《中国的宗教:儒教与道教》,康乐、简惠美译,桂林:广西师范大学出版社,2010年,第48页。
③ 郑振满:《乡族与国家:多元视野中的闽台传统社会》,北京:生活·读书·新知三联书店,2009年。

出,这些公共支出大多没有国家规定的经费来源,只能是州县官自筹自付。① 有趣的是,当督、抚、学政、藩、臬等上司到任,首县(省府所在县)知县需要负责其衙署修缮和用物添置,还要承担上司的一些公务外出(如神庙秋祭)所涉及的车马费。

(2)准公务费用,如给自己的上司——府道、藩臬、督抚(包括随从)送节寿礼以及向京官送炭敬、冰敬②,上级官员途经本地的住宿、食膳等接待费用以及离境时支付的陋规(包括支付随从人员的门包);更重要的是,各级上司要求州县官支持其办公经费等用途的各种"摊捐"(从州县官的养廉银中扣除③)。省级政府的财政亏欠也会要求一定范围的州县政府摊捐,一些地区发生灾荒导致的钱粮豁免最终由该省的州县官摊捐解决,诸如此类的不受州县官控制的摊捐时有发生。

(3)支付给幕僚、长随、书吏、衙役的薪酬。州县官一般需要雇佣3—5名幕僚,钱谷、刑名幕僚是必不可少的,每位幕僚一年的薪酬从数百至数千两银子不等,这加在一起是一笔不菲的支出。④ 长随是州县官信赖的私人助手,安排在关键岗位上,他们的衣食住行费用及必要的薪俸也是少不了的。州县官到一方任职一般不是一人赴任,而是一大帮家人、仆人跟随,他们的吃穿用度也要从州县官的账户里支出。清朝政府付给经制书吏的工食银是6两银子,康熙元年之后全部裁革,支付工食银的负担落在了州县官身上。差役享受少量的工食银,但只限于经制范围之内很少的人数,大量经制之外的"白役"的工食银,也是州县官预算外支出的一部分。

(4)用于弥补财政亏空的支出。按照清政府的规定,州县官离任

---

① 虽然地方"存留"列支的祭祀礼仪等项目行政经费可能包含了城墙、庙宇的修理费,但这些修理费定额极低(如文庙修理费只列支10两白银),相对耗资成百上千的实际支出可谓杯水车薪,两者之间的差额仍然需要州县官自行筹措。
② 杜凤治有一次给广东总督送寿礼,包括付给门包的礼物,大约三千金。参见邱捷:《晚清官场镜像:杜凤治日记研究》,北京:社会科学文献出版社,2021年,第111页。
③ 杜凤治两任广宁,一任四会,共四年时间,缴纳捐摊八千余金。参见邱捷:《晚清官场镜像:杜凤治日记研究》,北京:社会科学文献出版社,2021年,第360页。
④ 瞿同祖:《清代地方政府》,北京:法律出版社,2003年,第160、186—187页。

时需要做"离任审计",如有钱粮上缴的亏空必须自掏腰包弥补,否则要面临惩罚。① 清政府设立了向有钱粮亏欠的官员子孙追偿的规定,导致一些"故员"亲属陷入困境甚至绝境。② 而一些长期贫瘠穷困的州县,盐课地丁亏空严重,谁去做州县官谁自行赔累,致使无人愿意赴任,只好让佐杂人员代理。③

地方官员对于任职期间发生的钱粮亏累承担了个人(甚至跨代际)的无限责任,这是最能反映州县官个人承包政府财政、自收自支、自负盈亏的本质特征。一个很能说明州县官个人整体承包州县衙门财政收支的例子是,州县官及家人定期从州县衙署的"公共账户"直接分钱,分钱多少取决于具体财务状况。例如杜凤治定下规矩,每月从衙门的账房给家人分一部分钱,具体数额不等。同治七年(1868年)杜凤治日记记载,他决定派分"账房应得户、仓房规例及传呈各费"320余两,分给了他的家人,自己也提取36两。④

州县官的收入和支出难以清晰区分"公"和"私",比如行政办公经费的支出可能出自其个人收入,而审理案件的合法收费有一部分也进入州县官的私人口袋。⑤ 雍正"火耗归公"引入的养廉银就是一项"公私不分""公私兼具"的收入,它既补充州县官个人的正式薪俸之不足,

---

① 知府对于州县官负有监察职责,因而对其失职行为承担连带责任。如果州县官在任职期间发生财政亏空,知府负责赔偿6%。参见魏光奇:《有法与无法:清代的州县制度及其运作》,北京:商务印书馆,2010年,第29页。
② 邱捷:《晚清官场镜像:杜凤治日记研究》,北京:社会科学文献出版社,2021年,第193页。
③ 道光年间曾经担任甘肃布政使的张集馨提到甘肃崇信县"民贫政简,十岁九荒,盐课地丁,皆州县自为赔累……州县任斯缺者,皆藏匿省中,不肯身屡其地,甚有求请在省另当苦累差使,而以佐杂人员经年代理"。参见张集馨:《道咸宦海见闻录》,北京:中华书局,1981年,第209页。
④ 邱捷:《晚清官场镜像:杜凤治日记研究》,北京:社会科学文献出版社,2021年,第352页。
⑤ 根据韦伯的观点,官吏用其行政辖区所得各项收入以及个人收入支付行政费用,均属于公私不分,而这正是家产制性格的鲜明体现;另外,地方官实际上采取财政包干的形式,自收自支,这也导致朝廷无法确知单个省和地区的实际总收入,而州省总督也无法确知府县的收入。参见韦伯:《中国的宗教:儒教与道教》,康乐、简惠美译,桂林:广西师范大学出版社,2010年,第100页。

但又不完全属于州县官私人的收入,它还具有弥补州县一部分办公经费的功能。在这个意义上,州县官就是州县预算收支的"个体"承包方,预算收支从性质看公私不分,或公私混杂,但都是在州县官的个体层面上统筹核算。① 州县预算收入和支出以及政府账目的公私不分正是韦伯所定义的家产制国家的鲜明特征。

汪辉祖在《学治说赘》当中将衙门的账目分为四类:第一类是"正入"(常规性收入),如地丁银和杂税收入;第二类是"正出"(常规性支出),指解送上司的税银以及支付官员和幕友的薪金以及衙门其他人员的薪水;第三类是"杂入",如各种陋规产生的收入;第四类是"杂出",包括各种捐献、礼品、伙食和州县官其他日常开销。有趣的是,这种账目分类并不是按照预算内外或公与私加以区分的,而是按照收入和支出刚性(或可预见)程度加以区分的,前两类属于刚性收支,后两类属于弹性收支。这从一个侧面进一步反映了州县官个人作为综合承包方的特征,州县官通过预算包干和收入分成,完全成了官府财政收入的剩余索取者。进而言之,从预算创收和经营政府的角度看,州县衙门在某种意义上可以被视为一个由州县官、幕僚及家人打理的"公私合营企业"。韦伯对此有一个比较准确的概括:"官吏就像个封建领主或总督,负责向中央(下级官吏则向州省政府)缴交一定的租税额,而他们则从征收的规费与租税中,支付行政经费,并将余额保留给自己。"② 韦伯进一步指出,地方官作为剩余收入索取者虽然不具有官方承认的权力,但事实上就是如此,政府实行租税收入配额化造成了这种局面。

(三) 绩效考核和行政问责

州县官每三年进行一次政绩考核("大计")。首先是直接上司(如

---

① 邱捷根据杜凤治的日记整理了州县官的收入和支出,可供参考。参见邱捷:《晚清官场镜像:杜凤治日记研究》,北京:社会科学文献出版社,2021年。
② 韦伯:《中国的宗教:儒教与道教》,康乐、简惠美译,桂林:广西师范大学出版社,2010年,第98—99页。

知府或直隶州知州）出具评语，随后送分巡道、布政司和刑按使审阅修改，最后由督抚做出审定评语，上交给吏部。在这个意义上，州县官之上的地方官员均有评价和考核权，其中督抚、布政使对州县官的升迁影响最大，道、府虽然没有直接的任免权，但他们出具的评语多数情况下会被督抚认可。政绩考核的重点是钱粮上缴、司法和地方治安，如果州县官任职内没有钱粮亏欠、司法公正、社会太平（无盗贼），也无明显的违规违纪行为（如"贪酷"），就可以拿到合格的考核结果，可以继续留任。少数表现突出者或幸运者还可以被督抚推荐给吏部，获得"卓异"荣誉（每个省只有少数名额），享受加级的奖励，甚至有机会觐见皇帝。还有一等考核结果是不合格，即入于"六法"者——包括不谨、疲软无为、浮躁、才力不及、年老和有疾六种情况，根据其具体情况加以弹劾。① 正如瞿同祖先生指出的那样："很显然，那些不管履行与否对州县官政治生涯无足轻重的职责，或者无法作为衡量官员政绩标准的职责，都或多或少被官员们轻视。"②

清朝颁布了繁复细密的行政条例和律法规则，如《吏部则例》和《大清律例》，对州县官的日常工作和施政行为进行监管规制，其管制之细密，使人望而生畏。州县官一方面很难完全逃过处罚（如罚俸、降级），有时甚至牵涉刑罚；但从另一方面看，上级官员对于州县官的行为监督实际上难以奏效。正如时人评论的，各省对州县官"凡有宪札，事无巨细，辄以揭参套文，重加申饬，连文屡牍，严示而不信行"，州县官并不当回事，"一切皆视为具文"。③

从考核标准看，清代的政绩考核总体上更接近于"达标"考核（满足最低要求，只和自己面对的标准［如钱粮上缴配额］比较），而不是

---

① 魏光奇：《有法与无法：清代的州县制度及其运作》，北京：商务印书馆，2010年，第24页。
② 瞿同祖：《清代地方政府》，北京：法律出版社，2003年，第280页。
③ 谢振定：《察吏八则》，贺长龄辑：《皇朝经世文编》，台北：文海出版社，1972年，第750页，转引自魏光奇：《有法与无法：清代的州县制度及其运作》，北京：商务印书馆，2010年，第105页。

锦标赛(政绩指标越高越好)。只是对于极少数冲击特殊荣誉者,因为各省推荐评优的名额非常有限,绩效考核才多少有一些相对绩效评估的性质。另外,从聚焦的考察指标看,钱粮上缴、司法公正(是否滥用刑罚)、社会稳定(无盗贼横行),主要是结果导向型①,尤其是司法公正和社会稳定均是以不"出事"——如含冤上访、盗贼扰民——为原则。

三、 县衙内部的"发包—承包"机制

州县衙门中属于朝廷命官的职守非常有限,为维持州县政权的正常运转,州县官必须依靠两类人员,一是幕僚和家人,一是吏役人员。州县官虽然饱读诗书,但一般来说既缺乏管理政府事务的专业技能,也缺乏对于清朝律令、则例以及官场惯例的精深了解,因此均需要依靠经验丰富的幕僚(师爷),协助打理钱谷、刑名等重要事务,一个州县官聘请3—5名幕僚是比较正常的情况。幕僚作为专业化的政府事务顾问,不属于政府的公职人员,而是州县官自己花钱聘请的私人助理。清政府试图对幕僚的延聘加以管束,例如规定上级官员不许向州县官推荐幕友,否则要处以革职,但实际上,上级推荐幕友的情况并不少见。幕僚的年薪视岗位性质有所差异,钱谷、刑名师爷收入最高,低者数百两白银,高者2000—3000两白银。② 除了正常的报酬,幕僚也收受佐杂、书吏、衙役和绅士的节礼,在赋税征收、诉讼官司的过程中还参与陋规

---

① 乾隆年间有一道上谕指出:"各省州县,惟以簿书钱谷为事,其于境内户口之贫富,地土之肥瘠,物产之丰啬,民情之趋向,习俗之美恶,以及山川原隰、桥梁道路,一切漫不经心。"(讷亲:《请考核州县实证疏》,贺长龄辑:《皇朝经世文编》,台北:文海出版社,1972年,第737—738页,转引自魏光奇:《有法与无法:清代的州县制度及其运作》,北京:商务印书馆,2010年,第105页)。换言之,簿书钱谷是上级可以看得见的政绩,而其他施政目标皆难以衡量观察,州县官自然只聚焦看得见的"硬指标"。
② 瞿同祖:《清代地方政府》,北京:法律出版社,2003年,第186页。

收入的分成。①

参与州县衙门日常运行管理的还有所谓的"长随",即长期服务于州县官的私人随从。一个州县官通常需要 10—20 个长随,他们当中包括州县官的亲戚、上级领导推荐的人、亲戚朋友介绍的熟人,以及长期跟随州县官的家奴。按照制度规定,州县官上任之时所带的长随,需要开具姓名籍贯,造册通报上司备案。典型的庇护关系使得长随深受州县官的信任,被安排在县衙门的关键岗位(如宅门、仓驿、签押、用印、跟班),受托处理重要事务,监督书吏和衙役。州县衙门的关键岗位,如接受公文、递交诉状、传达命令的"门丁",掌管文书签批收转的"签押",均由长随把持。按规定幕僚不能与书吏直接接触,长随就居间传话沟通。例如杜凤治第一次赴任广东广宁知县,为了确保征粮顺利,不敢指派当地的书吏、粮差,而是派自己的亲戚、幕僚、长随分赴各处粮站,长期驻扎。② 总而言之,"长随非在官之人,而所司皆在官之事,乃胥役所待以承令而集事者也"③。

除了私人幕僚和家人之外,州县政府的运行依靠大量的吏役人员,所谓"有官则必有吏,有官则必有役"。清代地方政府的衙署组织可分为六房和三班,六房参照中央政府的"六部"建制而设,分为吏、户、礼、兵、刑、工六房;各房科的办事人员为书吏,直接向州县官负责。书吏各房一般设置二科,每科由一名典吏负责。在明代,各房的总负责人为司吏,到了清代,不再设司吏,各房科以经制典吏为总负责人。书吏的职责主要是草拟文稿、册报上司、签署意见、备造册簿、管理档案。各房经制书吏员额有限,州县官一般还需自行招募一些行政帮手(书办、书识、

---

① 魏光奇:《有法与无法:清代的州县制度及其运作》,北京:商务印书馆,2010 年,第 120—121 页;邱捷:《晚清官场镜像:杜凤治日记研究》,北京:社会科学文献出版社,2021 年,第 199 页。
② 邱捷:《晚清官场镜像:杜凤治日记研究》,北京:社会科学文献出版社,2021 年,第 339 页。
③ 王植:《家人》,徐栋辑:《牧令书》卷四,用人,刻本,道光二十八年,转引自魏光奇:《有法与无法:清代的州县制度及其运作》,北京:商务印书馆,2010 年,第 123 页。

帮书），如经书、清书和小书等。经书（又叫经承）由典吏或房内经书集体保举，知县批准才能录用；清书和小书是典吏和经书招募的学徒，负责文案抄写和整理工作；这些帮办人员的承充也需报吏部备案。在此之外招募的帮差、贴写之类报督抚备案即可。这里最重要的区别是书吏的法定身份，在经制员额之内的就是正役（如典吏），经制之外的就是白役、散役（如贴写、帮差），名义上属于国家禁止或严加管束的"超编人员"。

"三班"是指皂班、壮班和快班，主要负责衙门之外的公务，其办事人员就是通称的衙役。皂班负责知县出行的护卫随从；壮班也称"民壮"，负责巡逻、护卫衙署和地方治安，协助缉拿人犯等事宜；快班主要负责捉拿人犯。各班的负责人为差总。除了"三班"之外，衙役还包括门子、禁卒、狱卒、库子、弓兵、厨役、马夫、更夫等各色人员。巴县的衙役区分为领役、总役、散役和小差四个层级，领役统摄总役，总役带领散役，散役支使小差。清代的衙役可以免差徭，按季度领取工食银（在州县留存中坐支），大约6两银子，但工食银自顺治九年（1652年）之后屡遭裁减。比较普遍的情况是，州县官不支付给衙役工食银，而是让其在办差中获取陋规收入。

书吏和衙役在执行公务时如同一个环环相扣、通力合作的工作团队，各有职责分工，但有时也不拘泥于此。书吏的政治地位明显高于衙役，前者起码具备读写能力，在仕途上有迁转机会——虽然可能性很少，经制书吏还享有少量的工食银（康熙初年将其工食银裁革）；衙役则是雇募而来的职役，社会地位很低（一部分人会被归入"贱役"之列）。

白德瑞基于清代巴县档案的经典研究为我们窥探州县衙门内部运行机制提供了一个难得的窗口。正如他所描述的那样，"巴县衙门吏役的内部组织架构、事务分工和办事流程，在很大程度体现了一种官僚制意义上的理性化"[①]。清朝的中央政府除了严格限制经制吏役额数和任

[①] 白德瑞：《爪牙：清代县衙的书吏与差役》，尤陈俊、赖骏楠译，桂林：广西师范大学出版社，2021年，第18页。

职资格期限之外,对于吏役行政的程序和规则缺乏明文规定,衙门的书吏和衙役们内部自行创立了一套得到广泛认可的惯例和规则,涉及吏役的人员招募、管辖分工、内部晋升、惩罚方式等方方面面。围绕这些惯例和规则的实施在现实中可能还会产生分歧和冲突(事实上经常发生),衙门还安排了房或班层面上的议事会议协商解决,如果协商失败,县官再介入,最终裁决。这是白德瑞所强调的吏役行政制度化和理性化的一面。

然而,在这些科层制的组织形式的背后,县衙门的实际运行其实主要依靠一个较为彻底的逐级行政"发包—承包"机制。① 州县官将行政事务分包给六房,每房如同一个相对独立而完整的"承包单位",典吏就是"包工头",负责房内人员招聘、经费筹措和支出,并负有对房内招募人员的监督、训诫义务,对后者的行为承担连带责任。衙门"对外"公务(如征收钱粮、缉捕盗匪)是衙役的主要职责,若干衙役(如粮役、捕役)构成一个任务组,由一名具有经制员数身份的领役监督管理。如同典吏一样,领役也是其小组的"包工头",负责分派工作,招募新人,并对其下属的行为承担连带责任,更关键的是,他还要为其小组执行任务自行筹备所需的各项经费。当然这些经费最终都要在办案或征税过程中获取的各项陋规收入中进行摊销。在具体办事过程中,领役又把事务分包给总役,总役作为更低一级的承包方带领散役执行任务。

首先,从行政权的分配看,县官作为县衙门第一人掌握衙门所有相关事务的"生杀予夺"的正式权威和剩余控制权,如人事任免、指导权、干预权、裁决权等等,但具体事务发包给了房科。负责房科事务的典吏也形同一级相对独立的承包方,在其管辖的部门具备相对完整的人事权、决策权、财政权,如决定新衙役的招募、任务的分配、收入分成、经费

---

① 如前所述,宫崎市定认为书吏如同"官衙事务的承包人";黄宗智也指出,州县衙门内部的运行也是一个从州县官到书吏到衙役的发包—承包的过程。

支出等等。例如六房之一的吏房理论上主管人事，但各类衙役的招募却交给各房自行处理，典吏可以自行招募经书、清书或贴写、帮差等辅助人员。换言之，典吏掌握事务操办的实际控制权和自由裁量权。而当典吏将事务进一步分包给了领役，领役也是一个相对自主的承包方，在相当程度上可以决定其下属（总役）的任免、承包事务的分配及内部收入分成等规则惯例。

  官吏之间信息的严重不对称赋予了本地吏役实质性权力。州县官不能在家乡任职，平时在外地做官，每任时间有限（如三年），对当地情况了解甚少，加之朝廷颁布的规章制度极为繁复，且时有修改，掌握其细节显然超过了州县官的能力和经验范围。这造成了他们对于本地吏役的高度依赖。作为精通法律规章和政务流程的"行家里手"，书吏手中的权力自不待言。①"典吏是在衙门中拥有实质性权力与权威的人员之一。典吏在其分管事务范围内负责对差务和待承办案件的分派，以及掌管其所辖的班收来的所有案费支出。"②在具体处理公务的过程中，书吏又进一步把事务分包给衙役（如皂、快、捕、壮四班）。即使是衙门的差役，在其"管辖范围"内也拥有不可忽视的自主性，尤其考虑到差役都是在衙门之外执行公务，相比行走于衙门之内的书吏来说，衙役的行为更难被州县官监督。正如白德瑞所言："巴县衙门的差役们实际上拥有一定的自治权力，而知县在巴县衙门行政运作的许多方面反倒就其实际所起的作用而言不甚紧要。管事在其所在班内居于最高的位置，拥有在该班内独立做出各种决定的众多权力。"③由此可见，从县官到书吏再到衙役整个过程贯彻了逐级传递、清晰彻底的"发包—承包"

---

① 汪祖辉曾经在《佐治学治》中引用了清人邵晋涵的一段话并深表赞同："今之吏治三种人为之，官拥虚名而已。三种人者，幕宾、书吏、长随也。"参见吕本中等撰：《官箴》，三秦出版社，2006年，第353页。
② 白德瑞：《爪牙：清代县衙的书吏与差役》，尤陈俊、赖骏楠译，桂林：广西师范大学出版社，2021年，第63页。
③ 白德瑞：《爪牙：清代县衙的书吏与差役》，尤陈俊、赖骏楠译，桂林：广西师范大学出版社，2021年，第319页。

逻辑。①

其次,从经济激励和预算筹措看,从书吏到领役、总役,各级管事的衙役均是相对独立的财政承包人,其个人收入也高度依赖于办理公务所获得的陋规和收费,如典吏就需要负责筹措其所管辖的房、班的日常运行经费。② 衙门各房各班的办公经费主要来自其事务办理过程中的各种收费,因而财务上相对独立,且自负盈亏。③ 而书吏和衙役的收入几乎全部来自事务办理过程中的收费分成。在康熙朝之前,经制差役可以获得官府正式的工食银,但很微薄(每年6两银子),经制外的差役则完全没有正式薪俸,两者主要靠规费和陋规收入。

衙役办事由各房书吏差使调度,公事分应差和办案两类,差务收费不多,办案可照章收费,因此应差和办案必须结合,应差之后才可能有办案的机会。应差以差票为凭证,差票的决定权在州县官,但具体的拟稿权在书吏手里。巴县衙门分配办案机会的实际权力掌握在承发房,差票成为各班衙役争夺的重点。因为有了差票在手,就有了办案机会,就可以向老百姓照章收取各种规费、陋规,甚至敲诈勒索,横征暴敛。④ 当然,书吏、正役差役也要参与应差办案的收入分成。正役之外的贴

---

① 据晚清一些地方大臣(如胡林翼、方宗诚、曾国藩)反映,咸丰同治年间湖北州县官场风气,"下与上交接之事,诿之幕友,而官不问;凡官与民交接之事,诿之门丁,而官不问";州县官对于田赋"或不屑句稽,或厌薄簿书,养尊处优,一任户粮总上下其手"。同一时期,直隶州县官"每逢三八放告,或委典吏收状,或由承发房将呈词送交门丁;门丁积压数日送交幕友,幕友拟批挂榜,而本官尚不知呈中所告何事。至判阅稿票时,听任丁书主政,按照呈内姓名全数差传,不敢删减一名"。转引自魏光奇:《有法与无法:清代的州县制度及其运作》,北京:商务印书馆,2010年,第104、109页。
② 白德瑞:《爪牙:清代县衙的书吏与差役》,尤陈俊、赖骏楠译,桂林:广西师范大学出版社,2021年,第64页。
③ 如果赋税征收有农户拖欠或达不到应征解的钱粮数额,户房的典吏需要垫付亏欠的部分。当然典吏会把垫付的责任转移给负责催征的差役,让后者先行垫付;而差役又会进一步把垫付的责任转嫁给里长甲首或地方豪劣包揽。这也是一个环环相扣、逐层发包——承包缴纳责任的过程。如果县衙门最终完不成朝廷规定的钱粮上缴额度,州县官就要承担政治责任,至于州县官是自己掏腰包弥补亏欠,还是向书吏和衙役分摊就是另外一个问题了。
④ 在州县诉讼过程中涉及种类繁多的规费,对此清律并无正式的规定。书吏索取的规费通常包括挂号费、传呈费、取保费、纸笔费、出票费、升堂费、坐堂费、衙门费等等;衙役索取的规费包括车马费、舟车费、酒食费、到案费、班房费、进监费、结案费等等。参见岁有生:《清代州县经费研究》,郑州:大象出版社,2013年。

写、帮役以及白役可以看作是官员和书吏花钱雇佣的私人帮手,他们从书吏手中分包相关的政府事务,一同分享由此产生的手续费。① 事实上,政府事务层层分包的过程,也是一个各色人等层层分利的过程。在有些地方,赋税征收加征的溢额银两60%归州县官,10%归长随,剩下30%归书吏。新到任的州县官经常向书吏、衙役索取"礼金",甚至出现州县官要求头役按照当班的天数缴纳陋规收入的情况。② 这些吏役已经如同政府事务的市场经纪人,牟利变成了他们第一位的追求。在清代一些州县,依靠各种收费,每吏年收入可在千两白银以上,每役在千两左右。③

州县官上缴藩库的钱粮正额实际上是"净上缴",即一县征收的全部钱粮减去各项支出,包括征收过程本身所花费的支出,如州县官、书吏、衙役、临时雇佣人员等各色人等从浮收溢额中提成的收入,这里还不包含最底层的催征、协助人员(如里正、绅耆)自己垫付的费用和花费的时间成本。

最后,从内部控制和考核问责来看,这是一个典型的结果导向的人格化问责。随着"官吏分途"的发展,清代的最高统治者对吏弊有所警觉,颁布了一些严格的规定加以防范。例如规定"载粮民籍,身家清白,并无重役过犯违碍等弊";承充书吏均以五年为期,役满可考职从九品以下职衔;衙役以三年服役为限,禁止超期或重复服役。这些规定都是考虑到吏役一旦熟悉政府流程就可能滥用权力、鱼肉百姓,因此通过限定任职时间来减少"合法伤害"。经制吏役的参充最终送吏部或督抚核准。为了防止胥吏串通一气、以权谋私,清代朝廷要求州县官办理公务事无大小,均应事必躬亲,雇佣的书吏只能负责处理公文一类的辅助性工作,不准假以事权。各类衙门的吏员、差役都设有定额,在定额范围

---

① 宫崎市定:《清代的胥吏和幕友》,载刘文俊编:《日本学者研究中国史论著选译》第6卷,北京:中华书局,1993年。
② 瞿同祖:《清代地方政府》,北京:法律出版社,2003年,第53页。
③ 李荣忠:《清代巴县衙门书吏与差役》,《历史档案》1989年第1期。

内的正身差役(简称"正役")可以领取规定的工食银两(如6两银子)。例如《康熙会典》《雍正会典》规定州衙门的书吏定额为6—12人,县衙门为2—12人,根据光绪二十五年(1899年)的《清会典事例》,绝大多数县的定额为1—14名;每个州县雇佣的衙役定额数通常低于100人。①

事实上,州县官支使的正役之外的帮役和不入卯册的白役多达几百人,甚至上千人。例如从嘉庆八年(1803年)到清末,巴县衙门差役定额为70人,但光绪二十七年(1901年)巴县禀报给四川总督的帮役和白役却有649人,这个数字还大大低于实际数字。② 在巴县担任知县的刘衡就宣称,巴县衙门的差役人数不少于7000人,他上任之后裁减了近6000人;山东、浙江等地一个县雇佣逾千人的衙役也是常见的事情。③ 按清朝的规定,经制书吏五年役满必须退役④,同时可以考职晋升,但因为仕途晋升的可能性极为渺茫,书吏不愿意顶替经制吏员,反而愿意以白役身份长期服役,甚至在经制书吏名义之下的房吏公职实际上被一些人把持控制,私自出租买卖,这被称为"缺主"现象。⑤

中央朝廷对经制吏额、吏役任期及承办事务的性质有具体规定,对于县衙吏役的管理和监督职责就全部"包"给州县官了,县官对吏役行为的后果承担连带责任。如果因管束不力,衙役敲诈勒索、激起民愤,县官可能要被上级处罚,甚至革职。有趣的是,虽然从朝廷的角度看,县官对其衙门所有的吏役承担最终的连带责任——书吏或衙役出了问

---

① 瞿同祖:《清代地方政府》,北京:法律出版社,2003年,第68页。
② 李荣忠:《清代巴县衙门书吏与差役》,《历史档案》1989年第1期。
③ 转引自瞿同祖:《清代地方政府》,北京:法律出版社,2003年,第100页。
④ 雍正元年的一道上谕指出:"其大小衙门胥役,俱令五年为满,改业归农。如年满不退,更名复役,或父出子入,或改充衙门,并革役复入者,俱照例治罪。"参见《清朝文献通考》卷二十三,职役考三,转引自魏光奇:《有法与无法:清代的州县制度及其运作》,北京:商务印书馆,2010年,第147页。按照嘉庆《大清会典》的规定,当书吏出现这些违规情况时,州县官也要被依法惩处,只是这个规定在现实中未被严格执行。参见托津等纂:嘉庆《大清会典》,台北:文海出版社,1991年,卷九,吏部,转引自魏光奇:《有法与无法:清代的州县制度及其运作》,北京:商务印书馆,2010年,第151页。
⑤ 魏光奇:《有法与无法:清代的州县制度及其运作》,北京:商务印书馆,2010年,第146—147页。

题,板子肯定要打在州县官身上,但从县衙门内部来说,这个连带责任的落实则遵循层层传递的"发包—承包"关系:县官对书吏负责,书吏(典吏)对领役负责,领役对总役负责,总役对散役负责。一旦任何层级上出了问题,最直接的上一层级直接承担责任。

四、行政与发包之间的衔接、咬合与张力:清代基层治理的启示

(一)行政与发包:正式制度与非正式制度的二元组合

基于前面的分析,清代的国家治理体制是一个正式制度与非正式制度二元嵌套的结构。从正式制度(体现在朝廷所颁布的律例规章上)看,清代呈现了高度集权的行政体制、高度集中的财政预算制度、高度集中的人事任命和管理体制、严苛细密的过程监督与问责要求。行政权力高度集中于中央朝廷(皇帝),理论上,州县官事无大小均需要请示上级,没有上级的批准,州县官无法做出自己的决策;州县官由于行政辖区之内的独任制和全面责任(百事躬亲),对下属的行为承担监督和连带责任。财政体制也是高度集权和统一的,州县政府不存在独立的一级财政,征收的钱粮"起运"上缴藩库之外的"存留",支配权仍然属于中央户部;帝国财政留给州县政府少量的行政经费也是定向定额(且在不断被裁减),没有任何可以自由支配的预算经费。州县正印官和佐贰官都是朝廷命官,书吏同样必须按照朝廷的规定招募合乎资格的人选,任职期限和经制员额也是被严格加以限定的,超编招募州县官要接受朝廷的惩罚;官吏的薪酬都是固定的,与预算收入的征收、公共事务的处理(如司法判案)无关。州县官的行为受到知府、道台、督抚等不同层级官员的监督和考核,也受《大清律例》《吏部处分则例》等规章制度的严格约束,至少从字面上理解,对州县官施政行为的监管之细致和严苛已经达到惊人的地步。如果严格执行这些规定,一个州县官很难不

触犯其中的惩罚条款,一年的薪水连支付罚俸都不够。如果只从这些正式制度的特征看,清代的国家治理体制完全是一个高度集权、细密规则、严格监管的现代科层体制,不存在任何意义上的"发包—承包"因素,州县官就是一个没有多少自由裁量空间和机动财力、彻底听命于朝廷和上级官员的国家代理人。

然而,与上述正式科层制形成鲜明对比但又紧密嵌套在一起的是一系列非正式制度安排,它们清晰、彻底地展现了镶嵌于行政(科层)架构之内的"发包—承包"关系。例如与官僚体制内部等级性权力、州县官作为国家代理人的"消极性"和"服从性"相对应的是州县官作为综合承包方的自由裁量权;与明文规定的州县官独任制和"事必躬亲"原则相对应的是州县官分包给书吏和衙役的实质性权力;与名义上高度集中的预算内财政相对应的是以州县官个人大包干为特色的预算外财政,预算外收入——额外加征(如火耗)、规费、摊捐等陋规收入——及其层层分成支撑了州县官的自收自支与自负盈亏;与严格的吏役经制员额和招募任期规定相对应的是严重超员的书吏衙役、吏职的世袭化和市场化买卖;与《大清律例》《吏部则例》等细密规定和行为控制相对应的是事实上的疏放式管理、聚焦州县官少数核心指标的"结果问责"和落实到人的人格化问责,以及在朝廷律例覆盖范围之外、衙门内部吏役自行设立和运作的惯例规则。例如根据《大清律例》的规定,任何官员雇佣超出经制吏役额数的编外人员,将处以杖一百的惩罚,每多超出三人,官员受罚加重一等。然而,在现实当中,这些对于胥吏的招募、编制、任期、使用等方面的规定并没有得到有效执行,形同空文。吏的管理权基本掌握在地方官手中,地方官根据行政事务的具体需要决定吏役的雇佣数量。如前所述,一个州县政府雇佣多达千人的吏役并不稀奇。

概言之,一方面是正式科层体制所凸显的等级权力、朝廷命官、集中预算、固定薪酬、规则程序、过程问责等;另一方面是以自由裁量、吏职买卖、预算包干、收入分成、惯例规则、结果问责为特征的非正式的

"发包—承包"制度。科层制与发包制的二元嵌套与结合正好构成了行政发包制的基本面向:皇帝权力的绝对支配性与州县官的自由裁量权之间,朝廷的人事权集中与州县官私人招募、吏职买卖之间,经制员额与编外雇佣之间,州县官、书吏的固定薪俸与官吏陋规收入分成之间,预算内集中与预算外包干制之间,以过程控制为特征的监察问责与以结果为导向的问责奖惩之间,这些对应组合均表现出既二元对立又嵌套咬合的鲜明特征。

进一步分析可以发现,清代正式制度设计体现出不顾实际情况的固执僵化、拒绝妥协的"刚性"一面(即王亚南先生所谓的"原则上不让步"①),明显"不讲道理",也"不合事理"。例如无论何种情况发生,州县官必须包死钱粮上缴的基数,如有亏空则要承担赔付的无限责任;给定官府事务的复杂性和广泛性,强制要求州县官的独任制("事必躬亲")和一人政府,且只许可雇佣少数固定员额,违法则罚俸、降级乃至于革职。换言之,宁愿让州县官百事躬亲,也不让佐贰官分担其职责和权力;宁愿让其不堪重负,也不给其配足书吏帮手。还有完全无视州县政府正常运行所需的浩大的刚性支出,州县政府除了薪俸、养廉银和极少量经费来源,几乎不存在制度上有合法保障的预算收入等等,这使其面临一个注定"收不抵支"的预算结构。这些"原则上不让步"、明显"不讲道理"的制度规定一方面折射了皇帝权力的专断性和绝对性;另一方面也为州县官提供了严苛的行为基准,所有偏离这些基准规范的行为都是州县官自身的问题。当然出了问题是不是都依法照章加以惩罚、惩罚尺度如何,此种决定权则完全掌握在皇帝和朝廷手中。

显然,如果中央朝廷一味坚持执行这些制度规定,一定会引发灾难性的后果。中央朝廷对此也心知肚明,所以在"执行上不坚持"②,见机行事,这为非正式的"发包—承包"制度扎根于正式的制度架构之内、体

---

① 王亚南:《中国官僚政治研究》,北京:商务印书馆,2010 年,第 97 页。
② 王亚南:《中国官僚政治研究》,北京:商务印书馆,2010 年,第 97 页。

现出"张弛有度"的弹性特征创造了条件。例如，如果州县官能够保证上缴定额的 60%—70% 则有可能被放过。州县官和书吏衙役依靠各类陋规收入支撑了一个预算内与预算外经费体系并存的财政二元体制，州县吏役的超编和衙门内部的潜规则广泛存在，州县官的自由裁量权和书吏、衙役的实质性权力在相当程度上得到了上级政府（包括朝廷）的默认和容忍。

（二）行政与发包之间的衔接与"咬合"

在清代基层治理的层面上，"刚性"的正式制度因为有了非正式体制富有弹性的支撑，才不至于妨碍国家治理体系的正常运转。进一步说，"实施上不坚持"让实质上"不讲道理""不合情理"的正式制度至少在名义上得以存在。但由此也自然引出了两个重要问题，第一，非正式制度处于"法外之地"（虽然不等于非法之地），是否就等于毫无规则、不受约束？还是存在某种制度化的惯例或默认的行为边界？第二，正式制度与非正式制度之间是否是"两张皮"——正式制度在现实中只是"空转"，即一种徒具形式的符号体系或文本规则，还是两者之间存在"咬合"衔接关系？

正式制度的存在为非正式运行的"发包—承包"制度提供了潜在约束和官场所默认的行为边界。非正式制度嵌套在正式制度之内，至于两者如何"咬合"衔接，白德瑞所揭示的巴县衙门书吏衙役的运行规则惯例提供了一个非常有价值的视角和解读。超过经制员额而雇佣的书吏和衙役在朝廷正式的法律和规章约束之外，衙门内部具体运行所赖以支撑的是书吏和衙役自行创设的办事规矩、标准实践和奖惩规则，这些嵌入在体制之内，却又属于"法外之地"的非正式制度是得到州县官——他经常高居书吏和衙役之上扮演最终裁决人的角色——承认或至少是默认的。面对这种治理局面，朝廷所能做的就是让州县官"承包"衙门的总体运行，让其对书吏衙役的行为以及衙门运行结果承担最终责任。通过让"体制内"的成员对编制外人员的行为进行约束和问责,使其承担连带责任,进而在总体上控制"法外之地",这是在某种程度上保障非正式惯例和规则不至于完全失控的一个重要机制。

考虑到中央和地方的多层级关系,正式制度与非正式制度的"咬合"衔接也是一种递进关系。例如,从朝廷的角度看,书吏只区分为经制和非经制两大类,后者一律被称为白书;而从州县官的角度看,书吏可以区分三类,经制书吏之外,非经制书吏又区分为是否在非正式花名册上登记名字且得到州县官首肯的书吏。非经制但卯册有名的书吏,朝廷不承认,但州县官首肯,在这些人员之外,书吏还招募一些卯册无名、州县官也不知情的帮书。① 州县官有时也希望能够对第三类人员的规模进行控制,以防止不在控制范围内的人员规模的过度膨胀,避免引发对老百姓的敲诈勒索,这个想法的用意同朝廷希望严加控制第二类非经制书吏如出一辙。于此我们看到了即使在"非正式体系"内部,也可能发生多重的嵌套关系——州县官招募非经制书吏,书吏招募卯册无名的帮书,而每一重嵌套都意味着正式制度约束的进一步弱化。从制度设计上看,控制这种制度嵌套可能引发的治理风险的主要方式就是加强对于嵌套链条上的行政承包人的人格化问责,例如州县官对非经制书吏承担连带责任,书吏对帮书、小书的行为负责,如此等等。

在相当程度上,朝廷的律例为州县衙门内部非正式体系的运行提供了一个"锚",为非正式体系内部规则惯例(如"房规""班规")的制定和运行提供了参照。书吏经常援引朝廷律例为其行为辩护,当房科内部围绕差务分配等事宜产生纠纷且协商无法达成调解时,知县就成为他们最后的裁决人。知县在裁决时一般会尊重各房内部形成的惯例和规则,白德瑞认为,知县的默认与尊重反映了非正式体系的正当性②,但知县也通过裁决体现其手中的最终控制权,以便不让非正式体系与

---

① 与书吏相对应,衙役也可以区分为少数经制员额(如领役)、非正式卯册有名的总役、散役以及卯册无名的帮役或白役。
② 白德瑞:《爪牙:清代县衙的书吏与衙役》,尤陈俊、赖骏楠译,桂林:广西师范大学出版社,2021年,第100页。

正式制度所期待的治理秩序相差太远。因此，非正式制度的运行也依赖于正式制度的支撑，如果非正式制度离开了正式制度所提供的重要参照、约束和"咬合"，它自身也会变成无源之水、无本之木。

关于正式制度对于非正式制度运行的"咬合"和衔接，前述的三类书吏在衙门内部存在的晋升等级序列也提供了一个有趣的例证。州县衙门的吏役面临一些体制内外的晋升机会，书吏五年期满可以参加官方组织的考试，录取之后可以填补一些低级职衔的位置。在经制书吏出现空缺之时，帮差、贴写或清书、小书之类的服役人员（即书识）若满足条件也可以按照内部排名等情况顺势"顶补"。《大清律例》规定："各直省大小衙门经制书吏，即在现充书识内择谨慎办事之人，核实取结承充。"白役顶补正役既可以改变社会身份，也可以提升在衙门吏役结构中的权力地位。这对于衙役来说也是相似的，虽然升为书吏几乎是不可能的，但在其内部的等级序列中，他们可以沿着小差—散役—总役—领役的阶梯逐步晋升。卯册无名的小书经过若干年的表现有可能等来在书吏名册上登记名字的机会，而所有在花名册上的名字均按照这些书吏在各房内部的级别高低进行排序，级别越高，在房科内拥有的实质性权力就越大。如果典吏因为某种原因（如告假、成功举荐）离任，排名次之的书吏就会代替他的位置，后面的人也会依次向前挪动。如果有人表现失当，他受到的惩罚可能就是排名下降。衙役也按照类似的排名和晋升程序实现奖惩。非正式体系的晋升序列及其与正式晋升通道的对接赋予了州县官以正式制度担纲者的身份来约束体制外吏役的有力工具。

另一个典型的例子是陋规收入的问题。"火耗"曾经被朝廷禁止，但后来又被默许（雍正"火耗归公"改革使之合法化），成为支撑州县政府预算外财政的重要来源之一。州县官逢年过节向上级赠送的冰炭、敬炭以及迎来送往所支付的礼物也是上级官员享受的陋规收入来源，州县官还需要负责支付上级政府的行政办公经费的摊派。司法审理向老百姓征收的规费也有一个社会普遍认可的"合理"标准，超过这个默认范围和标准之外的就被认为是敲诈勒索,属于要严肃处理的情况。清朝的正式制度显然不承认州县官所谓财政收入剩余索取人的身份,州县官个人承包州县财政以非正式制度的形式存在,并且实际上也如此运转,而州县官所面临的"硬性"约束是每年定额化的钱粮上缴和社会上不出现大范围的抗税运动。

归根结底,州县官成为正式制度与非正式制度的交汇点,也是科层制与发包制的衔接处,扮演了极为重要的嵌套、咬合、锚定的角色。这可以解释为什么在行政发包制当中极为强调"关键少数"(核心承包方)的人格化问责方式,因为他们通常是正式制度与非正式制度的汇集处和衔接点,只能依靠他们在问责压力下的自觉自律去约束处于非正式体系或"法外之地"的潜在越轨行为。这个逻辑也同样适用于州县官对典吏、典吏对总役的人格化问责。

(三) 财政二元体制及其顽固性

迄今为止,我们所讨论的行政与发包之间的关系更多是从两者的衔接、嵌套、咬合的角度展开的,尚未涉及行政与发包之间的内在冲突、张力与调适。预算内外二元体制的并存及州县官个人意义上的财政包干制为我们理解行政与发包的组织张力提供了一个重要起点。如前所述,清代正式预算之内是中央高度集中的财政体制,州县政府额度有限且刚性(固定科目和固定数额)的行政经费,定额化的钱粮上缴任务(起运);预算之外是以陋规收入为基础支撑的庞大的公共、准公共和私人用途的收支体系。为什么预算内外会形成如此清晰可辨的"双轨制"?

财政二元体制的背后是行政属地化发包体制,它内生于行政发包体制所蕴含的一系列制度刚性以及由此衍生的弹性反应。前面我们反复强调,清代国家治理的正式体制内设了一系列刚性规定,它们相互之间并不兼容,也难以落地运转,但仍然以"原则上不妥协""不讲道理"的方式呈现在州县官面前。首先,州县官承担"无限"属地责任,包括钱粮上缴的刚性目标和地方治安的隐性任务,为此州县政府必须投入大量的人力物力(如催征派役、设防巡逻、缉盗捕匪)。其次,中央朝廷为州县政府配备的正式预算(包括人员编制)与完成治理目标的预算需求相比不仅在数额上"杯水车薪",在用途上也是刚性和定额的,没有留给州县官任何机动财力和腾挪空间。刚性且无限的属地责任与同样刚性但极为有限的正式预算之间的悬殊在正式的制度体系内无法解决,就只能依靠"法外"的各类陋规收入(甚至苛捐杂税)加以弥补。这里还未考虑州县官、其幕僚及家人随从、书吏衙役等各类人员的衣食住行等相关费用的出处。所有这些"体制外"的创收动机加在一起,最后,州县政府作为一个整体,能够从民间课敛的收入总额是由当地老百姓的经济承受能力决定的。在这个意义上,预算外经费收支体系是对刚性无限的治理责任与高度集中的正式预算体制、极为有限的预算内经费之间的内在矛盾的弹性调适,是支撑行政发包体制的关键性制度"组件"。

  财政二元体制的存在与行政"发包—承包"机制还存在更深刻的内在关联。由各项陋规收入构成的预算外经费体系,上级政府只知其有,却不知其数,更无法精确操控和支配,因而成为州县官以及书吏衙役可以自由支配、不容易被侵占的可靠收入来源。在上下级政府的等级性权力面前——这是"发包—承包"机制内嵌于政府上下级关系所不可回避的事实,下级政府一方面需筹集预算外收入以弥补预算内收支的制度性亏空;另一方面还必须以某种可置信的方式规避上级政府的"窥视",因为这些预算外收入一旦被上级政府精准掌控,就可能被直接或间接"占用"。① 这类似于当代中国在20世纪80年代至90年代政府单位曾盛行的"小金库",或某些家庭成员控制的"私房钱"。在这个意义上说,预算外经费体系的"非正式性""灰色性"和"模糊性"就不再是财政二元体制当中预算外体制"不得已而为之"的特征,而具有了一种势

---

① 关于更进一步的解释,参见周黎安:《转型中的地方政府:官员激励与治理》,上海:格致出版社,2008年,第144—145页;也可参见马德斌:《从国家能力看中西大分流:反思中国近现代财政金融》,《量化历史研究》2024年第7辑。

所必然的属性，因为它们有效阻止了上级政府的"染指"，为预算外经费体系的安全性和稳定性提供了重要屏障。

至此，我们在清代基层治理的历史场景之中，从另一个侧面理解了行政与发包的内在关联所带来的组织后果。这里有两层重要内涵。第一，如上所述，预算外经费体系内生于属地化行政发包的任务刚性和责任刚性、预算内收支的制度性亏空，它的存续有力支撑了行政发包制的整体运转。承包任务和责任的刚性压力以及正式预算的制度性亏空都是州县官作为下级官员只能被动接受、不能讨价还价的事实，这反映了发包方和承包方之间等级性权力（"官大一级压死人"——行政机制的核心特征之一）对于预算包干制和预算外经费体系的支配性作用。第二，发包方与承包方之间的等级性权力关系及其"不讲道理"的性质也带来另外一个微妙而深刻的影响，即作为上级的发包人一旦看见且可以精准掌控下级承包人的预算外收入，就可能打它的主意，或直接"据为己有"。这个体制内没有任何力量可以阻止上级政府这样做，上级政府的任何口头承诺也不可置信，这决定了预算外经费体系必须具备非正式和灰色模糊的性质才能"幸存"下来。财政二元体制嵌入在行政发包制之中，不仅意味着预算内与预算外并存，而且也必然意味着正式与非正式并存；更为吊诡的事实是，它的非正式部分还不能因为其灰色模糊的非规范性质而加以制度化改造，比如全部并入正式预算体制，那样的话，除非上级发包方明确划定承包方的职责范围并相应配置合理的预算，否则整个行政发包体制有可能轰然瓦解，或者徒有其表，无运行之实。作为行政上级的发包人可以依靠"官大一级压死人"的专断权力"强迫"下级承包人接受一个天然不平等的行政承包安排（如注定"收不抵支"、有限预算应对无限属地责任等等），但正因为其权力的等级性和专断性，他也必须容忍和默许一个体制外灰色运行的经费体系的存在，这里暗藏了苛捐杂税、敲诈勒索、官逼民反等所有潜在的统治风险。"按下葫芦浮起瓢"——"发包—承包"权力的等级性和它引发的预算二元性和灰色性是行政与发包两种机制运行面临的特殊组织张力。

这一点可以从雍正"火耗归公"改革及后续发展看出端倪。在改革之前,州县政府普遍在征收正税之外加征"火耗","火耗"名义上的说法是用来弥补官府将老百姓缴纳的碎银加工成银锭造成的损耗,实际上却是州县政府重要的预算外收入,以弥补其预算内收入之不足,但中央朝廷并不认可"火耗"的合法性。"火耗归公"改革旨在将这部分"火耗"陋规从预算外"非法"收入合并到正税之中,转变成为预算内合法收入,同时将其中一部分当作养廉银发给州县官,作为补贴性收入(它一部分用于公共支出,不完全属于个人收入),由此州县官一般可以获得数百两至上千两银子不等的补贴。① 雍正改革的初衷是将传统的财政二元体制一元化,非正式收入正式化,消除官府胥吏对老百姓的"法外"科征。雍正作为改革者是清醒的,强调中央政府不得以任何名义动用正式化的火耗。然而好景不长,乾隆继位之后,基层官员又开始在"合并正税"之外加征杂税,原因是本来应该发给州县官的养廉银后来被上级政府不断挪用、占用而所剩无几,州县政府不得不开辟新的税源弥补其预算内的经费短缺。②

"火耗归公"改革所引致的火耗(杂税)归并正税、正税之外又开征杂税的现象在中国历史上并不鲜见,因最早由明代学者黄宗羲加以概括,故历史学家称之为"黄宗羲定律"③,即地方官员在朝廷规定的正税之外开征杂税,名目之繁多引发民怨,导致国家层面的改革,将一些杂税归并正税,但改革之后杂税又起,如此循环不止。"黄宗羲定律"所揭示的正税与杂税的动态交替过程,折射的是财政"二元体制"——正税代表预算内集中体制,杂税代表预算外非正式体制——的顽固性,尤其是杂税所支撑的预算外经费体系必须维持的非正式性、非规范性和模

---

① 关于雍正"火耗归公"改革的制度细节,参见曾小萍:《州县官的银两:18世纪中国的合理化财政改革》,董建中译,北京:中国人民大学出版社,2020年。
② Yu Hao, Kevin Zhengcheng Liu, "Taxation, Fiscal Capacity, and Credible Commitment in Eighteenth-century China: The Effects of the Formalization and Centralization of Informal Surtaxes", *Economic History Review*, Vol. 73, No. 4, 2020, pp. 914–939.
③ 秦晖:《并税式改革与"黄宗羲定律"》,《农村合作经济经营管理》2002年第3期。

糊性,这一切的背后都是因为上下级政府等级权力之间嵌入了行政发包体制。我们的上述讨论为理解黄宗羲定律提供了一个新的分析视角。

(四)分权还是放权？承包方自由裁量权的性质与特征

行政发包制是在科层体系之中嵌入了"发包—承包"关系,其最为吊诡的特征是将两种明显存在冲突与抵牾的治理机制——纵向等级性的行政权力与横向平等化的"发包—承包"关系——"奇迹般"结合在一起,因而不可避免地持续制造组织张力。这种组织张力及其调适在中华帝制时期的治理现实中具体如何体现呢？它和西方韦伯式的理性科层制存在怎样的内在差异呢？

行政发包制产生的组织张力首先体现在作为发包方的皇帝或朝廷的绝对控制权与承包方(如州县官)的自由裁量权(或实际控制权)之间的内在紧张关系。根据韦伯关于权力的标准定义——权力占有者不与权力接受者协商而强制实施其意志的能力,权力的配置更像是一种零和博弈,一方权力增加以另一方权力减少为代价。发包方的绝对控制权与承包方的实际控制权这两者何以共存？一种消解两者紧张对立的情况是发包方的绝对控制权只是名义上的"橡皮图章",承包方的实际控制权才是实质性权力。这种消解策略仍然是在权力的"零和博弈"框架下衍生出来的理论想象,即一方权力为实,致使另一方权力为虚,但这显然不适合中华帝制的正常情形。

皇帝的官员人事任免权、行政干预权(处罚权)以及对军队的绝对控制权都是实实在在、绝不含糊的实质性权力。韦伯注意到了中国家产官僚制的行政理性化趋势,如地方官员的中央任命、地方官跨地区流动性(三年任期)、家乡回避制,以及官制的非世袭性和非私人性。官吏任职的流动性限制了上下级官僚结成党派、扶持朋党的可能性,也有利于防止官僚与地方社会结成裙带关系,这一切都在巩固皇权对于官僚群体的集中控制。隋唐之后的科举取士进一步抑制了官僚贵族化的倾向及其对皇权的潜在威胁。因此,帝制中国行政发包制运行的一个根本性特征就是皇权的一元化和绝对的支配力。在这种情况下,皇帝(朝廷)的绝对性权力与州县官以自由裁量为特征的实质性权力又是如何共存的呢?这里的一个关键是,前者将绝对控制权转为实际上的相机控制权,即根据事态发展而相机决定是否进行干预和纠偏的权力,但在正常情况下不轻易动用干预权,而是承认或默许承包方的自由裁量权。

韦伯在《中国的宗教》一书中关于中华帝国行政的疏放性特征有一段论述:

> 虽然理论上国家行政是全能的,实情却非如此。行政组织认为够用的专任官吏,其数目之少,令人惊讶。单只这个数目就足以显示,通常事情都得放任其自行发展,只要其发展不与国家的权力及财政的利益相抵触,只要传统的势力,诸如氏族、村落、行会以及其他的职业团体,仍然是正常秩序的维护者。①

这段话的意思可以理解为,中央朝廷面对如此规模的人口和疆域只能采取一种相机控制下的发包式治理模式,即在统治权力不受到威胁的情况下将属地的管理职责发包给地方官员,但一旦出现比较危险的治理局面(如社会动荡、民怨沸腾)则选择进行介入和干预。当然,这种相机治理的格局并非都是中央朝廷乐见其成的结果,在很多情况下也是中央朝廷受制于信息不对称、预算约束、行政能力不足等因素不得已而为之的产物。但不论是何原因,只要事态发展需要,在正常情况下中央朝廷都具有直接出面干预的权力和实力(如罢免官员、武力镇压)。所以,这里我们定义的"相机控制权"是建立在最终发包人(中央朝廷)一元化、实质性权力基础之上的相机干预权。

---

① 韦伯:《中国的宗教:儒教与道教》,康乐、简惠美译,桂林:广西师范大学出版社,2010年,第191页。

黄宗智在论及清代和民国时期国家治理特征时提炼出"集权的简约治理"的分析概念,指出一方面中央政府的权力高度集中,另一方面在基层治理上又依赖非正式的准官员(如乡约、里正、村长)进行简约治理,只要民间不出现重大社会冲突,县官一般不予干预,而是默认乡村的自主管理。① 笔者曾经从行政发包制的视角重新解读黄宗智的这一重要论述,认为它揭示了中央政府对于基层治理的相机控制——在正常情况下放权和默认承包方的自由裁量权,在重大情况下才出面干预。在这个意义上,中央政府的相机控制权是衔接古代中国"集权"体制与基层"简约治理"之间的关键性条件②,也是联结行政与发包关系的关键性条件。皇权正式意义上的绝对支配性、行政权力的等级性与州县官非正式的自由裁量权之间的嵌套和咬合就表现为中央朝廷的相机控制权与州县官在正常情况下的自由裁量权。

发包人的相机控制以及由此造成的相机治理将发包方的正式权威和绝对权力与承包方的实际控制权这两个看似矛盾的方面有机联结起来。而且,只有从这个特定的视角,我们才能更加深刻理解行政发包制之下发包方和承包方各自拥有的权力性质和特征。

首先,在相机控制权未受到威胁的情况下,发包人的"放权"可以使得承包人获得相当程度的自由裁量权,而承包人实际控制权的增长并不必然意味着发包方正式权威或最终控制权的削弱,也不代表承包人由此获得了相对于发包人的权力日益增强的"自治"地位。例如在理解中华帝制时期国家与社会关系演变时,一个常见的认知误区是:明清时期乡绅、宗族、商人会馆对地方事务的更多介入及对地方公共职责的承担,被解读为国家对于民间社会控制力削弱和式微、民间社会进入"乡绅自治"状态的征兆。③ 乡绅、宗族、商人会馆对于地方事务的自主管

---

① 黄宗智:《集权的简约治理——中国以准官员和纠纷解决为主的半正式基层行政》,《开放时代》2008年第2期。
② 周黎安:《如何认识中国——对话黄宗智先生》,《开放时代》2019年第3期。
③ 更多关于中华帝制时期国家与社会权力关系的阐述,参见周黎安:《一体多面:中华帝制时期的国家—社会关系再研究》,《社会》2022年第5期。

理范围扩大更可能是国家与社会治理权力的优化配置(如借助民间力量实现国家目标,同时又节省国家层面的行政成本),不一定意味着皇权的削弱,更不代表乡绅自治的发展,因为高悬在民间社会之上的相机控制权随时可以启动,官府对于民间社会秩序的监督控制无处不在,乡绅、宗族和商人会馆的政治地位及合法性均来自国家许可,且随时可以取消。

其次,在行政发包制之下,作为正式权威拥有者的发包方不会允许下级承包人掌握制度化、法理化或契约型的权力,后者所拥有的只是一种发包方"非正式"下放或默认的、边界范围相对模糊的权力。中文语境下的"放权"——既可以下放也可以随时收回——比通常语境下的"分权""授权"更为准确地刻画了承包方手中权力的特征。现代韦伯式科层组织的"授权"和"分权"对应着权力边界和管辖范围均加以清晰界定的权力划分,而在清代基层治理所呈现的行政发包制中,上级与下级之间不存在清晰的权力边界和管辖权范围,也无正式的权力分割、分立和分享。正是这种相对模糊的"权力下放"在法理规定和实际运作两个维度上都维护了发包人手中绝对掌控的权力。这是为什么我们一直用"自由裁量权"或"实际控制权"的概念描述承包人权力,以强调承包人权力的非正式性、模糊性和相机性特征,而这也是行政发包制的行政权分配显著区别于韦伯理性科层制的一个突出特征。

前述清代州县政府的运行非常清晰地呈现了这些权力特征。从《大清律例》等官方正式的规章制度看,州县官虽然是"独任官",且被要求"事必躬亲",但他不掌握任何在规章制度上被清晰规定的重要权力。从中央朝廷到州县官并不存在现代科层制意义上的"授权"与"分权",这与皇权的绝对支配地位保持了一致性,至少在制度文本上就是如此。按照规定,州县官几乎所有重要事项均需向上级汇报请示,理论上没有上级同意或授意,州县官无法做出实质性的独立决策。然而,现实中州县官必须相机做出许多重要决策(如钱粮征缴、司法审理、缉拿盗匪),不可能事事请示上级,一是正式请示和等待批准耗费时日,有些事情情况紧急或有时效限制,来不及请示;二是州县官不一定愿意事事都让上级知情,所谓"大事不汇报,小事天天报"。州县政府的日常决策只要上级政府不出面干预,或明令禁止,就属于州县官自由裁量的范围,只是这个范围的边界从来没有被明晰界定过,在所有朝廷颁布的规章和则例中也找不到权力清晰划分的表述和依据。州县衙门的书吏和衙役作为州县官的下级承包方也是如此,他们从州县官那里没有获得任何制度化和法理化的授权或分权。理论上他们只是循规蹈矩或执行州县官命令的"办事员",但正如白德瑞所指出的那样,这一切并不阻碍他们在实际行政实践中做出大量的实质性决策,享有实质性权力。

(五)体制内责权利的非对称与体制外的补偿与修复

行政发包制制造的另外一种组织张力是,在正式制度的范围内承包人的责权利是非对称的。如前所述,作为承包人的州县官承担了属地治理的无限责任,例如钱粮上缴的刚性配额、地方治安的严格责任,还有在属地可能发生的其他重大事责,一旦失职就可能让州县官丢掉乌纱帽。另外,《大清律例》《吏部则例》等规章制度还为州县官设置了细密严苛的监管条款,如果严格执行的话,州县官要完全避开这些律例条文的惩罚几乎是不可能的。与此同时,无所不包的属地责任,尤其是钱粮上缴和地方治安的刚性责任,所相对应的州县官的治理权力却又极为有限,理论上需要事事禀报,获得上级政府的批准之后方可行事;更关键的是,中央朝廷给州县官核准的预算经费对于州县政府日常运转的所需经费而言可谓"杯水车薪";承担如此繁重艰巨的管理职责,州县官名义上的年薪却只有45两银子,雍正改革之后即使加上养廉银几百两银子,还远不够聘请钱粮刑名师爷的薪资,更遑论养活一大家子及支付随行人员的生计开支。换言之,如果我们只关注朝廷正式的制度安排,作为承包人的州县官显然处于"钱少权(利)小责大"的境地,这与韦伯式理性科层制强调的"责权利对等"原则是完全不相吻合的。

有趣的事实是,正式规则意义上的责权利非对称性通过实际上在运行的"发包—承包"体制又在某种程度上恢复了"对称性":州县官事实上享有相当程度上的自由裁量权,弥补了名义上的有限权力;现实中的"潜规则"对"正式规则"的替代,诸多严苛规定"形同具文",上级考核聚焦于钱粮上缴、地方治安等少数指标,给了州县官张弛有度的行动空间和努力方向;以各种理由(如司法审理、钱粮上缴、屠宰牲畜)向老百姓收取陋规收入的巨大空间既提供了源源不断的预算外收入,让州县官支付各类公务、准公务以及私人雇佣的费用,也为州县官及其家人随从提供了相对丰厚的私人收入,进而补偿了州县官在"正式制度"内无法获得的预算资源和私人收益。"堤内损失堤外补"——如果把非正式的"发包—承包"关系计算在内,行政发包制在总体上仍然维持了承包人责权利的对称性,虽然更多是依靠非正式的"法外"渠道——有时甚至是以非法的方式(如苛捐杂税、强取豪夺)——给予补偿的。如果说理性科层制赋予代理人制度化的权力、透明和受保障的权益以及严格的纪律规则约束,进而实现责权利对称的原则,那么,行政发包制则通过赋予代理人非正式的自由裁量权、隐性灰色的私人利益和弹性伸缩的规则约束,"弥补"正式制度责权利不对称的缺失,满足了州县官作为承包人的"参与约束(激励)"。

对于正式制度责权利不对称的补偿是以非正式的方式发生的,带有某种自发性质,属于多方博弈互动(如上级政府与州县官之间、州县官与吏役之间、州县政府与老百姓之间)最终形成的"均衡"结果。这造成的一个后果就是,从中央朝廷的角度看,没有什么力量可以保证州县官对于自由裁量权的行使、预算外经费的筹措、私人收益的赚取一定发生在可以接受的范围之内。它完全因人、因时、因地而异,事实上经常可能失控,给统治者制造麻烦和风险。"法内"责权利不对称以及"法外"补偿、修复过程可以理解为正式的行政机制与非正式的发包机制嵌套在一起而持续产生的组织张力。

当然,"法内"责权利不对称除了引发"法外"灰色利益和实际控制权的支撑之外,还具有呼唤承包人的政治责任意识、奉献精神以及政治企业家精神的内在诉求。中央朝廷给予州县官的行政"承包合同"在制度上就是"残缺不全"的,注定"收不抵支",如果州县官又像海瑞一样节制自律,那么他必须殚精竭虑,励精图治,发挥自我牺牲、报效国家的士大夫精神;为了老百姓的利益,作为父母官的地方官,没有条件创造条件也要上。这可以解释为什么中华帝制时代官方一直注重倡导和培养官员的士大夫精神、家国情怀和责任担当。政治责任意识的培育塑造无疑有助于地方官面对治理挑战仍然履职尽责,发挥"企业家"的创新精神,与此同时降低腐败和渎职风险。

也就是说,清代基层治理所体现出来的行政发包制存在天然的"制度性亏空"(责权利不对称就是其中的一个表现),为了使其正常运转,一定需要某种额外的责权利补偿和修复,现实中这种补偿与修复既包括了物质利益层面的灰色补偿、规则约束的弹性伸缩,也包括了精神价值的弘扬和政治意识的正面加持。

(六)以等级权力撬动国家治理:行政发包制的底层逻辑

至此我们看到,在行政发包制当中,行政权力、预算经费体系、人事和薪酬制度、政绩考核问责呈现出清晰的正式与非正式二元嵌套结构,两者并非只是一种平行的排列关系,而是交错咬合,密切互动,既相互支持,又持续产生张力和冲突,共同塑造了清代的基层治理体系。对此我们会不禁追问:为什么在清代基层治理的实践中存在行政与发包的二元嵌套关系?决定其组合关系性质和特征的关键力量是什么?

回到韦伯的上述观察,中华帝制的疆域之广与专任官吏之少导致了(相机控制下)的"放任发展"。朝廷在各地配备的专任官员(包括监察官员)的数量受制于国家可以支配的财政资源(或者说汲取资源的国家能力)。在有清一代,在一省之内能够直接监督州县官的是知府,知府之上虽然还有道台、布政司、按察司、督抚,但后者获得的州县治理的信息也主要来自知府。即便如此,知府所能掌握的基层情况充其量也是有限的,最终不得不依赖一些直接信息(如钱粮上缴、老百姓信访、农民造反)或间接信息传递(如关于苛捐杂税或匪盗横行的抱怨、传闻)对州县官的行为加以考核和问责。

因为财政汲取能力的"硬约束"——在某种程度上体现为明清时期所强调的"原额主义",各级地方官吏配备有限,制约了中央朝廷直接监督和命令州县官的能力,使得朝廷只能维持实际上的"相机治理",除非遇上重大危机或重要事项,正常情况下中央朝廷不去频繁干预州县官的行政决策;也因为财政汲取能力有限,朝廷能够给予州县官的预算收入少之又少,造成"收不抵支"的财政格局,这决定了从朝廷到督抚、道台不得不默认州县官征收"火耗"之类的"法外收入",甚至也不得不默认州县官、书吏和衙役通过各类陋规收入分成解决从家人生计到行政办公经费的问题。

本质上,清代政府面临广大疆域的治理之难、潜在行政成本之高(信息不对称),与财政汲取能力(国家能力)之局限之间存在巨大的张力的困境,这是行政与发包二元体制的底层决定力量。严格的预算约束以及征税所引发的代理人问题让拥有决断一切的专制权力的皇帝不得不恪守"财政原额主义",除非发生大规模战争,财政收入目标不轻易加码,而是锁定在某个固定水平。随着人口增长和地方事务的复杂性不断增加,政府并不相应地增加人员编制和行政预算,明清以来甚至还不断裁减预算支出项目,刚性政府预算在日益增长的治理需求目前相形见绌。这导致了财政二元体制愈演愈烈,预算外经费体系不得不大肆扩张,经制外吏役大量扩编,即使朝廷(包括上级官员)看到了基层政府日益增长的浮收、陋规也只能默认容忍。另外,帝国也不得不把行政资源聚焦于维持国家大一统的核心维度——统治风险高的治理领域,如钱粮上缴、司法审理、社会稳定,而对其他相对次要的治理维度依统治风险高低相机进行行政控制。①

帝制中国在明清两代是一个"和平化统一帝国",面临较少的外部

---

① 周黎安:《一体多面:中华帝制时期的国家—社会关系再研究》,《社会》2022年第5期。

军事威胁和竞争,这在一定程度上促成了明清"原额主义"的财政体制,进而抑制了行政运作和财政管理的理性化进程。美国政治学家对于中世纪后期欧洲君主的目标函数的标准假设是国家攫取的财政收入的最大化。① 这背后的主要原因是,西欧中世纪晚期和近代早期国家之间频繁的战争促使每位君主把财政汲取作为首要目标,国家没有足够的、可以支配的财政收入,就无法应付时刻要发生的、消耗钱财的战争,国家财政收入几乎等同于君王的国家安全。另一方面,欧洲君主之间频繁的战争也催生了中央集权的发展、理性化征税机构和现代文官科层制的诞生。② 中国漫长的历史进程也可以说明这一点。战国时期国家之间的战争加速了行政理性化和国家汲取能力提升的进程,如中央集权化的县制萌芽,最大限度地征收兵源和税收,土地私有化和奖励人口生育政策等等。相比之下,明清时期(晚清之前)中国独特的地缘政治格局(来自外部的战争威胁并不是王朝面临的常态化的压力)使得"原额主义"财政体制得以运行,关于欧洲中世纪后期君主的目标函数的标准假设不适用于这段历史时期;"原额主义"的承诺通过"祖宗之法"的效力约束后续的皇帝不敢轻易突破限制,进而防止缺乏节制的资源汲取可能引发的代理人问题和统治危机。

分析至此,我们可以窥见中华帝制"大一统"国家治理的底层密码,简而言之就是利用国家权力撬动国家治理:以政权稳定为目标,以治理任务和结果为中心,以国家权力作为杠杆撬动多方行动主体、多种治理资源,进而实现国家治理。具体而言,第一,通过国家权力设定治理责任,层层分解发包,压实各级承包方责任(包括行政责任、政治责任);第二,通过国家权力撬动广义的财政资源,动员各界力量,实现筹资多元化和社会化(如预算二元体制和行政外包),它的一个典型特征是"不给钱,只给政策",承包方利用上级赋予(或默许)的政策空间筹集

---

① Margaret Levi, *Of Rule and Revenue*, Berkeley: University of California Press, 1988.
② Michael Mann, *The Sources of Social Power*, Vol. 2, Cambridge & New York: Cambridge University Press, 1993.

和动员财政和相关资源,完成承包任务;第三,通过国家权力赋予承包人多重激励,其激励方式包括行政放权、考核问责、晋升奖励、收入分成等等。也就是说,国家权力与发包—承包关系嫁接在一起,以此撬动国家治理的三个关键元素——责任分配、资源筹集和激励配置。这个底层逻辑不仅体现在行政内包所驱动的中央-地方关系之中,也以程度不同的方式体现在行政外包所驱动的国家-社会关系之中。

韦伯式理性科层制以法理、规则、程序为中心,以约束代理人的自由裁量权并保证组织行为的确定性、可预测性为目标,为此需要事前配备相对充分的预算和资源,这与工业资本主义相适应(如事前的大规模固定资产投资必须建立在可预期的合理利润的基础上)。与此相对照,行政发包制则以最高统治者的治理目标的确定性和可预测性(如政权稳定、钱粮上缴)为中心,通过责任分配、问责考核、收入分成激励加以支撑保障。

作为一个对比,17世纪英国在资源汲取方面的制度创新是"财政金融化"①,即英格兰银行以未来的税收做抵押,依靠国家信用发行公债,筹集公共收入,部分替代成本高昂的开辟新税种或提高税率。与此相对应,中华帝制时期的资源汲取模式是"财政多元化和社会化",将本来属于中央层面的公共职责和财政支出任务分包、分摊给各级地方政府,通过后者撬动正式预算之外的经济资源,同时还将一部分公共职责外包给政府之外的社会主体,如士绅、商人等,广泛动员社会各方力量。上述"财政原额主义"是"财政多元化和社会化"更为极端的表现形式——朝廷通过锁定中央预算的支出规模,将超出中央预算的各项支出负担都分摊给各级地方政府以及社会各界力量。

最后,笔者想回答行政发包制理论难以回避的一个问题:行政发包制作为一种在实践中运行的制度是中央朝廷理性设计的结果吗?张静

---

① 马德斌:《从国家能力看中西大分流:反思中国近现代财政金融》,《量化历史研究》2024年第7辑。

在评述行政发包制理论时就敏锐地提出了这一问题,我当时做了一些初步的回应。① 现在笔者应该可以更加清楚和确切地回答这个问题。上述分析已经很清楚地表明,体现科层制特征的内容,如等级性权力、州县政府职责、州县官的人事任免、预算分配、薪俸待遇、绩效考核,均可以在清代的律例规则、政府公文、皇帝御批等官方文本里找到,有明白无误的表述,这部分的正式制度确实是帝国顶层理性设计的结果,既体现了皇权的绝对性和支配性,又体现了正式制度不同环节(如行政权分配、人事和预算、考核问责)之间的衔接配合,至少在文本意义上经过字斟句酌、缜密思考、集体讨论。除此之外,帝国理性设计的制度当然也包括历史上以路径依赖的方式沿袭下来的制度(至少经过了理性选择和官方认可),它们均内在一致地反映了帝国治理的国家意志和价值体系。然而,镶嵌在正式科层制之中的"发包—承包"制度几乎不可能在正式的规章制度和政府公文里寻觅踪影,而更多以非正式和"法外"的形式在运行,它不是谁理性设计的结果,而是正式规章制度遇上严峻的资源、信息和技术的约束与现实压力之后自发生长、内生演化出来的一套被绝大多数人默认容忍的惯例规则体系,它具有自发性、适应性和非正式性的特点。但正如上述分析所表明的那样,"发包—承包"关系的自发性和非正式性与理性设计的正式制度之间存在错综复杂的互动关系,谁也不可能离开另一方而独立运行。正式制度在"发包—承包"关系中处处打上了自己的烙印和痕迹,而"发包—承包"关系也在正式制度的运行实践中附上了自己的"灵魂"。

五、治理不可能三角

清代基层治理实践呈现了行政与发包双重机制的复杂互动,我们既

---

① 张静:《行政包干的组织基础》,《社会》2014 年第 6 期;周黎安:《再论行政发包制:对评论人的回应》,《社会》2014 年第 6 期。

看到了两者的衔接、嵌套，又看到了两者的张力和冲突。其中最为凸显的一个治理现实是，中央朝廷向州县官下达钱粮上缴的刚性目标和地方治安的属地责任，而配备给州县官的经费预算和人员编制却少之又少，这导致了财政二元体制并存、预算收支的灰色运行及其顽固性，朝廷颁布的大量规章制度如同摆设一样不起作用。治理目标、治理资源（预算）与正式规则约束之间的关系背后是否蕴含了更为深刻的理论内涵？

借助前述的分析，本节试图提炼并引申出一个关于组织治理的更具一般性的理论命题，笔者称之为"治理不可能三角"，即刚性治理目标、刚性治理资源和刚性规则约束三者不可同时兼得。确切地说，就国家（组织）治理而言，委托人不可能既要求代理人严格遵守事先确立的规则和程序，又要求代理人接受事前配置的有限的治理资源（如预算经费和人员编制），与此同时还要求代理人完成一个刚性且具有挑战性的治理目标。从"治理不可能三角"这个基本命题出发，我们可导出下面三个基本推论，它们正好对应着现实中流行的三种组织治理的理想类型。

第一，如果治理目标是刚性的（如定额化的钱粮上缴，无限的属地责任），且具有挑战性，与此同时，代理人的治理资源（如经费预算、人员编制）又是有限的，那么委托人必须放松对于承包人规则程序和行为规范的相关要求，甚至需要容忍、默许代理人破坏规则和程序的行为。本文聚焦的州县政府的运行和清代基层治理的实践就清楚地诠释了这一点。中央朝廷对州县官提出了定额化的钱粮上缴以及无限属地责任，同时为其配备的预算经费和人员编制又是极为有限的，其结果就是委托人（中央朝廷）设置的规则约束和行为规范在实际中不被严格遵守，甚至被搁置一边——例如州县政府超出正式预算（正式规则）的庞大而灰色的预算外经费体系、编制外书吏和衙役雇佣及内部惯例、州县官如同经营家族企业一样承包经营州县财政，以及朝廷颁布的许多规则律例在现实中的"形同虚设"（如经制之外超额雇佣书吏衙役）等等。清代国家治理中正式的行政体制最终伴之以非正式的"发包—承包"体制，以维持治理目标和预算配置的刚性为中心，但对规则程序尽可能"网开一面"，允许州县官的自由裁量和预算外经费体系运行在广泛的"法外"灰色地带,这可以看作"治理不可能三角"原则所呈现的一种特定的组织形态。

第二,如果委托人对代理人施加严格的规则约束、行为规范和程序监管,同时为其全额配备必要的治理预算和人员,那么委托人就不可能给代理人下达一个必须完成的刚性(且具挑战性)的治理目标。这种情形对应着众所周知的韦伯式理性科层制,它在西方发达国家的政府组织中极为常见:委托人以法理、规则和程序为中心,要求代理人在必要的情况下严格遵守事先制定的行动指南,最小化代理人的自由裁量空间,同时为代理人执行任务配备全额预算(代理人不需自筹经费或创收,严禁代理人收入与工作业务量挂钩),但不会向代理人提出刚性和挑战性的治理目标,代理人尽职免责(有限责任),有多少钱,办多少事。

这方面有一个很好的例证,就是清朝赫德担任总税务司之后的海关治理。赫德任职之前的清代海关治理是典型的行政发包制,海关监督承担了定额化的关税上缴任务,以此换来了作为承包人的自由裁量权和以结果为导向的问责考核,财政上采取预算包干制,海关人员的收入主要来自陋规收入。[①] 赫德担任总税务司之后对税务司制度进行了彻底的组织改造,使之变成现代理性科层制。海关不再采用"包税制"和预算包干制,而是采取"尽收尽解"的原则,并为此借鉴当时英国最先进的财务制度,专门制定了一套严密的会计报表制度,把税款完纳和呈报、经费的收与支结合起来。通过会计报表制度,海关税务司展现了全口径的预算和决算的收支活动,每一笔收入和支出项目均在报表中清晰呈现,这与清朝前期海关治理的预算内外二元体制形成鲜明对比。赫德接任总税务司一职之后就提出用于海关的经费预算是 700200 两海关银,不久又增加到 748200 两海关银,相当于关税收入的十分之一。这个庞大的预算规模一度让负责监管外籍税务司的总理衙门感到困惑不解,但赫德坚持认为,如果不给足资金,就无法期望一个行

---

① 关于赫德前后清代海关治理体制的比较,参见周黎安、王娟:《行政发包制与雇佣制:以清代海关治理为例》,载周雪光、刘世定、折晓叶主编:《国家建设与政府行为》,北京:中国社会科学出版社,2012 年。

政机构保持廉洁自律。最后总理衙门及时批准了赫德的行政预算。更为关键的事实是,总理衙门一直尊重赫德提出的"尽收尽解"(本质上是"尽职免责")的原则,从未向赫德提出任何定额化的关税上缴目标,这是赫德海关的理性科层制得以维系的一个关键性条件。① 理性科层制的组织形态本质上也遵循了"治理不可能三角"的基本原则,即保持对于规则程序和预算人员的刚性要求,但放弃了对于治理目标的刚性设置。

第三,如果委托人向代理人提出一个挑战性且带约束力的目标,同时又要求代理人遵守有关规则程序和行为规范,那么委托人就必须事先不设定预算和人员编制的上限,允许预算和人员编制随着治理目标的挑战性程度而灵活调整、按需配置。这种情形在现实中更接近于(大型)现代公司的治理原则。现代公司一般每年都要设置明确的经营目标,通常也要求经理和员工遵照公司制定的规章制度和内部程序,但在预算和人员配置上更具灵活性,根据目标的挑战性和阶段性完成情况而相应调整,或者在制定经营目标时就考虑到最大可能配置的预算和人员规模,尽可能制定合理可行的经营目标。如果公司在目标执行过程中调整预算和人员配置遇到瓶颈约束,就会相应调整经营目标。总之,在这种情形中,为了维护规则程序约束的有效性,事前又必须确立带有挑战性的治理(经营)目标,那么事前配置的预算人员规模必须与经营目标的挑战性保持一致,维持后者的刚性就必须保持前者的灵活性,反之亦然,但不可兼得两者的刚性要求。②

"治理不可能三角"这个理论命题的提出旨在强调:治理目标、治理

---

① 魏尔特:《赫德与中国海关》上册,陈敖才等译,厦门:厦门大学出版社,1993年,第287页。
② 现代公司在不同的发展阶段和经营环境中,对于维护内部规则和程序的严肃性可能有不同的需求,其治理模式也将呈现变异性。例如在早期创业阶段,公司一方面十分强调实现挑战性经营目标,另一方面创业早期融资困难,预算和人员配置又很有限,因此不会特别关注内部规则和程序的确立和遵守,绩效考核也更倾向于"以结果论英雄",此时其组织治理更接近于行政发包制。随着公司规模的扩大,执行内部规则和程序的重要性不断上升,制定经营目标与确定预算规模之间的协同性也必须随之上升。当一家公司处于行业垄断地位时,内部规则程序可能居于中心位置,而制定经营目标的压力比较小,其治理模式可能接近类似政府组织的理性科层制。

资源与规则约束之间存在深刻和确定的内在关联。为了实现组织的良性运转，我们不可能期待三者同时满足刚性要求；如果锁定当中任意两者的刚性，第三者就必须保持必要的弹性和开放，否则组织运行必将陷入紊乱和失序。本文研究的行政发包制以一种简单纯粹的历史原型呈现了"治理不可能三角"所驱使的一种自治形式，而理性科层制与现代公司治理则是另外两种顺应"治理不可能三角"而形成的内在一致的组织治理形态。行政发包制、理性科层制和现代公司治理，横跨人类不同的文明形态、发展阶段和组织领域，所呈现的治理模式也迥然有别，然而，本文的研究却表明，在这些显著差异的背后，存在着一个更具一般性和普适性的运行机理和内在逻辑。

六、古今行政发包制的"变"与"不变"

从清代基层治理所呈现的行政发包制到共产党领导中国革命时期的军事发包制，再到新中国 70 多年逐步发展形成的当代行政发包制，行政发包制历经许多重大变迁。应星对帝制中国的行政发包制、军事发包制和当代行政发包制已经做了很有启发意义的比较研究，我准备在他讨论的基础上做一些补充性分析。我下面主要聚焦于传统和当代行政发包制之间的比较，同时也结合军事发包制所可能发挥的独特作用，探讨古今行政发包制演变中的"变"与"不变"。

从历史变迁的角度看，有几个方面值得注意。第一，清代基层治理所盛行的行政发包制包含了鲜明的家产制因素，如州县财政的"家族经营"，州县官的收入和支出的公私不分；州县政府变成"一人政府"，州县官作为独任官承担纯个人的责任；州县政府大量使用私人幕僚、家人和长随参与州县政务决策和运作；州县官对书吏和衙役负责人的私人化问责等等。这些特征构成了韦伯定义帝制中国的国家治理为家产官僚制的重要原因。随着传统行政发包制向革命时期的军事发包制转型，再到当代行政发包制的演化，家产制因素消失殆尽。革命战争时期中国共产党所发展出来的军事发包制就已经革除了职位任免和人事管理的世袭性、私人性和市场买卖现象；在井冈山斗争时期毛泽东坚持"党指挥枪""支部建在连上"，强调党委决策的民主集中制原则，摆脱了传统军阀和流寇主义的家长制作风和私人庇护思想，把红军改造成一支共产党领导的现代化军队；新中国成立以后的党政体制继承了革命战争时期的组织文化，国家政权深入乡村、街道，党组织触及基层社会的"神经末梢"，传统州县政府内部运行的"发包—承包"机制对于纯私人的责任链条的依赖被打破，国家自上而下的非人格化和程序化的行政控制得到显著加强。

第二，相比清代州县政府（州县官）极为有限的正式决策权（更多体现为上级政府默认或无法有效监督的自由裁量权），当代行政发包制在维持党中央集中统一领导的前提下对于地方政府和基层政府的权力划分和界定更为正式化和规范化。长期以来，中央和地方在行政管理上坚持"条块结合、以块为主"的原则，正式赋予了地方政府（包括基层政府）在辖区内"因地制宜"的政策执行权和属地事务的综合治理权。20世纪50年代初，新中国结束了革命战争时期各根据地军事发包制的分散状态，不断加强行政、财政、金融等诸领域在全国层面的统一领导，此时又逢中国推行"一边倒"的外交战略，进入了全面移植苏联权力高度集中的计划经济模式的历史进程。古代中国以块块为主导的行政发包体制经过军事发包制的一元化领导和党建的改造，在新中国初期又融合了计划经济特有的"条条为主"原则，在经济事务上呈现更为集中化的管理模式。然而，苏联计划模式移植中国不久，1956年毛泽东在调查研究的基础上发表了《论十大关系》的内部讲话，对苏联模式的"条条专政"、过度集中的弊端进行了深刻的反思和批评，强调发挥地方积极性的重要性，开始了探索中国特色的计划经济模式的步伐。自此之后，在维护党的统一领导的前提之下发挥中央和地方的"两个积极性"的重要思想就成为我国构建中央和地方关系的理论基础。从1958年到1978年，在计划经济的大背景之下，中国前后经历四次较大规模的地方放权浪潮,一些中央企业被划归地方政府管理,地方工业、中小企业迅速崛起,中国计划经济最终呈现了地方放权的 M 型结构而非苏联高度集中的 U 型结构。① 1964 年中央就把医疗和教育事业经费的分配权下放给了地方政府,经济建设之外的公共服务职责几乎完全变成了地方政府的事权。② 毋庸置疑,革命战争时期军事发包制的宝贵经验对于推动这些带有中国特色的体制改造发挥了极为关键的作用,而后者也为十一届三中全会之后"简政放权"和"财政大包干"改革奠定了重要的制度基础。

第三,相比清代财政体制高度集中、基层政府缺乏独立合法的预算体系,当代行政发包制之下多层级地方政府的预算自主权明显增强,"一级政府、一级财政"的现代公共预算原则得以确立。自新中国成立以来的不同历史时期,虽然地方政府享有的财政相对独立性各不相同,但每级地方政府都被赋予了制度保障的预算收入和一定程度的预算支出自主权。前述在计划经济时期的几次经济放权浪潮不断增强了地方政府支配自身财力的能力,1970 年在一些省份就开始财政包干的改革尝试,在改革开放前夜的 1978 年,省及以下地方政府的预算收入已经占到全国预算收入的 50% 以上。③ 1980 年开始的"分灶吃饭"的"财政大包干"改革不仅赋予了地方政府作为剩余财政收入获取者的地位,还在相当程度上使其获得了关于预算支出的决定权。1993 年的"分税制"改革使得中央和地方税收收入分配更加规范化和制度化。

然而,即使行政发包制在不同历史时期发生了重大变迁,但在一些重要维度上它的一些基本特征仍然延续至今。第一,中央统一领导和地方因地制宜之间存在持续的张力,中央与地方权力划分仍然存在一

---

① Yingyi Qian, Xu Chenggang, "Why China's Economic Reforms Differ: The M-form Hierarchy and Entry/Expansion of the Non-state Sector", *The Economics of Transition*, Vol. 1, No. 2, 1993, pp. 135 – 170;白惠天、周黎安:《M 型结构的形成:1955—1978 年地方分权与地方工业的兴起》,《经济学报》2018 年第 5 期。
② 白惠天、周黎安:《地方分权与教育医疗的大规模普及:基于中国计划经济时期的实证研究》,《经济学报》2020 年第 1 期。
③ 白惠天、周黎安:《M 型结构的形成:1955—1978 年地方分权与地方工业的兴起》,《经济学报》2018 年第 5 期。

定的相机性和模糊性,这与中央保有统一领导和相机控制权是相一致的。中国的现行宪法第 3 条关于中央和地方国家机关职权划分"遵循在中央的统一领导下,充分发挥地方的主动性、积极性的原则"的表述,延续了"两个积极性"的重要思想,地方政府享有的治理权限并非法律上明确界定、具有清晰管辖范围的授权或权力分割,而是组织内部自上而下带有相机控制性质的"权力下放"。①

第二,事权高度集中于地方政府,地方政府是属地所有相关事务的综合承包方,地方政府的自由裁量权造就了地方政策执行的多样性和灵活性,为因地制宜执行中央政策、实现政策创新奠定了重要基础,但也是地方政府的政策"变通"、上下级"合谋"、形式主义等策略行为的来源。

第三,预算内外相结合的财政二元体制并存,预算外经费筹措体系持续发挥重要功能,是支撑行政发包体制的不可或缺的力量。从计划经济到改革开放早期,各级地方政府和相关政府部门的预算外资金、"小金库"广泛存在。2010 年预算外收入被正式取消,但地方政府高度依赖于土地财政、政府性基金收入、投融资平台乃至于国有企业部门构成的"预算外经费"体系,其对于推动辖区经济发展和改善地方公共服务的供给功不可没。② 不同历史时期地方政府和相关部门预算外资金的来源不尽相同,但它脱离上级政府严格监管和掌控的非正式性、模糊性和产权"安全性"是其不变的属性和特色。地方政府的许多部门(如城管、公安)在正式人员编制之外雇用了相当数量的编外人员③,也可以理解为是广义的"预算外经费体系"的一部分。

---

① 丁轶:《等级体制下的契约化治理重新认识中国宪法中的"两个积极性"》,《中外法学》2017 年第 4 期。
② 周黎安:《转型中的地方政府:官员激励与治理》第 2 版,上海:格致出版社,2017 年,第 140—145 页。
③ 叶静:《地方软财政支出与基层治理:以编外人员扩张为例》,《社会学研究》2016 年第 1 期。

第四,当代的行政发包制仍然呈现出结果导向和人格化问责的考核特征,基层政府责权利不对称的问题突出。在我国治理体系和治理能力现代化的进程中,对这方面的问题提出更制度化、规范化和法治化的解决方案。

Exploring the Historical Roots of Administrative Subcontract: A Study of Local Governance in the Qing Dynasty

Zhou Li-An

Abstract: Drawing on existing historical documentation and recent development of related literature, this paper investigates the functioning of Qing's county governments consisting of county magistrates, clerks, and runners and its governance characteristics to uncover the historical roots of administrative subcontracting which has been prevalent in modern China. My detailed analysis of the local governance in the Qing Dynasty demonstrates a historically "raw" type of administrative subcontracting with a more simple and thorough form, namely, a dual presence of formal bureaucracy and informal internal subcontracting. Formal bureaucracy and informal subcontracting are interacting with each other in a mutually supportive and also conflicting way, which generates a set of organizational tensions, such as the seemingly contradictory coexistence of the principal's absolute control rights and the subcontractor's de factor power, formal budgeting process and informal (or more precisely extralegal) off-budgetary activities, the asymmetry between responsibilities, authority, and rights within the formal bureaucracy and *ad hoc* compensating for the asymmetry though extralegal channels. In the end, this paper has also developed a more general proposition, i. e., the "Impossible Triangle of Governance", which ultimately positions historical administrative subcontracting as one special case. More specifically, we cannot have all the three things at the same time: a binding and challenging organizational target, a limited and rigid budget, and strict adherence with rules and regulations, and consequently we can only end up with any two of them while giving up for the remaining one.

Keywords: Administrative Subcontract, Historical Prototype, County Government in the Qing Dynasty, Local Governance, Impossible Triangle of Governance

专 题
韦伯社会理论再研究

战争与和平之间:马克斯·韦伯的斗争理论

何 蓉[*]

摘要:斗争是贯穿于韦伯的学术思想与日常行动并绵延一生的主题,韦伯对这一主题的关注潜在地受到法学家鲁道夫·冯·耶林"为权利而斗争"的影响。本文认为,韦伯的"斗争"概念可分为集体的、个体的两个层次。前者指向民族国家框架下的德国发展与崛起意图,是绵延其一生的主题;后者是以社会行动者为前提的方法论个体主义下的理论概念,是在他生命最后不到十年间构建其社会学基础理论时阐发而得。本文着重选取了韦伯在19世纪中期、20世纪10年代中期至1920年的文献进行研究,从其概念发展来看,1895年就职演讲是一个思想的汇聚点,其中,韦伯有关斗争的想法仍然较为模糊,涵盖了多样的行动与关系的类型,并在政治与经济之间、生物与社会之间质疑、辨析。此后20余年间,其斗争理论沿着两条路径展开:一条路径涉及民族国家的制度建设、国际关系等实际问题,促发了韦伯关于战争的社会理论,建构了基于政治、权力、支配等基本概念的韦伯的政治社会学;另一条路径涉及他的理解社会学的基础理论,斗争作为基本范畴,既包含人类历史、政治、经济与日常生活中的诸多行动类型,又指向冲突、竞争、拣选等多种社会关系。基于此立场,斗争是处于战争与和平之间的、日常的状态,斗争精神内化为某种自我赋权的斗争人格,在秩序中斗争、在斗

---

[*] 何蓉,中国社会科学院社会学研究所研究员。

争中实现自我。

关键词： 斗争　权力　斗争人格　《社会学基本概念》

"斗争"（Kampf/struggle）是马克斯·韦伯经常使用的一个词。拉德考在其研究中提到，检索韦伯全集的电子版可见，"Kampf"出现的频率相当高，不少于 785 次，可以说"斗争是韦伯的宗教！"① 从该词的应用分布来看，其贯穿于韦伯学术生涯的各个阶段，例如，早在韦伯 1895 年的弗莱堡大学就职演讲中，斗争话语就有引人注目的出现，1919 年发表的《政治作为志业》中亦可见其踪迹，② "斗争"在其学术工作中始终在场。

斗争概念体现了韦伯一以贯之的、甚少幻想的现实主义态度。在一定程度上，这也是他的个性使然。③ 在韦伯夫人撰写的传记及同时代学者和学生的描述中，韦伯具有赫拉克勒斯或提坦一般的英雄气质，一生囿于书斋，无用武之地，但素来刚猛主动，其"提坦的（Titanic）斗争"持续到了生命的最后一刻。④ 因而，合乎逻辑的结论应当是将斗争放回韦伯的生活与学术当中去。

不过，在韦伯研究领域，斗争似乎难登大雅之堂。历来对韦伯政治社会学的基础理论研究关注的是"权力"（Macht/power）、"支配"（Herrschaft/domination）等概念，斗争的位置比较尴尬，研究者认为，斗争的世界观具有侵略性的民族主义、帝国主义指向，雷蒙·阿隆、沃尔

---

① Joachim Radkau, *Max Weber: A Biography*, Patrick Camiller（trans.）, Cambridge & Malden: Polity Press, 2011, pp. 131 - 133.
② 在 1895 年就职演讲中，通篇可见"经济斗争""永恒斗争""严酷斗争"等表述，参见马克斯·韦伯:《民族国家与经济政策》，甘阳等译，北京:生活·新知·读书三联书店，1997 年，第 75—108 页。后期文章中如《政治作为志业》也强调，政治家"必须去做、同时也始终在做的事——斗争（Kämpfen）"，参见马克斯·韦伯:《学术与政治》，钱永祥等译，桂林:广西师范大学出版社，2004 年，第 224 页。
③ 研究者指出，理论家个人气质与其理论倾向有关联，例如，滕尼斯看到和平之处，韦伯看到的是斗争。参见 Niall Bond, "Ferdinand Tönnies and Max Weber", *Max Weber Studies*, Vol. 12, No. 1, 2012, pp. 25 - 57。
④ Karl Loewenstein, *Max Weber's Political Ideas in the Perspective of Our Time*, Richard and Clara Winston（trans.）, Amherst: University of Massachusetts Press, 1966, p. 103.

夫冈·莫姆森均对韦伯的斗争概念持批评性态度,认为此概念咄咄逼人的现实政治立场与韦伯免于价值判断的方法论立场之间不无扞格。

雷蒙·阿隆认为,斗争概念体现了韦伯思想中的马基雅维里和达尔文主义的因素,其世界观综合了达尔文式的生存斗争、尼采式的人之伟大、马克思主义的阶级利益等理论要素,其"权力政治"实际上是多神论的、多种价值观互不相容的悲观主义,没有能够超出他那个时代的民族国家理论视野,并对国家间政治经济问题产生了影响。①

莫姆森批评韦伯"直言不讳、毫无节制地将政治领域描述为无时或止的权力斗争",结合达尔文主义的适者生存观,在政治组织和文化生活中渗透权力斗争的观念,向德国人灌输了"人与人的斗争""争取生存空间"等思想。② 莫姆森在其有关帝国主义的研究中,还将韦伯1895年的就职演讲列为古典帝国主义理论的代表文献③,认为其斗争概念具有对外扩张意图的国际关系的实践指向,从而将韦伯与20世纪30年代的德国军国主义联系了起来。

实际上,"Kampf"是一个多义词,以上两个研究都是从冲突的角度来理解的④,但该词还有奋斗、争取权利的实现等其他意涵。本文认为,韦伯往往在后一种含义上使用斗争概念,其直接影响源自法学家鲁道夫·冯·耶林(Rudolf von Jhering)⑤。当韦伯青年时期接受法学教育

---

① Raymond Aron, "Max Weber and Power-Politics", in Otto Stammer (ed.), *Max Weber and Sociology Today*, Oxford: Basil Blackwell, 1971, pp.83-100.
② Wolfgang J. Mommsen, *Max Weber and German Politics (1890-1920)*, Michael S. Steinberg (trans.), Chicago & London: University of Chicago Press, 1984, pp.40-41.
③ Wolfgang J. Mommsen, *Theories of Imperialism*, P. S. Falla (trans.), New York: Random House, 1980.
④ 斯威德伯格指出,帕森斯和《经济与社会》英译者等倾向于将"Kampf"译为"冲突",参见理查德·斯威德伯格:《马克斯·韦伯与经济社会学思想》,何蓉译,北京:商务印书馆,2007年,第300页,注释45。韦伯著作的中译者同样注意到了英译的倾向,说明译为"斗争",意在区别于德文"Konflikt"一词相对的"冲突",参见《社会学基本概念》,顾忠华译,桂林:广西师范大学出版社,2005年,第52页,注释31。
⑤ 耶林对韦伯的影响体现在社会行动者、一般发展原则、社会演化等概念上,参见 Stephen P. Turner, Regis A. Factor, *Max Weber: The Lawyer as Social Thinker*, London & New York: Reoutledge, 1994。

时,耶林的罗马法研究已享有盛名,虽然韦伯转向经济学后未继续其法学家的职业生涯,但是,法学训练对他的社会理论产生了深刻影响。韦伯作品体现着与耶林的相似性,例如,综合的、摆脱形式的束缚的、注重现实的立场。① 与本文内容相关的,是耶林1872年演讲汇编而成的一个小册子《为权利而斗争》。他指出,和平并不排斥斗争,斗争恰恰是获得和平的手段,"斗争是法权的事业","斗争伴随着历史上抽象法的产生、形成和进步";从个体主观角度,"斗争是为了实现具体的权利"。② 换言之,在法律的角度上,既存法律秩序是斗争的产物;在个体的立场上,权利需要在斗争中发现,斗争是实现权利的手段,否则,法律将形同具文。为权利而斗争、在斗争中发现和实现权利,既契合韦伯的精神气质,也成为烙刻在他的社会理论中的一个思想框架。

本文进而认为,韦伯所谓的斗争并非侵略性的政治立场或价值观的宣示,而是一个学术概念,而且,依照此逻辑,斗争既不排斥同情、道德、联合,也并不必然倾向于对立、冲突乃至战争。理解这一概念的难度在于,它位于学术问题与政治关切相交接、流行话语与学术概念相纠缠之处,作为一个具有实践指向的理论概念,其内涵精微、层次丰富。今天,我们需直面其理论意义,不忽视其包含的政治立场,但也应回到韦伯作品的思想脉络中,对其学术意涵加以客观、系统的考察。

检索不同时期的韦伯作品,大致可以将斗争分为集体的、个体的两个层次。前者以民族国家框架下的德国发展与崛起意图为核心内容,且在韦伯青年时期就有引人注目的表述,是绵延其一生的主题;后者是在以社会行动者为前提的方法论个体主义的意义上,在他生命最后不

---

① 1882年12月15日,18岁的韦伯给母亲的信中提到的圣诞节礼物之一就是耶林的文集,"Briefe 15. Dezember 1882", *Max Weber Gesamtausgabe*, Abt. II, Bd. I, hrsg. Gangolf Hübinger, Thomas Gerhards & Uta Hinz, Tübingen: J. C. B. Mohr (Paul Siebeck), 2017, s. 307;耶林的方法论个体主义、社会实在原则等影响深远,参见 J. L. M. Elders, "Rudolf von Jhering (1818–92) and the Economy of Justice" in Jürgen G. Backhaus (ed.), *The Elgar Companion of Law and Economics*, Cheltenham: Edward Elgar, 1999。
② 鲁道夫·冯·耶林:《为权利而斗争》,郑永流译,北京:商务印书馆,2018年,第5—6页。

到十年间有意构建其社会学基础理论时所阐发的概念。

从学术史来看,韦伯一生的学术工作既有世界文明的宏阔视野,又始终立足于德国民族国家的政治、经济诸多问题。斗争是韦伯国家建设理论的核心主题,是民族国家得以形成、保有自身、面对他者的实践准则。从以 1895 年弗莱堡就职演讲为代表的早期作品,到后期政论文章、政治社会学论述等,斗争概念的意涵不断发展、丰富,构成了理解韦伯有关国内政治、国际关系思考的重要支点。

对韦伯个体层次上斗争概念的研究属于尚未被充分挖掘的韦伯的社会学一般理论建设的一部分。从 20 世纪 10 年代中期开始,韦伯发表并持续致力于理解社会学基本范畴的研究。从韦伯相关传记资料可知,1920 年 5 月,即韦伯去世前一个月,他重新写作了这一部分的内容,形成后来被收录为《经济与社会》第一章的《社会学基本概念》。在这部分内容中,他划分了社会行动的基本类型,在此基础上建立不同的行动范畴,斗争便是其中一种日常可见的、基于外在条件约束和内在驱动力而持续存在的理论范畴。因此,斗争突破了政治领域和政治话语的意涵而成为韦伯社会学的基础理论概念,其意义仍待进一步阐释。

总括而言,韦伯斗争理论有其发展的进程,早期即 19 世纪 90 年代中期,韦伯的论述奠定了斗争的理论基础,但指向尚较模糊,其中所谓的斗争混糅了多种类型的政治、经济现象;后期即 20 世纪 10 年代中期开始,他的斗争理论在政治社会学、社会学基础理论两个方向上有了较为系统的阐述。

一、青年韦伯所论"斗争"的多种类型:从进化论思想的影响到经济学思维框架的建立

在很大程度上,1895 年弗莱堡就职演讲集中体现了青年韦伯的政治与经济立场,标志着韦伯作为一个冉冉升起的学术新星,开始从法学转向经济学,从抽象的经济理论转向具体的社会发展现象,直面社会现

实和政治主题的理论与现实关注。①

在德国的现实境况与政治心态之中,韦伯站在斗争的立场上,反对将"幸福"设定为未来的必然,视斗争为德意志获得"生存空间"的途径。在韦伯看来,对于1871年才建立的德国国家而言,经济的赶超、国内的制度建设与国际的资源争夺等诸种现实挑战都意味着,不通过斗争无法达成目标。

本文认为,结合其时代问题来看,韦伯所使用的斗争涉及多层次、多方面的内容。

韦伯演讲文本中的第一层矛盾,即人与自然的矛盾,在当时表现为德国现代化过程中迅速增长的人口与有限的自然资源之间的矛盾。相应的斗争表现为争取有限资源、以自身的生存为目标的经济活动,这种斗争的日常状态是和平的劳作,而非暴力的掠夺。

在资源稀缺性加剧的前提下,会形成第二层的矛盾,即人与人、族群与族群乃至国家与国家之间为争夺资源而产生的矛盾。因此,斗争包含着奋斗与竞争两个维度。例如,易北河以东地区的德意志农民和雇工为着暗淡无光的日常生存而努力奋斗,在工资更低的斯拉夫劳工的冲击之下,他们在静悄悄的斗争中被击败,于是迁徙到城市地区或者去新大陆寻找生存的机会。也是经由此过程,他们挣脱了被束缚在土地上受容克贵族支配的命运,获得了自由,哪怕与之相伴随的是一个除了希望以外一无所有的未来。因而,斗争不仅仅是物质动因,还包含着个人争取其主体性的解放的一面。

在演讲中,韦伯选取1871年德国统一至1885年间东部边境的德意志人与斯拉夫人的人口迁移数据,描述了工业化、城镇化过程中人口向中心城市乃至新大陆流动的趋势。② 迁移成为在东部土地上难以谋生的德

---

① 何蓉:《韦伯1895年就职演讲:语境、文本与文本间关联》,《社会学研究》2016年第6期。
② 马克斯·韦伯:《民族国家与经济政策》,甘阳等译,北京:生活·新知·读书三联书店,1997年,第75—108页。

意志农业工人的选择,换个角度说,新的资源和可能的新机会缓解了原有土地上的劳动力竞争。行动者流动性的引入,实际上改变了原有的稀缺性框架,新的资源投入与心理期望等会缓解原格局中斗争的强度。

在第二层矛盾的意义上,无论有意与否,个体的行为会自然而然地划分出群体的边界,逐步形成群体层面的对立与竞争。例如,参与生存斗争的人们,在语言、种族、生活方式等方面各有特色,形成各自的认同和彼此的文化差异,构成了不同的群体,在制度架构与经济竞争中的地位不尽一致,从而形成或明或暗的"文化斗争"。在这种"文化斗争"中,并不一定是文明程度较高的族群会赢,而且这种族群间的竞争与对立,会对民族国家的内部治理和外部关系产生深远的影响。再比如,一国之内,不同阶级之间也会有利益差异。韦伯在演讲中批评德国各阶级都不具备足够的政治成熟度:在国际经济斗争中垂死挣扎的容克阶级却在国内政治上享有支配权;上升中的德国资产阶级以一种奇异的、非历史的和非政治的精神,沉醉于暂时的成功,渴求保持和平;德国的工人阶级在政治上比有产者成熟,会为自身的权利与自由以及经济权力而斗争,但与英国工人阶级相比,他们仍缺乏行动的魄力和民族主义激情。[1] 这样的阶级现状与格局表明,一方面,资产阶级没有能够担负起重任;另一方面,国内的阶级矛盾随着经济的全球化而被转移至海外,转变为国家之间的经济竞争。

第三层矛盾指的是民族国家之间的斗争始终存在。不过,韦伯明确反对帝国主义的对外扩张和暴力侵夺,他所谓的斗争,指的是在经济发展中经济利益所导致的民族国家之间的发展竞争,即和平形式的经济利益的争夺。

在韦伯看来,经济的发展具有突破国界的趋势,即形成一种包括所有国家在内的经济共同体。然而,他并不赞同自由放任的市场经济,在

---

[1] 马克斯·韦伯:《民族国家与经济政策》,甘阳等译,北京:生活·新知·读书三联书店,1997年,第100—106页。

他看来，经济政策的民族主义的评价标准，或者说基于民族利己主义的经济政策始终存在，经济共同体可以随着资金、物品的流动而扩大、拓展到国际，但这并不会消除斗争，只是民族国家之间斗争的另一种形式。例如，民族国家内部的阶级矛盾会通过国际经济活动而输出。一种情况是，新兴工业国家在海外倾销其产品，通过在国外市场的斩获，缓和国内的阶级与社会矛盾。另一种则是德国的情况，其借助国际的经济斗争巩固了内部本来已经腐朽的统治基础，旧的统治阶级得以维持，当下的、局部的利益阻碍了民族的长期利益和未来发展，即"全球经济共同体在本民族内部唤起当前物质利益和民族未来的冲突，并使得既得利益者与本民族的敌人联手而反对民族的未来"①。

基于斗争的理念，国际经济是现实主义利益考量的结果，在和平的整体框架之下，各个单元彼此之间的斗争关系、各个单元的内部斗争及其向外输出，构成了一个运转不断的体系，斗争是经济的竞争，亦是各个国家之间建立相互关联的一种形式，例如，温和的、恰当的关税就是各个国家建立、调节与其他国家的经济关联的有力方式。② 民族国家的边界是多样的，经济发展会突破民族国家的政治边界，形成较具开放性的经济共同体。

基于以上分析，可以总结出韦伯斗争概念的基本指向。第一，斗争概念包含着奋斗、竞争（Konkurrenz）、冲突（Konflikt）等多种形式。即使是冲突，韦伯也将其局限于和平形势下经济利益的争夺、经济机会的竞争等，借此可见他实质上反对帝国主义路线。③

---

① 马克斯·韦伯：《民族国家与经济政策》，甘阳等译，北京：生活·新知·读书三联书店，1997年，第92页。
② Guenther Roth, "Max Weber's Articles on German Agriculture and Industry in the 'Encyclopedia Americana' (1906/1907) and their Political Context", *Max Weber Studies*, Vol. 6, No. 2, 2006, pp. 183–205.
③ 韦伯此时的思考是在具有经济学的和平与法学的秩序的框架之下展开的，实际上缺失了冲突逻辑继续发展的后果，如暴力争夺、掠夺、战争等内容。因而其斗争概念虽然包含着多种类型的斗争，但缺失了政治、军事等领域的以暴力为核心的斗争类型，1914年一战爆发之后，战争成为一代人的生存条件，韦伯对战争的理论思考有了显著的推进。相关内容参见何蓉：《战争的社会理论：一战期间及战后马克斯·韦伯的精神劳动刍议》，《广东社会科学》2024年第3期。

第二,斗争的底层逻辑并非生物学进化论框架,换言之,斗争中的胜利者并不必然处于更高的发展水平,失败者也不必然是落后因素的代表。从个人和国家制度两个层面,韦伯提炼出了斗争的逆向选择机制。他在演讲中指出,在加入土壤、耕作方式和民族因素之后,呈现出一个与常识相悖的现象:土地肥沃的庄园区农民人口下降,土地贫瘠地区的农民人口反而增加了;较高素质的德意志农民离开了容克庄园,素质较低但不用地主们承担政治社会责任的斯拉夫人作为季节工填充了进来。① 因此,与流行的物竞天择、适者生存的达尔文主义原则相反,韦伯揭示出了资源竞争中的逆向选择,即发展水平较低者反而在竞争中占优。同样,在国家制度的层面,斗争并不必然导向较优的制度选择。以德国当时的情况而言,斗争及其经济利益反而维系了一个陈腐的、落后的政治体制。容克贵族获得了经济与政治的双重好处,一方面降低了经营的成本,有助于庄园摆脱经营困境,另一方面,容克阶层获得的经济利益帮助维持其政治上的特权地位,普鲁士势力在德国政治中举足轻重的地位得以巩固。

质言之,韦伯使用了斗争的框架,但不是物竞天择的进化思维,在社会关系、社会结构的影响下,斗争并不必然导致单一的、意图中的最优结果;经由斗争,个体的社会处境得以改变,但不一定是改善,也不一定带来整体福利的提升。

第三,韦伯的斗争概念受到经济学的影响,又涉及经济之外的主题,如国家。在理论上,斗争概念有两个经济学的假设:一方面是作为前提的稀缺性,即物品、资源等是有限的,而不是任意可得的;另一方面,"人"与"民族/国家"都是自利取向,"人"是成长于特定社会经济状况之下的特定存在,并为着自身利益而奋斗,民族同样如此,民族间斗争在不同时代有不同的表现形式,但从未停止过。

---

① 马克斯·韦伯:《民族国家与经济政策》,甘阳等译,北京:生活·新知·读书三联书店,1997年,第83—86页。

不止于此，以有限的资源为前提，个体的人要为生存而斗争，民族在整体上也要通过斗争筑就通往"伟大"的道路，因而，斗争是经济生活的内容，也是政治的本质。另一方面，斗争并不必然指向对立，反而还需要联合；国家并不意味着对个体自由的压制，其正当性反而基于个体自由——国家为个体提供自由发展的制度框架。

斗争的个体是只为着一己之私利而斤斤计较吗？并非如此，个体有自利的考量，但也有"全人"的多样取向。换言之，个体不仅有自我经济利益的考量、最大化得利的倾向，而且有情感，有认同，有自由决断的能力。每个个体在为自身生存斗争的同时，同样有其政治的兴趣和民族的情感，只不过，日日劳作以求生存的大众，其政治兴趣和深层的心理，仅在重大时刻被激发出来，进而感受到民族权力的存在。因此，民族情感并非统治阶级的专属，同样存在于经济上居从属地位的阶级。[①]

基于这样的个体政治属性，民族国家的正当性得以确立，它既不模糊也不神秘，从经济政策的角度来看，民族国家的国家理由不是让个体坐等国家的帮助或福利救济，不是让国家成为经济领域的任意干预者。与此相对的可能性是，民族国家的框架之下，个体经济行动以自力、自助为基础，一国之内整个经济生活的活力源泉，不在于国家规制，而在于要让所有的"经济力量自由运作"(das freien Spiels der wirtschaftlichen Kraefte)[②]。或可说，针对经济斗争所带来的分化，民族国家可以提供一个力量的联合。

如前所述，韦伯使用了阶级分析，但并未使用冲突性的阶级斗争框架。他认为，各个阶级固然有利益差异，但从民族的、国家的层面来看，在一国之内，应着力实现"民族的社会统一"(social unification of the nation/die soziale Einigung der Nation)。德国的情况是：在现代的经济发

[①] 马克斯·韦伯：《民族国家与经济政策》，甘阳等译，北京：生活·新知·读书三联书店，1997年，第99页。
[②] 中译本中为"经济力量自由竞争"(甘阳版)或"经济力量的自由挥发"(阎克文版)，英译为"the free play of economic forces"。

展过程中,德意志民族处于四分五裂的状态,社会政治活动应以实现新的联合为目标,以便应对未来艰难的斗争。①

经由前述对19世纪90年代中期韦伯文献的梳理,斗争为理解韦伯政治社会学提供了有启发意义的角度:与政治冲突的理解相比,强调国民的个体政治属性、自由行使其权利、平等参与国家治理;与内部的群体对立相比,强调要达成民族国家的社会联合,实现长期和整体的利益;与外部的国家间冲突相比,既认可经济的、和平的竞争,又反对开疆辟土的帝国主义路线。

二、作为政治社会学概念的斗争:在战争与和平之间

站在今人的立场上,韦伯的弗莱堡演讲中有不少浮夸刺耳的政治修辞,尽管其与同时代的政治话语相比较,已是相当克制。斗争戳破了人们对于幸福的期待、对和平想当然的幻想,是现实主义者韦伯有意要刺痛听众的计划的一部分。斗争才是和平的保障,政治的基础不应是空虚地伦理教化、空洞地期待幸福,而是冷静直面真实存在的斗争;国家的作用在于保障公民的自主权利,促进而非压制其自由的竞争。在实践指向上,他批评了一味冒险、企图扩张国土的军国主义者②,在理念指向上,他批评了以宗教人士为核心的和平主义者③。

---

① 马克斯·韦伯:《民族国家与经济政策》,甘阳等译,北京:生活·新知·读书三联书店,1997年,第106页。
② 约阿斯指出,韦伯在战前抨击冒险的对外政策,在战争爆发后对德国获胜的可能表示怀疑,相比于很多德国知识分子对战争的狂热,他始终保持冷静、务实,对战争及其影响有理性的考量,捍卫民族信念但反对帝国主义迷梦。参见汉斯·约阿斯、沃尔夫冈·克内布尔:《战争与社会思想:霍布斯以降》,张志超译,上海:华东师范大学出版社,2017年。
③ 例如,韦伯这篇演讲影响到弗里德里希·瑙曼从基督教社会主义转向民族社会主义。相关材料在瑙曼本人的评论和韦伯夫人所写传记中都有所体现。瑙曼引用、认可并阐述了韦伯有关斗争的论述,"斗争无休无止,而我们的使命就是为使我们的后代赢得斗争铺平道路"。引文见迪尔克·克斯勒:《韦伯传:思与意志》,高星璐、黄自勤译,桂林:广西师范大学出版社,2023年,第421页。

在学术上，他主要批评了当时的政治经济学家和国民经济学家。

首先，作为一位新任的国民经济学教授，他的学术批判指向了政治经济学传统，认为其基本原则即自由贸易政策，在实质上维护了英法等国的先发优势，对于德国这样起步较晚的国家而言，自由放任主义只会令强者更强、弱者更弱，普遍的幸福是无法达成的。

不过，虽然是新历史学派的年轻成员，韦伯也不赞同"讲坛社会主义者"所鼓吹的家长制框架下的经济政策与社会政策，国家对经济的干预、利益集团的帮扶，结果上造成有利于容克贵族的后果。只有形成自力自助、自由竞争的制度环境，提升新兴的资本主义工商业者与市民阶层的政治成熟度，在此基础上，作为一个整体的德意志民族国家，才能在全球经济共同体的扩张、各民族之间的经济斗争中捍卫自身利益。

据此，韦伯的斗争立场强调，和平或幸福不是理所应当的，人与人之间的、民族与民族之间的、国家与国家之间的斗争才是真实的、实在的，普遍的幸福反而是脆弱的，或者根本是一种幻觉。在这个意义上，幸福甚至不应成为目标，未来的严酷斗争是确然无疑的。

可以说，1895年就职演讲确立了韦伯作为一名国民经济学家的学术地位，而沿着斗争的思想脉络，他的政治社会学的框架也宛然可见。不过，在这个时候，问题的轮廓仍然较为模糊，尚未产生相应的学科建构的意识，韦伯不断地批判既有的学术概念，但对政治经济学的使命、民族国家的性质等基础问题的阐述仍在孕育过程中。

值得注意的是，以斗争作为媒介，他区分了两种"政治"，一种是一定时期内主政者大权在握的日常政治（Tagespolitik），一种是民族长期的权力政治的利益（dauernden machtpolitischen Interessen）。前者是习见的、容易引发关注的，但是，他认为，后者才是政治经济学伺服的对象，其中有围绕着长期权力利益（Machtinteressen）的权力斗争（Machtkampf）、权力关系（Machtverhaeltnisse）与权力组织（Machtorganisation）的形成，而民族国家（Nationalstaat）便是"民族的俗世的权力组织"(weltliche Machtorganisation der Nation)。①

在这里,从实践角度来看,韦伯强调的是经济与政治的关联,经济发展的过程同时也是政治利益冲突与斗争的过程。从学术角度来看,存在着经济学与政治(社会)学的某种平行关系,如果说经济学的研究对象是市场,是以利润为目标的经济行动,那么,政治科学则以围绕着权力的斗争为其研究对象。

虽然1895年的韦伯尚未明确提出其有关政治的理论思考,其斗争概念的内涵还不明确,但大约20年后,在他有关政治的演讲等篇中,可以看到他的相关思考有了进一步的推进。韦伯虽然没有再强调两种"政治"的划分,但是从政治领域的行动者及其行为边界划分来看,日常政治与长期利益考量的政治的区分仍然存在,并相应地产生了官吏与政治家的差异。官吏所做的事情是"行政",而且是"非党派性的"行政,在国家制度框架下"无恶无好"地履行其职事。换言之,这一意义上的官吏适配现代的官僚机器,他要服从、执行哪怕并不认可的命令,具有"最高意义之下的伦理纪律和自我否定",从而成为整个系统运转的一部分。②

政治家的责任则与官吏截然相反,他必须始终要做的是斗争,并担负个人的责任:

> 采取立场、斗争、有所动情——有恶有好:这乃是政治家的本色,尤其是政治领袖的本色。支配政治领袖言行的责任原则,和官吏的责任原则十分不同,甚至正好背道而驰。③

---

① "Der Nationalstaat und die Volkswirtschaftspolitik", *Max Weber Gesamtausgabe*, Abt. I, Bd. 4-2, hrsg. Wolfgang J. Mommsen Rita Aldenhoff, Tübingen: J. C. B. Mohr (Paul Siebeck), 1993, s. 560-561.
② 马克斯·韦伯:《经济行动与社会团体》,康乐、简惠美译,桂林:广西师范大学出版社,2004年,第224页。
③ 马克斯·韦伯:《政治作为一种志业》,《学术与政治》,钱永祥等译,桂林:广西师范大学出版社,2004年,第224页。

（可是）政治领袖、也就是居于领导地位的政治家的荣誉之所在，却是他对自己的作为，要负无所旁贷的个人责任，要负无法也不可以拒绝或转卸的责任。①

可以说，斗争正是韦伯树立的政治家政治行动的类型，他们的政治抉择与活动是基于内心责任感和现实的考量，而不是在官僚机器中墨守成规、听从上级指令的结果，此外，他们也不会循着刻板的道德原则不计后果、一意孤行。在这个意义上，韦伯将政治比喻为既具热情又有眼光、"出劲而缓慢地穿透木板"。②

更具普遍意义的是，韦伯后期著作中对"政治"有了新的阐释。一方面，以"权力"来定义政治，不同类型的政治行动得到了统合；另一方面，政治的外延大大扩展了，其不仅是庙堂之上的权力游戏，而且涉及每一个体、每一时刻的生活内容。

政治本身是关于权力的分配、使用的过程，换言之，权力是政治行动的本质目标。韦伯将"权力"界定为"行动者在一个社会关系中，可以排除抗拒以贯彻其意志的机会"。因此，权力不是在上者对在下者的单向支配，在下者同样可以行使权力，以捍卫自身、抗拒他人影响。在社会学意义上，权力是"无定形的"，权力行使的可能性遍布于个人生存的环境中，"一个人所有的可想象特质与所有可能的环境组合，都可以让他置于一个能够贯彻其意志的情境中"。③ 在这个意义上，权力与政治均可以从客观的、中性的角度来看："政治追求权力的分享、追求对权力的分配有所影响——不论是在国家之间或者是在同一个国家内的各

---

① 马克斯·韦伯：《政治作为一种志业》，《学术与政治》，钱永祥等译，桂林：广西师范大学出版社，2004年，第224页。
② 马克斯·韦伯：《政治作为一种志业》，《学术与政治》，钱永祥等译，桂林：广西师范大学出版社，2004年，第274页。
③ 马克斯·韦伯：《社会学的基本概念》，顾忠华译，桂林：广西师范大学出版社，2005年，第73页。

团体之间。"①

可以说,权力与其说是社会资源的另一种说法,毋宁说是综合了行动者主观意愿、客观条件与人际互动的情境因素等多维度的概念。相应地,权力的分布并不必然是现实生活中地位尊卑的直接反映,权力还可以体现出行动者内在意志的强度,也与其意志得以实现的客观可能性相关。由此展开,政治也不仅限于资源争夺的庙堂游戏,其还是日常生活的实践,上至国家层面,下至社会团体、家庭关系,权力逻辑均得以展开,权力的表现形式则应是多种多样的。基于这样的理解,权力既是政治学概念,其外延又超出了政治领域,权力既作用于人际互动,也在互动的过程中流动不歇。②

在此前提下,人便处于运用权力、实现自我意志并为之抗拒、斗争的境况。一个成熟的行动者,必然能够意识到自身权能与客观限制,主动选择并为实现其选择而奋斗。从民族国家的政治领域来看,这便意味着,可以建立一种国民与国家的关系模式,即国家本身不是爱国的首要理由;相反,民族国家的基础是国民享有充分自由,在经济上充分竞争,在政治上成为有参与权的共治者,国家应将国民意志整合进管理机制,否则民众潜藏的能量会针对国家爆发,国家便成为其斗争的对象。

由此,韦伯在1917年《德国的选举权与民主》中一个容易引起非议的"主导者民族"(Herrenvolk/nation of masters)的含义可以得到澄清,雷蒙·阿隆认为这是"议会制与帝国主义的民族主义的联合"参与国际政治。③ 但是,基于以上分析可见,这一概念并非呼唤一个主宰世界的政治幽灵,而是强调,民族国家的有效政治基础是享有自由与权利的公民,因而公民不是被动的统治对象,更不应被威权制国家规训得唯唯诺

---

① 马克斯·韦伯:《政治作为一种志业》,《学术与政治》,钱永祥等译,桂林:广西师范大学出版社,2004年,第197页。
② 何蓉:《战争的社会理论:一战期间及战后马克斯·韦伯的精神劳动刍议》,《广东社会科学》2024年第3期。
③ Raymond Aron, "Max Weber and Power-Politics", in Ott Stammer (ed.), *Max Weber and Sociology Today*, Oxford: Basil Blackwell, 1971, pp. 85–86.

诺,如同一群听话的牲畜。韦伯试图表明,只有在公民被整合进国家的管理机制成为"共治者",每一个公民既是自身命运的主导者,也是民族命运的承担者时,德意志才称得上是"主导者民族",每一位公民都是国家的主人、治理的主体,而非被治理的客体,民族的未来才会有保障。①

三、 斗争:基本的行动类型与社会关系

韦伯的斗争概念是在不断因应和思考政治、经济与社会的重要变革中发展的。在现实的政治社会生活中,斗争可以体现为不同的形式,例如个人日常的生存与经济竞争、群体间的对立与争斗(Fehde)、国家间理性的战争(Krieg)、跃迁式的革命(Revolution)等,这些形式分别体现在社会群体与民族国家层次、国家间关系、个体伦理立场与生命哲学等不同层次上。

韦伯斗争概念发展有其重要的时间节点,首要的是1895年,韦伯在就职演讲中,以斗争为前提,强调民族国家对外竞争、对内联合,以长期的、整体的利益为共同的、根本的目标。此后,韦伯的思考沿着斗争作为政治的现实、斗争作为基础理论范畴两个方向发展。在前一个方向上,1914年世界大战爆发,韦伯认为德国参战应限于自卫,应斗争而勿侵略,1918年德国战败,韦伯的"政治世界"崩塌,斗争概念逐步完善,构成其有关国内政治制度建设、政治行动伦理等研究的关键概念。在后一个方向上,他在1913年完成的《理解社会学基本范畴》(*Über einige Kategorien der verstehenden Soziologie*)中树立了斗争的基本理论位置,在1919年冬天最后定稿的"基本范畴"即辑作《经济与社会》第一章的《社会学的基本概念》中进一步加以完善。

---

① 马克斯·韦伯:《德国的选举权与民主》,载彼得·拉斯曼、罗纳德·斯佩尔斯编:《韦伯政治著作选》,阎克文译,北京:东方出版社,2009年,第66—106页。

在这个意义上,《社会学的基本概念》中的第八节代表着韦伯斗争概念理论建构的最后样貌,在政治事件分析和政治社会学考察的基础之上,斗争进一步被提炼为一般社会理论概念,这当然也带来了新的可能性,乃至游移之处。

首先,斗争是一种行动,还是一种关系? 从韦伯给斗争下的定义来看是一种关系,斗争涉及两方的行为者,一方的行为会针对另一方的对抗:

> 当行动是企图贯彻行为者的意志以抵挡对方①的抗拒时,此种社会关系可被视为"斗争"。②

但是,作为一种关系的斗争,得以呈现出来是由于某种行动。这行动本身也属于一种斗争的形式,从日常的比赛、市场竞争、选举,到消灭敌对者的血腥冲突、战争等,均是作为行动的斗争之不同类型。

其次,斗争是和平的,还是要动用暴力? 多种斗争类型分布于和平与暴力之间,例如,一端是有明确规则的"比赛"(Kampfspiel);另一端是血腥的、消灭敌对者的冲突,处于两者之间的,包括日常生活中雄性求偶之争、经济领域中争取交换机会的市场竞争、艺术品领域中的竞争等多种形式。其中,和平的——或者说不诉诸直接暴力的斗争有可能构成竞争,形成秩序:

> 当企图形式上和平地达成对机会和利益控制的范围而此种机会亦是他人极想获得时,"和平的"斗争便是所谓的"竞争"。而当一种竞争的过程,其目的和手段朝向一种秩序时,便是"规则化的竞争"。③

---

① "对方"中译本为"其他团体",与原文"Partner"不甚契合,理解为"关系的另一方"似更妥当。
② 马克斯·韦伯:《社会学的基本概念》,顾忠华译,桂林:广西师范大学出版社,2005年,第50页。译文引用时有改动。
③ 马克斯·韦伯:《社会学的基本概念》,顾忠华译,桂林:广西师范大学出版社,2005年,第50—51页。

再次，除了外显的、存在于相对的两方之间的斗争关系，还有潜在的、缺乏明确斗争意图（sinnhafte Kampfabsicht）的生存斗争（Existenzkampf），即选择（Auslese），其中包括社会选择和生物选择两种，分别涉及生活中人之为人的机会（Chancen Lebender im Leben）和生物遗传因素所决定的生存机会（Überlebenschancen）。

由此，斗争是人的基本状态。作为生命体的存活、作为社会成员的存在都系于潜在的抑或外显的、和平的抑或暴力的、不顾及规则的抑或有秩序的等各种形式的斗争；斗争也是人与人之间的关系形态，己所欲者往往亦是他人所求，利益、机会的排他性会导致人与人、集体与集体之间的斗争。

这种斗争无处不在的世界图像，是否存在一种确定的因果机制？这一问题涉及对"物竞天择"解释模式的再一次澄清。相对于20余年前就职演讲中的逆向选择机制，韦伯的回应集中在两点，第一点，是否存在着适于斗争、更容易导向成功的个人特质？实际上，有多种个人特质，如体力、谋略、心灵的力量、动员力、忠诚等等，都有可能导向成功，因此，并没有一个凌驾于其他品质之上的、最优的解，社会选择会产生多样性的结果。

第二点是，即使是带来成功的个人特质，也是"由团体所导引的行为的秩序系统"[1]，秩序影响到机会，进而预先导向特定的结果。因此，秩序、行动及其条件、社会关系的类型等形成了一个相互影响、相互改变的过程，在条件改变的情况下，也会产生"非预期的后果"[2]。因而，选择及其前提、后果，行动的前提与秩序系统等，构成了多个方向的作用关系、多种因果机制的复杂社会系统。

最后但重要性不稍减的问题是，这种斗争的世界图像，是否意味着

---

[1] 马克斯·韦伯：《社会学的基本概念》，顾忠华译，桂林：广西师范大学出版社，2005年，第52页。
[2] 马克斯·韦伯：《社会学的基本概念》，顾忠华译，桂林：广西师范大学出版社，2005年，第53页。

冲突、对立与敌视呢？本文认为，韦伯将斗争定义为社会关系本身，就意味着斗争并非要抹去他者。在《社会学的基本概念》的第九节"共同体关系与结合体关系"当中，韦伯针对共同体关系指出：

> 加诸较弱一方身上的各式各样的强迫，即使是在最亲密的共同体关系中，仍是相当普遍的事情。更甚者，导致生活机会和生存机会不同的"物竞天择"（Auslese）过程，持续地在这些关系中进行，就像在其他地方一样。①

此外，结合体关系"经常只存在着敌对利益之间的妥协"，在妥协范围之外，参与者之间"利益冲突"仍在，"对机会的竞争"仍在。②

由此可见，以一致性为特征的共同体当中，仍然存在着因力量强弱不同而产生的人对人的各种强迫，基于生物的、社会的机会的竞争仍然在共同体当中存在；在以差异性为基本特征的结合体关系中，冲突、竞争固然始终存在，但面对敌对的利益，反而会形成妥协，达成某种瞬时的或长期的协调。因此，斗争并不必然导致对立冲突，认可对机会的竞争无处不在，反而有助于达成基于个人利益计较之上的协同。斗争的世界图像以现实的利益与竞争为根本，但可以达成相对立的利益基础之上的一致、多样性与差异性基础上的团结或联合。

四、结语：斗争的学术脉络

斗争是贯穿于韦伯的日常思想与行动并绵延其一生的主题。本文着重选取了韦伯在19世纪中期、20世纪10年代中期至1920年的文献

---

① 马克斯·韦伯：《社会学的基本概念》，顾忠华译，桂林：广西师范大学出版社，2005年，第56页。
② 马克斯·韦伯：《社会学的基本概念》，顾忠华译，桂林：广西师范大学出版社，2005年，第56页。

进行研究,从其概念发展来看,不妨将1895年就职演讲作为一个思想的汇聚点,当时,韦伯有关斗争的想法仍然较为模糊,涵盖了多样的行动与关系的类型,并在政治与经济之间、生物与社会之间质疑、辨析。其后20余年间,斗争理论沿着两条路径展开:一条路径涉及民族国家的制度建设、国际关系等实际问题,促发了韦伯关于战争的社会理论,建构了基于政治、权力、支配等基本概念的韦伯的政治社会学;另一条路径涉及他的理解社会学的基础理论,斗争作为基本范畴,既包含人类历史、政治、经济与日常生活中的诸多行动类型,又指向相对相容的社会关系,容纳了竞逐、冲突、竞争、拣选等多种类型。

基于以上理论梳理,当斗争成为社会关系的本质并体现在政治、经济等诸多领域的社会行动中时,或可尝试建立一个"斗争人格"的概念,探讨以人与人之斗争为前提的境况下将斗争精神内化的人格特点。

从其本人的精神气质来看,韦伯具有某种斗争人格。在韦伯的学术史与生活史中,不乏为着学术的、政治的议题,在内在的正义感驱动之下,如同火山爆发般起而斗争的时刻,甚至争讼不已。但另一方面,对于当时受到迫害或歧视的人,如犹太人、社会主义者和俄国流亡学生,韦伯都表现出同情与尊重,随时准备施以援手。[①]

因而,斗争人格并不就是咄咄逼人、将自我强加给他人,斗争也可以是朝向自我内部的、诚实与反思的过程。作为学者,韦伯在其学术生涯中,有围绕着理论与历史、事实与价值、责任伦理与信念伦理等的论争;他的作品体现着多种张力的并存,学术与政治的追求、冷静与热烈的气质,并行不悖。因此,斗争的行为逻辑,会一以贯之地推至可能的极致,但服从其边界或限定,不会多迈出一步。这种纯粹的行动及其边界感,使得韦伯的立场往往具有理知的诚实,但又有复杂的层次,很难

---

① 尼亚尔·邦德对比滕尼斯与韦伯时指出,和平是滕尼斯的终极目标,和谐、调和与一致明显是他的个人理想,而对韦伯来说,和平只不过是斗争的目标,社会便是斗争得以展开的场所。换言之,滕尼斯期待和平的时候,韦伯看到的是斗争,参见 Nial Bond, "Ferdinand Tönnis and Max Weber", *Max Weber Studies*, Vol.12, No.1, 2012, pp.25 - 57。

予以简单明了的判定。

斗争人格有自我赋权的维度。在一定程度上,韦伯的斗争理论代表着自马基雅维里、尼采以降的一条思想路线,与之形成对照的是另一条路线,即米歇尔·福柯的路线。福柯从早期著作开始就在不断揭示权力的无处不在,1976 年,福柯在法兰西学院的系列讲座中将"社会内部的战争问题"作为研究问题,并在马基雅维里和霍布斯等传统的战争问题理论家之外,另辟蹊径,不是从中心而是在"最地区性的、最局部的形式和制度"中抓取并研究权力,不是从意图的或决定的层面或从内部分析,而是从权力的外部、实际运行的方面,从最细微的机制入手做上升的分析。① 他强调要重新发现战争,"战争是制度和秩序的发动机:和平,在它最小的齿轮里也发出了战争的隆隆声",换言之,"战争,是和平的密码"。②

这里,战争的含义广泛,包括"其各个不同的侧面、侵略、战斗、征服、胜利、战胜者对战败者的关系、抢劫和剥夺、起义"③。然而,战争一旦成为一个普遍的、泛化了的机制,便无法解释合作、团结等现象,当个人被抽象化为"权力的一种结果"④,处于自主体、独立性被剥夺的境界,其预设的社会失去了得以成立的根基,处于"一部分人对另一部分人的战争之中……没有中立的主体。人必将是某个别人的对手"⑤。

韦伯路线或许正是福柯所摒弃的路线,它从民族国家的制度、国民的人格涵化等入手,最终立足于一个有自觉、有选择的理性社会行动者,使斗争在合法性秩序的框架中行进。例如,在经济领域,理性的资本计算以人与人之间的斗争为前提;在社会政治领域,最亲密的共同体关系,仍然存在着压迫与抗拒,不排斥人与人的斗争。换言之,团结的

---

① 米歇尔·福柯:《必须保卫社会》,钱翰译,上海:上海人民出版社,2018 年,第 22—23、30—34 页。
② 米歇尔·福柯:《必须保卫社会》,钱翰译,上海:上海人民出版社,2018 年,第 53 页。
③ 米歇尔·福柯:《必须保卫社会》,钱翰译,上海:上海人民出版社,2018 年,第 294 页。
④ 米歇尔·福柯:《必须保卫社会》,钱翰译,上海:上海人民出版社,2018 年,第 33 页。
⑤ 米歇尔·福柯:《必须保卫社会》,钱翰译,上海:上海人民出版社,2018 年,第 53 页。

前提并非一致,反而基于差异、包容张力。落实到个人身上,我之为我的存在,乃是为了斗争;一个有框架的自我,需要通过斗争实现自我。

斗争是德国一个传统的学术问题。其理论脉络,从耶林关于法现权利的研究开始,影响了韦伯的政治社会理论,也涵化出 20 世纪 90 年代以来霍耐特的承认研究。霍耐特《为承认而斗争:社会冲突的道德语法》(*Kampf um Anerkennung：Zur moralischen Grammatik sozialer Konflikte*)指出,个人或群体为争取他者的承认而参与各种社会斗争。不过,他的期望与重心都在承认上,对于斗争的处理也更倾向于冲突性的维度。

在这个意义上,韦伯斗争概念在战争与和平之间,既是意志,也是意志的外显;既是行动,也是关系,表现得更为灵动和更具解释潜力,也赋予了现代个体以更显著的自主性。这或许说明,对韦伯斗争理论的充分挖掘还有待深入。

韦伯本人以某种方式预见到了这一点。1919 年 5 月的最后一周,韦伯向夫人玛丽安妮提到刚刚完成的社会学基本范畴的理论工作,"一开始,他们肯定弄不明白它"①。他很满意自己犀利的思维,但也判断人们肯定会大摇其头、迷惑不解。大约两个星期后,韦伯辞世。应当说,斗争以及其他概念及概念间关系,仍然有待进一步的工作去阐明,进而照鉴现实。

---

① 玛丽安妮·韦伯:《马克斯·韦伯传》,阎克文等译,北京:商务印书馆,2010 年,第 855 页。

Between War and Peace: Max Weber's Theory of Struggle

He Rong

Abstract: Struggle is a theme that runs through Max Weber's academic thought and daily actions and continues throughout his life, potentially influenced by the jurist Rudolf von Yellin's "struggle for rights". This paper argues that Weber's concept of "struggle" can be divided into two levels: collective and individual. The former points to the development and intentional rise of Germany within the framework of the nation-state, a theme that lasted throughout his life, while the latter is a theoretical concept of methodological individualism premised on social actors, developed during the last decade of his life when he was constructing his foundational theories in sociology. This paper focuses on Weber's literature from the mid-nineteenth century, the mid-1910s to 1920, in terms of its conceptual development, with the inaugural speech of 1895 serving as a point of convergence of ideas in which Weber's ideas about struggle remained vague, encompassing a variety of types of actions and relations, and questioning and discerning between the political and the economic, the biological and the social. In the following 20 years or so, the theory of struggle unfolded along two paths, one involving practical issues such as the institutional construction of nation-states and international relations, prompting Weber's social theory of war and constructing Weber's political sociology based on the basic concepts of politics, power, and domination; the other path involved the foundational theories of his sociology of understanding, where struggle, as a basic category, encompasses both human history, politics, economic and everyday life, but also points to a variety of social relations such as conflict, competition, and selection. Based on this position, struggle is an everyday state between war and peace, and the spirit of struggle is internalized in a kind of self-empowering struggling personality that struggles for order and self-realization.

Keywords: Struggle, Struggle Personality, Power, *Basic Concepts of Sociology*

自由的阈限:马克斯·韦伯的伦理理性化与支配

陈艳楠[*]

摘要:从清教伦理的"自由心态"到教派的自由组织,再到民主制,我们可以看到自由这一线索顺着"个体—社会—政治"在韦伯的整个研究脉络中延展开来。理性化与卡里斯玛都难以呈现出此条线索的复杂性。本文将早期的两部新教伦理研究与晚期支配社会学中讨论新教的部分进行对勘,希望顺着新教伦理向支配的转化,把握韦伯所谓的自由。本文认为,一方面,韦伯理解的自由处于各种支配间的狭窄"阈限",伦理理性化的"自我支配"既给自由注入了实质内核,又使得反抗外在支配成为可能;另一方面,真正的自由只能限定于"阈限"之中,十分不稳定,极易逾越而走向威权支配。但是伦理理性化确定的教派精神却让"阈限中的自由"相对稳固下来,让限制与自我限制成为一种潜在惯习。

关键词:自由 清教 伦理理性化 支配

一、自由何以成为问题?

对于韦伯来说,自由既是他一生笃信的价值信念,也是他的时代至关重要而又摇摇欲坠的东西。韦伯出生于一个民族自由党的政客家

---

[*] 陈艳楠,中国政法大学社会学院博士研究生。

庭,浓厚的政治氛围养成了他对政治的热心,也塑造了他的自由主义价值观。民族自由党总体上主张兼顾自由与统一,并更偏向于帝国整体的统一与强大。① 这种倾向性与德国自由主义传统一致,后者往往呈现出对实力政治的强调。不过,对于韦伯来说,个体的自由权利和民主制仍然具有本质的重要性,并没有因为民族国家的利益而被抛弃。这一点不单是由于韦伯受到母亲基督教思想的影响,而对底层人民心存同情,更是因为在他看来,德意志民族利益的真正实现恰恰建立在对个体的赋权上。

韦伯生活在一个新旧交替的时代,德国乡村社会的封建纽带在资本主义的冲击下断裂,农民与领主的采邑共同体不复存在。19 世纪上半叶,东普鲁士的容克地主还可以作为乡村家长而存在,农民可以获得村舍、土地、放牧奶牛等权利,过着小农场主的生活。但是随着资本主义的发展,容克地主想要以过去的经营方式维持自己既有的社会地位已经不再可能。他们逐步转变成资本主义的农场经营主,将土地集中于自己手中,将农民变成无产阶级的农场工人。但是,农民的封建义务依旧存在,比如让子女继续给领主当仆人、提供马匹马车供领主使用,以及提供无偿劳动。因此,过去的自由农民在资本主义的冲击下落得宛如农奴一般。②

尽管如此,容克地主的资本主义经营并没有让民族国家受益。东部的德国农民纷纷流向西部的工厂,这主要不是基于经济理由,而是因为他们向往自由。他们宁愿在城市工厂过更艰苦的生活,也不愿忍受依附于乡村家长的无尊严状态。劳动力的缺口被波兰农民填补,他们不仅成本更低,还更为驯顺。即使如此,容克地主粗放的农业经营仍没有多少市场竞争力,他们需要仰赖国家的贸易保护存活。被韦伯视为民族根本利益的民族品质、文明水准,也可能因为民族经济水平下降、

---

① 科佩尔·S. 平森:《德国近现代史:它的历史和文化》上册,范德一等译,北京:商务印书馆,1987 年,第 234—236 页。
② 弗·梅林:《德国社会民主党史》第一卷,青载繁译,北京:生活·读书·新知三联书店,1963 年,第 44 页;马克斯·韦伯:《马克斯·韦伯社会学文集》,阎克文译,北京:人民出版社,2010 年,第 357 页。

波兰农民驱逐德国人而受损。

在政治领域,俾斯麦的凯撒式统治与官僚制的结合,则造就了另一种"现代农奴制之壳"。俾斯麦的武断专权与他的政治天才同样引人注目,他成功地缔造了帝国的统一,也一手打造了一个无权的议会政治。德国的政党相当无力,政治家无论在数量还是质量上都不如英国。各个政党只是在国会辩论中传达舆论,或者以非政党的方式(私人关系等)施加政治影响。① 政客们忙于派系斗争,其行动不以客观信念与国家利益为转移。这并非因为德国的政治家都是庸才,在韦伯看来,民族自由党里的某些政客具有天赋,而是因为俾斯麦的专制本能,他们不被允许实质上分得权力、影响政治。

泛滥于德国政坛的是官僚心态,帝国的国民业已习惯于家长的安顿照料,习惯于被动享受着大人物供给的一切,对国内外政治缺乏认知。以至于在大人物离开后,没有一个阶层有足够的政治素养继续为帝国政治掌舵。容克地主曾经为德意志民族的统一做出了重大贡献,他们也仍然拥有强大的政治本能和政治能力,但是在资本主义的席卷下,容克地主的经济地位下降,阶层利益也与国家利益相悖,因此不能继续掌舵。新兴的德国资产阶级尽管经济地位上升了,但是他们依旧缺乏政治素养,只是期待下一个大人物掌控局面,保护自己的财产安全。无产阶级虽然更具权力本能,却不能认识到国家整体利益,不足以堪当大任。因此,我们从韦伯的视角里看到的德国是凯撒加上一盘散沙的局面,民族的"内在统一"没有真正形成。

在韦伯的设想中,一个真正的议会民主制有助于改善这种死气沉沉、茫然无方向感的景象。他主张重建一个积极的议会,培养并筛选具有政治素养的公民,同时以大国政治(帝国主义)激发民众的权力本能。同时,通过有序的、精心设计的政党政治和议会制,理顺这些新生力量,

---

① 科佩尔·S.平森:《德国近现代史:它的历史和文化》,范德一等译,北京:商务印书馆,1987年。

使之集合于国家政治。在韦伯的计划里,民主不是消极地将各个阶层压平,而是通过给底层国民赋予政治自由、普及政治教育,将大部分国民拉到一个普遍较高的水平,让尽可能多的人参与促进民族国家繁荣的建设。由此,个体自由、民主制和民族国家的强大,这些理念在韦伯的设想中被有机地联系在一起。而家长制、凯撒制、官僚制的增生、贵族的封建虚荣则与前者处于激烈的对立中。

所以,个体自由在韦伯那里之所以成为问题,首先因为它是维护德国国家利益的关键。此外,个体自由也不仅仅是一个德国问题,它还与现代性,尤其是资本主义文明的兴起息息相关。如何避免人类落入理性化经营所打造的"现代农奴制之壳"?拥有何种品质的个体可以驾驭资本主义,而不是被它拖拽着艰难前行?这既是当时的德国需要回应的问题,也是许多后发资本主义国家共同面临的挑战。

韦伯的政治思想与学术研究并不是两条不相交的平行线,他对德意志民族国家的关怀指引着他的文明比较研究。韦伯认为德国人对"凯撒"的推崇与依赖与路德宗有关,这一判断被写进他的学术著作,可被看作韦伯学术与政治的相交点。他在《新教伦理与资本主义精神》(以下简称《新教伦理》)中写道,在清教的影响下,

> 英国人内在地对于政治大人物保有比较自由的心态(free attitude),一方面不吝给予大人物应得的"价值承认",另一方面则拒斥一切对他们歇斯底里地爱戴,并且拒斥人可能因为基于"感谢"而应在政治上服从什么人的天真想法——对照我们自1878年以来在德国所体验的许多事情,积极的也好,消极的也罢。[①]

而德国人,

[①] 马克斯·韦伯:《新教伦理与资本主义精神》,康乐、简惠美译,桂林:广西师范大学出版社,2010年,第250页。

>就像常有人慨叹的,德国人之易于"适应"外国文化,民族性之变化急遽,除了民族特定的政治命运之外,根本上也要归因于路德派此种发展的影响,而且至今仍影响着我们生活的所有层面。文化的主体性摄取之所以仍然薄弱,原因端在于所采取的途径本质上仍是被动地领受"威权式地"供应之物。①

事实上,德国一直存在"一家之长"式的"自由个体","大人物"俾斯麦就是最好的例子,但是他的强大能力推到极致却会对国家造成伤害。从韦伯对俾斯麦治下议会制的批评来看,他所期待的个体并非新的凯撒。相反,这些人既要有权力意志,又要能有原则地包容他人、擅长合作,而不是困于自我膨胀的权力欲。

那么,韦伯所期待的自由个体具体是怎样一类人?自由的内涵又是什么?在韦伯的设想中,由这些自由的个体组成的社会、形成的政治制度,是一种怎样的状态?它们遵循着何种伦理原则?本文将从韦伯的宗教社会学与支配社会学入手,着重讨论清教革命和教派运动,希望能帮助回答这些问题。

二、 理性化、卡里斯玛与自由的纠缠

以往对韦伯自由问题的讨论大多聚焦于韦伯信奉的自由主义价值观,他们致力于辨析自由主义与民族-国家主义在韦伯思想中的分量孰轻孰重。韦伯的国家主义观念受到了德国传统的影响,后者不认为启蒙思想家所谓的自由权利是一种普遍的价值。但是,韦伯的确试图从官僚制和凯撒式领袖的领导之下解救人格自由与个性。这也使得批评韦伯具有威权色彩的人承认,他的思想的确也为民主与自由留下了余

---

① 马克斯·韦伯:《新教伦理与资本主义精神》,康乐、简惠美译,桂林:广西师范大学出版社,2010年,第259页。

地。引发争论的点在于,在韦伯看来个体自由和民族国家的整体利益哪一方更具优先性。①

正如贝拉米所说,韦伯思想中的悖谬性源于他首先不是设想一个美好社会,而是以经验现实为基础,在科学分析后给出可行性评议。② 德国当时的现实政治让他不得不考虑民族国家间的竞争、官僚制的增生、俾斯麦凯撒式政治的遗产和大众普遍的软弱无力等现实。这些外在条件的制约使得高呼个人权利、人人平等显得过于浪漫主义、不合时宜。因此,他试图将自由主义的理想与现代社会所必需的理性官僚制结合起来,既保留人类的尊严又适应于现代社会的技术条件。他主张设计一个有为的议会吸引政治家人格,既在德国过分增殖的官僚化中保留人的自由,又不至于让德国在列强竞争中失败。所以,从韦伯关于德国政治的评述中,我们看到的民主制设想总是与理性的官僚行政和卡里斯玛式人格结合在一起。

但是,这些研究选取的材料都更加偏向于讨论韦伯的价值观,却没有将韦伯更为学术的文章纳入讨论。讨论研究者的价值判断对于实证研究自然是必要的,因为这决定了研究者的视角和问题意识,可以成为理解研究者实证研究核心问题域的向导。但是,对于韦伯来说,自由问题贯穿了他的整个研究脉络,应该从其实证研究内部发掘和理解自由这一线索。李猛曾较为全面地梳理了韦伯不同研究领域中涉及的自由问题,包括价值自由、政治自由、人格自由等等。他认为韦伯所说的自由并非要复古到一种农民式的自由,相反,他主要描述的是现代社会条件下的自由。③ 现代人的自由面临着双重危险,一边是极度理性的官僚

---

① J. P. Mayer, *Max Weber and German Politics: A Study in Political Sociology*, London: Faber & Faber, 1956;理查德·贝拉米:《自由主义与现代社会:一项历史论证》,毛兴贵等译,南京:江苏人民出版社,2008 年;沃尔夫冈·孟森:《马克斯·韦伯与德国政治:1890—1920》,阎克文译,北京:中信出版集团,2016 年;苏国勋:《理性化及其限制——韦伯思想引论》,北京:商务印书馆,2016 年。
② 理查德·贝拉米:《自由主义与现代社会:一项历史论证》,毛兴贵等译,南京:江苏人民出版社,2008 年,第 285 页。
③ 李猛:《除魔的世界与禁欲者的守护神:韦伯社会理论中的"英国法"问题》,载李猛主编:《韦伯:法律与价值》,上海:上海人民出版社,2001 年。

制,另一边则是极端卡里斯玛的凯撒制。这篇文章主要从法律社会学(英国法)方面讨论了现代自由何以可能的问题。英国法的理性主要诉诸司法的理性技艺,它不是借一个形式理性的"万全法"解决法律纠纷,而是关注每个案例的特殊性,以复杂而有道可循的司法技艺处理每个案件。面对纠纷中冲突的个人权利,英国法不诉诸一套普遍的价值信条,而是试图在除魔的世界中维护价值自由——法律不约束权利本身,而是管理权利实践的方式。此外,诉诸司法理性的方式也在"法治国"的危险下解救出个人自由,因为审判依据的是人民的法律实践和律师阶层的职业教育,这些都是非国家的力量。因此,英国法尽管削弱了法律的形式理性化程度,却通过特殊的理性实践以复杂的技术守卫了自由,且维护了秩序。最终的秩序不是"法治国"的威权式外在秩序——那只能让人的良知既聋又哑,而是一种与个人内在良知相和谐的秩序,因此称得上是一种良知治理。

李猛的讨论无疑是极具启发的,英国法的例子揭示出一种限制了理性化或卡里斯玛的过度发展,又将自由以制度化的形式确定下来的方式。更重要的是,无论是相对于国家的个人自由,还是相对于一元价值的价值自由,它们的实现都有赖于某种理性化的技术。也就是说,现代社会秩序中的自由总是与理性化纠缠在一起,但是又不至于完全被理性化取代,而是与之形成一种充满张力但又与共的关系。自由不是个人的肆意妄为、欲望解放,相反,它总是受限的,夹在某个"中间区域"里。其他学者对价值自由[①]、政治自由[②]、学术自由[③]的理解也都有

[①] 田耕:《从"价值自由"到"历史个体"——对韦伯社会科学学说的初步讨论》,《社会学研究》2006年第6期;田耕:《指向价值的行动——"科学作为天职"与韦伯科学学说中的价值理性化》,载李猛主编:《科学作为天职》,北京:生活·读书·新知三联书店,2018年。

[②] 施鲁赫特:《理性化与官僚化:对韦伯之研究与诠释》,顾忠华译,桂林:广西师范大学出版社,2004年。

[③] 渠敬东:《"学术生活就是一场疯狂的赌博"——韦伯与德国大学体制的论争》,载李猛主编:《科学作为天职》,北京:生活·读书·新知三联书店,2018年;应星:《学术自由的内外限度及其历史演变——从〈系科之争〉到〈韦伯论大学〉》,《北京大学教育评论》2009年第3期。

类似的特点。

然而,自由的激情和自我限制的惯习从何而来呢?熟悉韦伯的研究者往往会自觉地从宗教那里寻找联系,但是这种关联的建立却不甚清晰。法律社会学之外的支配社会学其实涉及另一个在现代社会将自由制度化下来的方式:民主制。陈涛顺着韦伯国家社会学勾勒出的支配类型,梳理了法治国、警察国家与领袖民主制三条线索如何在西欧现代国家的形成历史中交织。① 其中,领袖民主制虽然属于"民主制",实质上却是极具威权色彩的卡里斯玛型支配,并且,领袖民主制在现代以前只是一种非正当性支配,到了现代,其却获得了正当性。正如陈涛在文末指出的,民主制的正当性与现代个人主义和良心自由的树立相关,而这些是宗教社会学处理的内容。事实上,从新教伦理,到自治的教派,再到民主制,我们可以看到一条相对完整的线索沟通了宗教社会学和支配社会学。本文将以韦伯的新教伦理研究作为一个切口,通过对比宗教社会学和支配社会学中侧重点不同的讨论,梳理出这条线索。它既是一条有关现代自由之孕育的线索,也关乎现代民主制植根的历史进程。

三、自由的外部阈限与内部阈限

比起两部新教伦理作品,《支配社会学》中的《政治支配与教权制支配》一章几乎涵盖了前者论述的关键内容,但是论述的思路却有较大差别。《政治支配与教权制支配》主要从支配角度出发,谈西方文明中宗教权力如何与政治权力对抗、妥协,新教改革和清教运动又如何在这一过程中生发并产生影响。与《支配社会学》的整体思路一致,这一章讨论两种支配的时候也没有从正当性起始,而是从"实际运作的权力"及

---

① 陈涛:《法治国、警察国家与领袖民主制:西欧现代国家构建的三条线索》,《社会》2020年第6期。

其"社会性意义"的角度进行阐发的。① 因此,这一部分并没有先立起三种正当性支配的纯粹类型——法理型、传统型和卡里斯玛型支配,再用这些概念分析历史个体,相反,这一部分主要遵循时间顺序,将这些支配类型的"结合、混合、同化或变形"融化于政权与教权的冲突之中。

另外,政治支配与教权支配与其说是在正当性上冲突,不如说它们的张力更多源自卡里斯玛种类的差异,以及两个领域信奉的价值之不可相容。政治支配根本上基于军事卡里斯玛,奉行着一套"胜者为王、败者为寇"的理念,因而与伦理道德无涉。教权支配则源自巫术卡里斯玛,它关注同胞之爱、善恶与救赎,故而对伦理道德尤其推崇,不能容忍蔑视人类神秘善意的金戈铁骑。尽管在现实中,教权与政权存在不同程度的妥协,但二者的张力持续存在,双方都希望消除对手的卡里斯玛,将之例行化为辅助自身支配的行政性工具。政权与教权的张力在西方文明尤其显著,并且双方都没能成功地将对方完全置于自己的控制之下,这点甚至影响了西方文明的性格。除了新教改革后日内瓦、英国等建立了神权政治之外,两种权力在其他大多数时期都处在此消彼长的拉锯之中。

整个章节都顺着这个思路,着力展现信念与权力的争夺,这与两部新教伦理作品的"和平化"面貌产生了鲜明的对比。《新教伦理》与《新教教派与资本主义精神》(以下简称《新教教派》)主要关注宗教观念的效果史。它们试图揭示,宗教信念上的革新何以为日常生活的伦理化形塑提供心理驱动力,进而淬炼出一种缔造了现代资本主义和民主制的"全新人格"②。这两部作品构成了比较宗教社会学的开端,既勾勒出西方文明的独特性所在,也成为与其他文明比较的参照坐标。此种问题意识让韦伯既弱化了新教改革中暴力性、军事性的面向,也没有全

---

① 马克斯·韦伯:《支配社会学》,康乐、简惠美译,桂林:广西师范大学出版社,2004年,第333页。
② 马克斯·韦伯:《新教伦理与资本主义精神》,康乐、简惠美译,桂林:广西师范大学出版社,2010年,第6页。

面地梳理宗教观念的整个演变。相反,他强调,尽管"教理基础和伦理学说"对于此研究十分重要,不能仅仅讨论"道德实践",但是应该选取的只是那些对"实际宗教关怀""禁欲的合理性格及其对近代'生活形态'所具有的意义"而言关键的材料。① 从加尔文那样的宗教领袖,到贝扎那样的二次阐释者,再到巴克斯特、班扬和弥尔顿这样的"大众清教作家",宗教大师的思想逐渐层层递进地作用到底层。顺着这些层级环节,教理在理智与情感两个维度使平信徒的精神世界升腾起强劲的心理活力。清教"预定论"的心理激活力导向了与现代资本主义"亲和"的禁欲生活样式,其强劲程度远非天主教和路德宗所能企及。

显而易见,《新教伦理》更加关注新教改革的内在过程,呈现心理、精神层面的演变;《支配社会学》的讨论则更加关注外部过程,主要讨论支配秩序的形成与更迭。《政治支配与教权制支配》呈现出种种斗争:从领袖层面上相冲突的教权与政权,到组织内部教会权与修道士的张力。清教改革的论述始于教士团体、市民阶层对教会支配的反抗。这个过程与其说是宗教理念之争,不如说是身份阶层为了自身独特理念而进行的支配权争夺(或者对既有支配的抵抗)。直到教派运动阶段,自由问题才被明确指出并频繁提及。禁欲教派起于改革派教士对教会支配的反对,因为教会总是不分差别地将罪人混入圣餐共同体中,并以种种魔法垄断救赎。于是,改革派教士号召组建一个仅包含选民的共同体,市民阶层因为特别渴求"自我义认"而成了改革派最强有力的同盟军。

这个过程构成了自由的外在部分,亦即对外在支配秩序的反抗。但是,这一过程一旦毫无限制地推展到极致,却会重新发展出威权支配,后者会熄灭支配结构内部曾经存在过的自由力量。因此,对外在秩序的反抗存在一个阈限,本文将之称为"自由的外部阈限"。在外部运

---

① 马克斯·韦伯:《新教伦理与资本主义精神》,康乐、简惠美译,桂林:广西师范大学出版社,2010年,第73页。

动之下,存在一个内部运动,这一过程主要在《新教伦理》中展开。当自由反抗支配走向自反,新建立的外部秩序会限制内部的自由力量,因此内部的自由运动中也存在一个阈限。

下面我们将围绕教派与教会的对张与转化解释外部阈限,这是由于:一方面,教派与教会的冲突是禁欲清教与天主教斗争的外在表征;另一方面,韦伯之所以要将教派与教会区分成两个理念型,其中一个理由是教派为自由组织,并且与民主制有内部亲和。内部阈限部分,我们将主要讨论路德宗人格与清教人格的分野。一方面,新教伦理与后来的资本主义精神都落在人身上,因此把握两种担纲者的精神气质是理解整本书的关键所在。另一方面,与教会、教派分野类似,两种人格的理念型划分,也体现着"自由的心态"这一要素,而这一点是未曾被既有研究阐明的。

(一) 外部阈限

1. 教派与教会

首先,作为韦伯建构的理念型,教会与教派的具体含义是什么? 其核心差别是什么? 从纯粹支配的角度,两者无疑都是借着"价值观念的控制,对人类进行精神支配"的僧侣政治性组织。① 二者都有一定程度的层级、纪律和惩戒手段,并非与行政和政治无涉。在韦伯看来,它们的差异并不在于共同体范围的大小、行政机构的繁简,抑或正统与异端的分别。他指出,二者的核心区别在于(1)教会是一个强制性组织(Anstalt),而教派是一种基于"其成员之完全自由的志同道合"②的"自愿的联合体"③;此外,更为本质的区别在于(2)官职卡里斯玛与个人卡

---

① 马克斯·韦伯:《经济与社会》,康乐、简惠美译,桂林:广西师范大学出版社,2010年,第149—150页。
② 马克斯·韦伯:《支配社会学》,康乐、简惠美译,桂林:广西师范大学出版社,2004年,第333页。
③ 马克斯·韦伯:《经济与社会》,康乐、简惠美译,桂林:广西师范大学出版社,2010年,第150—151页。

里斯玛的张力:教会将教士的卡里斯玛与其人分离,将"神圣性"转移到制度(institution)与官职上,教派则容纳了每位成员的个人性卡里斯玛。教派与教会因为两种卡里斯玛的不可相容而对张。①

在韦伯对组织的分类中,Anstalt 也被用来指称国家,如果我们考虑到韦伯仅仅将国家看作合法垄断暴力的组织,就不难感受到他的教会概念的色彩。在韦伯的分类中,教会是与使用物理暴力的政治组织并列的"僧侣政治组织"之一,前者强制人的身体,后者控制人的精神。从历史演进的角度讲,教会孕育自教权制的巫术性卡里斯玛,后者常与政治权力(军事的卡里斯玛)处于博弈之中。在教权制强大的时期,国王需要教士涂油、加冕以获得正当性,这等于将政治权力的神圣性消解,让政治权力成为自己的封臣。极端状态下,教士可能直接成为国王,建立起神权政治的政体。

教权制的巫术性卡里斯玛最初是教士个人的神秘特质,比如能达到狂迷忘我的状态,宣示出与神沟通的独特之道。但是当教权制需要建立自己的体系化的支配团体时,这种个人的卡里斯玛就逐渐转移到"职业"之上。也就是说,教会体制及其官职本身成了神圣性的表征,无论处于体制内的个体素质如何,都会因其身份职务而变得崇高。教会就在这个背景下发展而来,在这一体制下,自由的卡里斯玛担纲者成为具有特殊生活之道的职业教士团体,与俗人分隔开来。此外,教权要求将世俗的权力齐平化,发展出普遍主义的支配权。教会也垄断了教义的注释权、仪式的制定权,并将俗人分区域进行控制,让他们一出生就接受既定的教义与仪式。此时,教会就成了一个强制控制俗人的垄断性权威。②

在这一权威下,制度、官职具有排他的"神圣性",制度中的人究竟

---

① 马克斯·韦伯:《支配社会学》,康乐、简惠美译,桂林:广西师范大学出版社,2004 年,第 363 页。
② 马克斯·韦伯:《支配社会学》,康乐、简惠美译,桂林:广西师范大学出版社,2004 年,第 360—361 页。

是否在宗教上符合资格并不重要；重要的是一切人都臣服于教会体制之下，将教会这一机构视为获取救赎的唯一通道。在这种情况下，救赎几乎成了某种实体性的可量化"信托基金"，而不是某种人神联结的再生状态，后者一定是个体化的、因人而异的。任何个人性的卡里斯玛"亦即附着于个人身上，宣扬、教化自己独特的向神之道，或为先知的、或为神秘的、忘我的卡里斯玛"，都可能挑战教会的权威。① 因为，教会中的"官员"可能只是毫无宗教天分的平常人，特殊性个人的存在可能让人对官职授予的体制本身产生怀疑。

正如前面所提到的，教派与教会的实质区别不在于纪律的严苛程度、行政班子的大小，这些毋宁说是更本质要素产生的结果。教派是纯粹由经受过伦理检验的受选者自由组成的共同体，成员选民身份的确定只能由"那些日日相交往来且深知彼此的人才能够判定"，外来的政治权力对教派的任何干涉都毫无正当性可言，以至于"教派诉求共同体之绝对主权"②。而所谓的"伦理检验"的标准正是清教徒为了求得救赎确证而践行的那种理性-伦理的生活样式，以及随之而来的特殊人格素质(quality)。教派所做的不过是将这些人筛选出来，赋予一定的身份(stand)认证，并且通过教派成员组成的风纪委员会帮助维持这些品质。《支配社会学》中的论述强调，"筛选"与"认证"是通过投票(ballotage)这一方式达成的，故而是基于成员的自由意志的。③

因此，从价值层面上讲，教派反对官职卡里斯玛与制度恩宠，其选择成员的唯一标准在于个人的独特资质，亦即个人卡里斯玛；从组织或政治性质的角度讲，教派不仅是一个自愿结成的组织，还是一个自主、自治的联合体。按照《经济与社会》的定义，韦伯将组织分为：自治的

---

① 马克斯·韦伯：《支配社会学》，康乐、简惠美译，桂林：广西师范大学出版社，2004年，第363页。
② 马克斯·韦伯：《支配社会学》，康乐、简惠美译，桂林：广西师范大学出版社，2004年，第435页。
③ 马克斯·韦伯：《支配社会学》，康乐、简惠美译，桂林：广西师范大学出版社，2004年，第436页。

(autonomy)或他治的(heteronomy),自主的(autocephaly)或他主的(heterocephaly)。① 自治意味着组织的秩序、团体成员遵守的纪律,是由团体内部人员而非外来权威制定的。自主则是说,维持秩序的首脑和行政班子是由组织内部推选产生的,而不是外部权威任命而来的。组织内部秩序是自治的、自主的,这说明成员可以参与进宗教共同体的事务,共同决策至少在一定程度上体现了成员的自由意愿,成员在这种组织里不是被动的——仅仅对卡里斯玛权威的旨意进行情绪化的欢呼赞同。对教派的此种认识意义重大,因为这正是韦伯眼中教派与民主制产生选择性亲和的原因。②

如果不循着自由这一思路,韦伯对教派纪律与教会纪律的区分就变得不可理解。因为纯粹从权力效果的角度看,二者都将纪律(discipline)施加到个体的肉身与精神之上。韦伯在《新教教派》中特别区分了教派纪律与教会纪律,认为二者在"自由"与"人格培育"两点上有根本差别。在自由方面,教会纪律借着威权式的手段,将外在纪律强加到所有信徒身上,信徒在教会处于被动接纳的状态;而教派纪律是主动的、成员自拟的,是在成员相互监督与批判下的自我坚守③,成员为了在社会上"自尊自立"(hold one's own)而遵守教派纪律④。教会中执行纪律的人是教会警察,他们的权威来自教会中的官职;教派的风纪委员则是被推选出的平信徒,他们首先因为自己的禁欲自律而自证了个人卡里斯玛。此外,教会纪律零散地对信徒的个别行为加以惩戒,并且以悔罪告解消除一部分罪行,因而无法让信徒的性格作风产生根本的改观;教派则借着风纪去挑选和培养"受选者"的某些"资质"(quality),

---

① 马克斯·韦伯:《经济与社会》,康乐、简惠美译,桂林:广西师范大学出版社,2010年,第142—143页。
② 马克斯·韦伯:《支配社会学》,康乐、简惠美译,桂林:广西师范大学出版社,2004年,第439页。
③ 马克斯·韦伯:《新教伦理与资本主义精神》,康乐、简惠美译,桂林:广西师范大学出版社,2010年,第437页。
④ 马克斯·韦伯:《新教伦理与资本主义精神》,康乐、简惠美译,桂林:广西师范大学出版社,2010年,第214页。

人们达到纪律要求实际上是在证明自己的"适格者"身份。因此,"不容间断且深沉内敛的教派纪律之对应于威权性的教会纪律,正如理性的培育与筛选之对应于命令与禁制"①。

2. 外部自由

至此,我们可以开始总结为何韦伯认为教派是自由组织,而教会却属于国家同类的强制性支配结构。首先,教派反对强制性支配,重视个人资质,认为个人特殊卡里斯玛不可被剥夺或转移。因此,自由的第一层含义与尊重个性、个体差异性与自主性,反抗制度化的普遍支配有关。为了维护官职卡里斯玛,教会通常贬斥或者孤立靠禁欲苦行而显示出个人卡里斯玛的修道僧。后者无须通过教会官员中介,就可以通过禁欲追求独特的向神之道,因而成为最大的不安定因子。事实上,教派运动就是此种隐患的爆发——有意独自寻求救赎之道的教士往往成为运动的领袖。儒教与异端的对立也与教会-教派的分野相关。当儒教成为帝制中国的官方教义时,中国转化为一个"教会(konfessionell)② 国家",皇帝亦即帝国的主教。在官方教会之下,道教、白莲教等团体的"先知"绕开儒教的皇帝和官员,私自授予秘技,引导(或授予)个人救赎。其以个人卡里斯玛不仅冲撞了皇帝的官职卡里斯玛,也冲撞了"儒教国家官方的(现世内)体制性卡里斯玛(anstaltcharisma)",因而被视为异端。③

此外,这种对个人特殊性的重视,还关乎一种与"教会精神"相对的"教派性格",后者的核心在于成员的独立自主与自我负责。作为教会精神核心的普遍主义制度恩宠,从消极的意义上讲,是教权制对个人精

---

① 马克斯·韦伯:《新教伦理与资本主义精神》,康乐、简惠美译,桂林:广西师范大学出版社,2010年,第214页。
②《中国的宗教》中文版将之翻译为"教派国家",疑有误。一方面,confession 与天主教教会的悔罪忏悔有关,而这种仪式在教派中付之阙如;另一方面,联系上下文,韦伯随后将异端归为教派性的宗教信仰(Sektenreligiositat)是明白无误的。既然异端与正统悖反,秘技授予与国家官职相对立,那么就应该认为正统属于教会性信仰。
③ 马克斯·韦伯:《中国的宗教:儒教与道教》,康乐、简惠美译,桂林:广西师范大学出版社,2004年,第293—296页。

神的无差别压制。但是,从积极的意义上讲,它也是一种温情脉脉的邻人爱和同胞伦理——像"家"那样对全体成员进行普遍的(尽管可能是有差等的)庇护。教会庇护穷人、妇女和儿童,"教权制在其支配权所及的范围内,会保护他们免于来自其他权力的干涉,无论此一干涉者为政治当权者、丈夫或父亲"①。教权制的普遍主义之爱常常在经济领域发展出一种与家父长制亲和的倾向,他们往往希望在雇主与雇员之间维系一种慈爱的、人身依附性的"家族纽带",希望保持旧时主仆间的互惠关系。因此,教会特别厌恶现代资本主义那种"无爱亦无恨"的契约关系,亦拒斥"无产阶级之反权威的运动自由",因为这些均是斩断了同胞爱的表现。② 所以,教会精神与市民阶层(主要由资产阶级和无产阶级构成)在各自信奉的伦理价值上相悖反。

由于上述两点,教派运动却在市民阶级那里找到了最坚定的盟友,第一代清教运动几乎都是自由教士与市民运动的结合。③ 近代市民阶层并非"自由放任"和反伦理的,而是主动追求更加严厉的伦理纪律,并借此确认自我的价值("自我义认")。在韦伯看来,市民阶级是特别渴望救赎的群体。他们远离了自然之力的生活带来了意义感的枯竭,因而迫切需要从其他地方确认己身来到此世的"意义"(Sinn),缓和迷茫与无价值感带来的"罪人"之体认。④ 对于加尔文来说,迷茫与怀疑就是罪的状态,对神与自我彻底的信服之感才是救赎的征兆。因此,以

---

① 马克斯·韦伯:《支配社会学》,康乐、简惠美译,桂林:广西师范大学出版社,2004年,第438页。
② 马克斯·韦伯:《支配社会学》,康乐、简惠美译,桂林:广西师范大学出版社,2004年,第406、419页。
③ 尽管德国路德宗、法国休格诺派、苏格兰加尔文宗都是与贵族联合,英格兰的清教徒革命却主要受到农村乡绅的支持。这说明宗教运动不纯粹是阶级运动(马克斯·韦伯:《支配社会学》,康乐、简惠美译,桂林:广西师范大学出版社,2004年,第393页)。不过,德法的运动后来都发展出不同于英美的性格,英国乡绅望族的性格已经较为远离封建制与家产制,而与市民阶层融合(马克斯·韦伯:《支配社会学》,康乐、简惠美译,桂林:广西师范大学出版社,2004年,第184页;迈克尔·沃尔泽:《清教徒的革命:关于激进政治起源的一项研究》,王东兴、张蓉译,北京:商务印书馆,2016年,第3章)。
④ 马克斯·韦伯:《支配社会学》,康乐、简惠美译,桂林:广西师范大学出版社,2004年,第389页。

禁欲克服迷惘、制造出坚信,才是市民阶级的选择,教会的礼仪与魔法只是无用的虚妄。① 所以,对个人救赎的关切、对个人特殊资质的重视,既是教派运动倡导者们的信念所决定的,也与市民阶级的需求汇合。教派既然意在筛选和培育"适格者",重要的就不再是对个体的庇护与关爱,而是要督促成员达到人格形成意义上的独立自主和自我负责,毕竟个体的救赎只能纯粹由个人决定。

3. 外部自由的阈限

为了维护个体特殊资质的缘故,反对威权支配与庇护、追求独立自主地人格锻造,是教派被称为自由组织的原因之一。从这个意义上讲,教派的自由意味着个人为了保存其完整性而反对外部强加的秩序,这种自由的内涵似乎与"个人主义"(即"个人及其意志是政治合法性的唯一基础"②)相近。在《新教伦理》里,韦伯确实论述了清教伦理与个人主义的渊源:由于预定论将救赎放入"黑箱",信徒连身边最亲近之人的选民身份都不能确认,更别提其他与自己有社会交往的人。于是,一切人都可能是罪人,一切自然共同体中的情感纽带都变得值得怀疑。即使邻人与亲人品格良好值得敬仰,对他们的盲目热情也会妨碍对上帝的排他性信仰,成为罪的隐忧。结果就是,自然情感的纽带被割裂,人与人的交往纯粹以信仰上帝为中介,这不仅导致人性情感的"异化",也将信徒置入深刻的孤独之中。

这种状态似乎与社会学常常批判的"原子化"个体类同,个人主义可能走向绝对主义。极端自我确信(self-rightouness)的人可能将自己的信念当成唯一真理强加给他人,成为独裁者,而独裁者最容易在原子化的社会里扎根。③ 这种可能在清教徒革命中并不是没有,相反,反支配的运动发展为威权支配在清教运动的历史中反复重演。比如,克伦威

---

① 迈克尔·沃尔泽:《清教徒的革命:关于激进政治起源的一项研究》,王东兴、张蓉译,北京:商务印书馆,2016年。
② 皮埃尔·莫内:《自由主义思想文化史》,曹海军译,长春:吉林人民出版社,2004年,第36—38页。
③ 托克维尔:《旧制度与大革命》,冯棠译,北京:商务印书馆,1992年。

尔的神权共和国和新英格兰殖民地的建立过程中,反威权支配的卡里斯玛精神与政治支配结合起来,以战争的手段获取"基督徒的自由";加尔文宗与政治权力融合,在日内瓦建立国教会,从而转变为威权性的支配。①

韦伯将加尔文宗的教会也归为强制性组织,尽管它已经驱除了一般教会中的巫术魔法——制度恩宠以及官职卡里斯玛。加尔文宗教会之所以是 Anstalt,原因主要在于它未给个人自由、自主行动留下空间。神权政治之下,每个人都被强制要求加入教会,达到伦理要求。此外,它还以极严苛的纪律和专门的"教会警察"压制个人的罪恶,这使得教会成员处在一种被动的状态。韦伯写道,"卡尔文派的国家教会严密施行到形同宗教裁判的地步"已经类似于"教会对个人生活的监察管制",带有"警察-威权的性格"②。因此,当"禁欲"和伦理理性化走到极致,个人过道德生活的动力却可能悖论性地消失。

在这个意义上,纯粹的自由毋宁说从未长久实现过。任何反对现实权威的诉求都要服从现世秩序,与支配结合才能达成——"'善'的目的,往往必须借助于在道德上成问题的或至少是有道德上可虞之险的手段,冒着产生罪恶的副效果的可能性甚至于几率,才能达成"③。革命性的卡里斯玛力量必定在日常生活中例行化为各种支配类型,无论偏向于法理型、传统型或卡里斯玛型,其本质都带有威权色彩。威权支配结构的成型,会反过来限制追求自由——个人的特殊性、独立自主和自我负责——的动力。也就是说,对自由的追求推向极致却导致了自反。

由此,自由的外部阈限浮现了出来:追求个体自由自主的力量总要以支配抵抗支配,战胜对手后可能发展成为新的威权支配者。因此,自

---

① 罗杰·奥尔森:《基督教神学思想史》,吴瑞诚、徐成德译,北京:北京大学出版社,2003年,第544页。
② 马克斯·韦伯:《新教伦理与资本主义精神》,康乐、简惠美译,桂林:广西师范大学出版社,2010年,第142页。
③ 马克斯·韦伯:《学术与政治》,钱永祥等译,上海:上海三联书店,2019年,第274页。

由似乎只能处在支配与支配之间的区域中,它是狭窄的、过渡性的、极不稳定的。

但是正如我们在教派中看到的那样,反支配走向支配的倾向中存在一个抑制"再威权化"的力量。这一力量使得教派发展出自治实践,并让自治精神留存在美国的民主制之中。但是这种力量不是任何外部支配可以产生的,这是一种自我限制的内在力量。因此我们将从《新教伦理》和《新教教派》中追溯此种力量的渊源。

(二)内部阈限

当讨论内部力量时,我们需要首先转向《新教伦理》对教义及其伦理的讨论。因为,塑造了不同宗教派别文化性格的,使得他们的宗教组织具有不同形式的,归根结底还是宗教教理。如果没有清教的预定论教义,教派运动可能走向路德派的方向,而路德派倾向于向政治权力妥协。清教本身也不是铁板一块,各个宗教分支信仰的内在差异,也会使得运动的效果纷殊各异。与严格遵从预定论的加尔文宗不同,再洗礼派更加笃信个人内在灵性,这让后者发展出与加尔文的教会不同的组织形式——禁欲的教派。

《新教伦理》想要讨论的问题正是作为独立变量的特定宗教信仰会产生何种文化效果,造就怎样的人格类型与制度精神。市民阶层毋宁说是因其特殊诉求而与清教伦理相互"选择",结成同盟(所谓的"选择亲和性"关系)。但最原初确定"行动纲领"的力量仍旧来自宗教。因此,我们要追问的是,清教教义对于支配模式的贡献何在?它在何种情况下可以发展出自我限制的倾向,而不沉沦于对独裁的怀旧?

值得提前说明的是,无论是纯粹解放的"自由",还是前述的那种个体人格自由,都不是清教徒最为关注的,那个时代的信徒最关心的只是上帝的正义和自我的救赎。韦伯在清教徒身上看到的那种"自由的心态"可能更多的是一种非预期后果,或者一种实质伦理理想的外在表征。

1. 伦理人格的培育

在《新教伦理》中,韦伯归纳出他那个时代人们心中的两种人格形象,或者说精神气质。一种是清教徒,他们往往冷静自制,"严格律己,保守自制且循规蹈矩地恪遵伦理"。面对沉着的清教殉道者,"贵族教士与官员的慌乱叫嚣"让审判书记员对后者"流露出深切的鄙视"。① 这种蔑视权威的高傲和内心的坚定,让清教徒拥有了"贵族主义"的人格。另一种是"愉快的老英格兰"的担纲者"贵族地主阶级",他们"悠游于自然天真的人生欢乐",与清教徒产生了鲜明对比。② 路德宗熏陶下的典型德国人在韦伯笔下和"愉快的老英格兰"相似,他们都保留了自然情感,给人亲近的感觉。但是自然之子的生活样式是碎片化的,没有一套严格的道德律对每个行为施予引导。所以,他们缺乏抵抗现世秩序的动力与定力,倾向于在日常生活中随波逐流。韦伯认为这种民族性格给德国造成了负面的影响,正如文章开头所提到的,它使得德国人习惯被动地接受威权供给,缺乏主体性所带来的定力,因而容易受到外界影响。

我们现在要追问的正是,什么力量使得信徒脱离了人类自然状态下随波逐流的生活?严于律己可以说是对"自然之我"的战争,如果不是有外在力量的拨擢,我们很难理解这种对生活全面组织的动力何在。《新教伦理》核心贡献就在于离析出促成这种体系化生活的一股直接力量——清教的禁欲伦理。因此,韦伯才在分析时着重关注具体宗教观念影响日常生活行为的心理激活力,亦即"洞察那些经由宗教信仰与宗教生活的实践而产生出来的心理动力,此种心理动力为生活样式指定了方向,并让个人固守这样的方向"③。

---

① 马克斯·韦伯:《新教伦理与资本主义精神》,康乐、简惠美译,桂林:广西师范大学出版社,2010年,第101页。
② 马克斯·韦伯:《新教伦理与资本主义精神》,康乐、简惠美译,桂林:广西师范大学出版社,2010年,第172—173页。
③ 马克斯·韦伯:《新教伦理与资本主义精神》,康乐、简惠美译,桂林:广西师范大学出版社,2010年,第74页。

天主教和路德宗都无法提供如此强大的心理激活力。只有加尔文宗那不近人情的"预定论",能够让宗教观念不流于经书的文本,深刻地渗透到俗人的日常生活行动之中,并让宗教信仰震颤心灵。"预定论"认为,信徒救赎与否已经被上帝预定,肉体凡胎无法更改和试探,所以救赎是永远无法凭人力赚到之物。由此而来的怀疑、恐惧与无能为力感,给信徒带来了深刻的内心煎熬、焦虑和孤独。对于像加尔文那样的宗教达人来说,救赎身份是确定无疑的,而一般的平信徒则难以做到如此坚信,于是他们被建议在职业劳作中追求"救赎的确证"(义证)。此种确证来自他们行动的成果(信仰果实):如果他们的行为为上帝所喜,那么上帝就会以成果来祝福他们,得到这些果实会舒缓他们的焦虑感。另外,他们还需要以《圣经》中的人物为参照,对日常生活的方方面面进行严正的自我审查。因此,全面自省式的信仰日记成为巴克斯特、班扬和富兰克林共同践行或推荐的方式。①

如此看来,当上帝被推崇到至高无上时,他也因此隐遁于世俗生活之外,成为一个符号:信徒的"救赎确证"是自己靠系统理性的行为"赚取"的;世俗生活所建立起的理性秩序,尽管毫无疑问是为了荣耀神和检验神的恩典,但归根结底是凡人通过禁欲苦行创造的。这就是"自助者,神助之"的意涵。② 从加尔文派那里我们可以看到一条逻辑线索:由于预定论将自然状态和恩典状态绝对分隔,人们为解决内心的焦虑感,转向在俗世的日常生活中追求"救赎记号"。于是,"预定论-天职"观念将信仰与日常道德行动的桥梁架起。③

路德宗"因信称义"的教理则无法带来这座"心理压力"构成的桥梁,因此无法让信仰真正渗透到日常生活之中。尽管路德宗的后人梅

---

① 马克斯·韦伯:《新教伦理与资本主义精神》,康乐、简惠美译,桂林:广西师范大学出版社,2010年,第108页。
② 马克斯·韦伯:《新教伦理与资本主义精神》,康乐、简惠美译,桂林:广西师范大学出版社,2010年,第95页。
③ 马克斯·韦伯:《新教伦理与资本主义精神》,康乐、简惠美译,桂林:广西师范大学出版社,2010年,第110页。

兰希顿也强调善功和上帝律法,但是路德宗缺乏预定论那样冷峻可怕的教义给人心理压力,所以《旧约圣经》里的道德律只是个别地发挥作用,再加上天主教式的"悔罪忏悔"之留存,导向禁欲的道德焦虑进一步被抚平。所以,信徒只是被动地接受律法,去教会这样的威权机构消除罪行,平日里还是过着自然自得的生活。韦伯对路德宗的评价和儒教基本相同,都是说二者的日常生活还是一个一个零碎行为的总和,缺乏"一贯的动机"而带来的系统-理性化。这使得路德派在道德上(相对)软弱无力:

> 路德派的"可能丧失的恩宠",由于借着悔改忏悔可以随时恢复,所以显得根本欠缺驱动力,去促成本文认为禁欲的基督新教最重要的结果,亦即整个伦理生活之有系统的理性安排。①

而所谓"一贯的动机"需要"自然状态与恩宠状态的距离感",或者说此世和彼岸至福之间的绝对分隔与紧张。人们追求不到却又无法不去追求,只能如班扬一般绝对孤独和清醒地行尘世之路,将此世当成一个永恒的"过渡状态",在这之中靠禁欲苦行在"最后的审判"之前求得些许内心的安定。正是在将世俗生活完全基督教化的意义上,我们才能说宗教培养出一种整体性的品格———一种新的"人格":

> 清教的禁欲,如同任何一种"理性的"禁欲,致力于使人有能力抑制"一时的感情",坚守并激活"一贯的动机",尤其是禁欲所"锻炼"出来的动机,换言之,在这层形式-心理的意义上,培养人形成一种"人格"。②

---

① 马克斯·韦伯:《新教伦理与资本主义精神》,康乐、简惠美译,桂林:广西师范大学出版社,2010年,第110页。
② 马克斯·韦伯:《新教伦理与资本主义精神》,康乐、简惠美译,桂林:广西师范大学出版社,2010年,第102页。

因此,伦理理性化对于人的内在而言是一种人格的培育。① 所谓伦理理性化,是指改变人在日常生活里那种自然的、碎片化的生活状态,那种个别行为和个别善恶相关的伦理,以一个"一贯的动机"组织日常生活,达到整个伦理生活之有系统的理性安排。借用施路赫特的定义,伦理理性化意味着"(思想层面上)意义关联的系统化,即把'意义目的'加以知性探讨和刻意升华的成果。这一份努力乃源自文化人的'内心思索':人们不但要求将'世界'当作一个充满意义的宇宙来把握,更必须表明自己对此'世界'的态度"②。但是本文认为不能把伦理思想和生活践行(的理性化)分开讨论,因为韦伯讨论的清教徒主要不是文化人,他们虽然有一定的"形而上学-伦理的理性主义"指导,但是并非脱离实践地进行理论建构,而是在日常生活的衣食住行、职业劳动、情绪流转中寻觅。观念的升华让他们超越了日常生活,但这种超越却恰恰又循着日常生活的节律,这种"既超越又非超越"的状态让他们将伦理与践行水乳相融。

若要达到此种状态,需要恒常自省,克制人性所特有的那种情绪起伏。这种对人生进行全面组织的强度是如此之剧,以至于使人达到一种整体的改观——套用宗教术语就是达到"再生状态"。从预定论导出的天职观,可以说是信徒伦理理性化的起点。作为信徒天职的"一贯的动机"是荣耀上帝,而荣耀上帝的方式是将上帝的神圣律法与正义变为此世的秩序。因此,俗世的日常生活——尤其是职业生活——变成了修道院那种禁欲理性的生活模式,亦即"整个生活的彻底基督教化"③。这种宗教观念提供了一套生活的"方法论",但如果不是由于冷酷无情的预定论带来的内心焦虑,生活无须一套方法论也可以过活——就像人们不需要费心计划如何走路,也可以在实践中前行。

---

① 王楠:《价值理想的认识与实践:马克斯·韦伯的伦理教育》,《社会》2018年第6期。
② 施路赫特:《理性化与官僚化:对韦伯之研究与诠释》,顾忠华译,桂林:广西师范大学出版社,2004年,第5页。
③ 马克斯·韦伯:《新教伦理与资本主义精神》,康乐、简惠美译,桂林:广西师范大学出版社,2010年,第108—109页。

2. 内在自由

伦理理性化要求的恒常自省使清教徒具备了极强的主体意识,这恰如笛卡尔"我思故我在"(cogito ergo sum)原则的宗教版本。① 这种主体性不是反对一切秩序,走向"无主人状态"的纯粹自由。恰恰相反,信徒在确立了上帝的唯一支配之前提下,获得了己身的人格之自由。作为唯一"主人"的上帝将信徒抬高到现世偶像之上,自由和主体性也只有在这个条件下才能实现。今日人们常说的"我是我自己的主人"如同教友派(Society of Friends)对内在灵性的坚持②一样,可能被主流教派判为"自我偶像化"的异端。上帝之律法和正义的确定性、客观性,使得信徒追求至善和良知的路途也注定是禁欲和纪律之路,而非放纵之路。在这个意义上,理性与自由悖谬地结合在一起——如法拉格等所说,"清教传统是自由与压抑的奇妙组合"③。

清教徒的自由不是愤世嫉俗的逆反心理,唯一的神圣目的让他们具有明确的方向性。这种方向性带来的不是亢奋狂迷,而是冷静自持,后者正是韦伯眼中英美"绅士"的品格。通过恒常的反思与自制(self-control),日常生活琐碎的头绪被编织成一张网,这既提升了生命的密度,也隔开了自我与社会角色、自我与人事的交融。冷静自持是一种"理智的清明",它意味着头脑更加冷静,更少受到情绪的影响,"它们只能在一个人对个人举止的内心距离感和保留态度的基础上得到发展"④。此种距离感的出现,不正是由于理智与良知的律令将人抽离出庸常的状态吗?

在"外在自由"部分,我们已经论述了个人卡里斯玛与官职卡里斯

---

① 马克斯·韦伯:《新教伦理与资本主义精神》,康乐、简惠美译,桂林:广西师范大学出版社,2010年,第99页。
② 教友派与现代自我确信的意思不同,他们只是认为上帝的灵在选民心中,让律法与自我良知有机结合,因此教友派没有像现代人那样将上帝"祛魅"。
③ 约翰·法拉格等:《合众存异:美国人的历史》,王晨等译,上海:上海社会科学院出版社,2018年,第109页。
④ 马克斯·韦伯:《韦伯政治著作选》,拉斯曼、斯佩尔斯编,阎克文译,北京:东方出版社,2009年,第100页。

玛的冲突,现在我们要进一步解释个人卡里斯玛是什么,什么力量限制了卡里斯玛与个人的分离。个人卡里斯玛最本源的意思就是前述的"恩宠状态",其外在表现就是伦理生活的系统化、体系化,以及由此所带来的整体人格之抬升。能靠禁欲达到此一状态的人——在过去是修道院的僧侣,在近代是尘世的职业人——已然做出了常人无法企及之事。从社会角度来讲,他们得以在人前证明自己的能力非凡。所谓的"恩宠状态"要么是加尔文派那种彻底禁欲化的生活,要么是再洗礼派那种等待神启、时刻诉诸良心的方式,不过最终都实现了讲求方法的伦理生活。

教派传统延续了再洗礼派对良心及其自由意志的重视。加入教派是基于自由意志的主动选择,人们也可以因为无法履行纪律而退出或被逐出教派。根据韦伯的解释,"自由意志"是"信仰的告白与主动意志的告白",是主动服膺教派纪律的宣誓,洗礼只是让个体有了教团成员身份,信徒只有做出了信仰告白才被当成真正意义上的"积极成员"。① 这种自由意志不是任何外在权威可以催生的,否则就是虚伪而非出自神赋予的良知,因为良知是神写在信徒内心的律法。韦伯在书写《新教伦理》时,刻意不从重要的教会风纪出发讲信徒生活样式的纪律化,就是想要突出伦理理性化的自发性和内生性。②

因此,自由不仅仅指尊重个人特殊性、独立自主和自我负责,它还是达到和践行上帝之义的权力无涉,一种伦理上的"修炼"和"人格抬升"。换言之,这是一种带有精英主义色彩的自由。自由不是空洞无物的,也不是信徒的最终目的。自由是在追求至善和荣耀上帝的道路上畅通无阻。换言之,个人的"神圣性"与自由纯粹是因为其可以作为荣耀上帝的工具而获得。因为上帝律法的优先性,信徒既是自由的,又

---

① 马克斯·韦伯:《新教伦理与资本主义精神》,康乐、简惠美译,桂林:广西师范大学出版社,2010年,第279页。
② 马克斯·韦伯:《新教伦理与资本主义精神》,康乐、简惠美译,桂林:广西师范大学出版社,2010年,第142页。

"无往不在枷锁"之中。于是,这种内在自由的悖谬性在于,它总要与伦理道德的理性化,以及随之而来的生活的全面纪律化同行。只不过,这种禁欲纪律是信徒主动追求的,而不是外在强加的——强制纪律只能让良知与行为分离,结果是对善之体认的迟钝。以清教的婚姻观为例,自由不是激情的恣意放纵,而是为了"清醒冷静地生育子女"的目的性活动,这造就了在性关系上讲求节制的取向。婚姻成了一种理性的、"浸润了精神-伦理的行为",却由此获得了"婚姻里骑士风度的佳美光华"①。

3. 内在自由的阈限

在《教权支配与政治支配》的末尾,韦伯反复地提到"良心的自由"(liberty of conscience),并将之视为最古老的"人权":

> 首尾一贯的教友派之良心的自由,除了自己本身的自由外,也包括其他人的自由,换言之,丝毫也不强迫那些教友派或洗礼派之外的人行为举止就得像是个教派内的人。在首尾一贯的教派的基地上,以此生长出被支配者(特别是任一个别的被支配者)对立于权力——无论其为政治权力、教权制权力、家父长制权力、或其他任何种类的权力——的一种被视为无可剥夺的"权利"(Recht)。……无论如何,由于此种"良心的自由"最能广泛地包含了一切取决于伦理的行为整体且保障了免于权力、特别是国家权力之干涉的自由,故而原则上为首要的"人权":具有如此性质的这样一个概念,固不为古代与中古所知,就连附带着国家之宗教强制的、卢梭的国家理论也未知其然。②

---

① 马克斯·韦伯:《新教伦理与资本主义精神》,康乐、简惠美译,桂林:广西师范大学出版社,2010年,第273页。
② 马克斯·韦伯:《支配社会学》,康乐、简惠美译,桂林:广西师范大学出版社,2004年,第442页。

由此看来，在最首尾一贯的教派取向中，清教徒的自由本身就包含自我限制的力量。然而，这与加尔文宗的态度相反：当预选论认定只有少数人可以获救时，大部分人就是罪人，信徒面对的是一个浸润了恶的世界。加尔文生于一个封建制行将解体的时代，失去"主人"的人们普遍落入道德沦丧、恐惧与焦虑的深渊。因此，在加尔文眼中，世人疏离了神，纷纷跟随了魔鬼。解决这一现状的方式是向魔鬼宣战，成为传播上帝大义的"战士"。① 所以，加尔文宗不排斥政治与暴力，良心上的正义行为是神圣的战争，而不是和平主义的防守。②

再洗礼派一定程度上偏离了预定论的教义。因为在再洗礼派那里，信徒可以感觉到救赎，它来自圣灵灌注对信徒良心与外在行为的重塑。关注"内在之光"看似导向神秘出世和沉静无为，实际上则不然。圣灵的作用需要被造物静默，克服自然状态的非理性冲动，并且时刻审视自己的行为和良心。因此，再洗礼派达到救赎状态的前提也是伦理生活的体系化、理性化。此外，教派成员间的监督也强化了外在善行和行动禁欲的重要性。③ 所以虽然没有预定论的基础，再洗礼派与加尔文宗却殊途同归。不过，两者在政治上仍然产生了分流："良心的自由"原则让再洗礼诸派不愿以强制力干扰其他人凭良心做出的行为，所以他们特别不愿意与政治秩序有染。

然而，教派"良心的自由"原则一旦面对现实政治的侵扰，就可能变为乌托邦式的泡影。在《以政治为业》中，教友派被描述为同胞伦理的绝对遵守者，奉行"山上训词"——"不要抵抗恶行"以及"把另一颊也送上"的箴言。教友派绝对地拒斥政治手段，不仅拒绝担任公职，还曾试验在宾夕法尼亚州建立一个无具体武力的国家。然而，对同胞伦理

---

① 迈克尔·沃尔泽:《清教徒的革命:关于激进政治起源的一项研究》，王东兴、张蓉译，北京:商务印书馆，2016年。
② 马克斯·韦伯:《宗教社会学:宗教与世界》，康乐、简惠美译，桂林:广西师范大学出版社，2011年，第464—465页。
③ 马克斯·韦伯:《支配社会学》，康乐、简惠美译，桂林:广西师范大学出版社，2004年，第137—138、142页。

和"良心的自由"的绝对坚持,使得他们在独立战争来临时"无法拿起武器去捍卫自己的理想"①。这里,教友派虽保持了手段和目的的绝对"洁净",却远离了自己的目标。

这么看来,自我设限的"教派自由"会因外在支配的必然性而碰壁,一往无前的加尔文式自由会因为强制推行公义而熄灭自己的火种,因此自由均会走向自反。但是,从"良心的自由"、教派的"直接民主行政"到"人权"和"现代民主制",我们似乎看到了另一种可能性。在这条线索中,教派的精神留存在现代民主制的原则中,"良心的自由"借着这种特殊的支配形式,找到了现实中可行的"肉身"。尽管带着妥协的色彩,民主制却为自由找到了制度化基础,因而可能在一定程度上扩展和稳固了"自由的阈限"。

四、阈限中的自由:从良心自由到民主制

在韦伯看来,美国的民主制建立于教派类组织之上,教派精神与民主制结构(尤其是直接民主的行政)具有选择亲和性。② 韦伯认为直接民主行政的主要特质在于:(1)成员具有同等资格处理共同事务;(2)支配最小化,限制公权力。教派内的自由精神和自治传统都与直接民主行政类似。当公职要通过选举得出时,卡里斯玛的地位发生了逆转——他被认为是人民的公仆而非领袖——成为一种非支配形式。教派自治就遵循着"选举公职制":教派内的行政班子纯然由选举而来的平信徒组成,他们并不具有领袖的威权色彩,只是对人们的伦理行为进行监督和惩戒。加入教派基于自由意志的信仰告白,并且需要经过教派成员的审核与投票,因此这完全遵循非强制性的原则。

---

① 马克斯·韦伯:《学术与政治》,钱永祥等译,上海:上海三联书店,2019年,第267—277页。
② 马克斯·韦伯:《支配社会学》,康乐、简惠美译,桂林:广西师范大学出版社,2004年,第438—439页。

同时,保留了人格自由与伦理筛选的民主制不是将社会成员简单拉平,而是希望将其抬升到一个普遍较高的状态。教派不是一个容纳罪人和善人的恩宠机构,而是仅仅筛选具有"绅士品格"的适格者。因此,美国的民主制不是个人构成的沙堆,而是排他性的自由教派砌成的堡垒。事实上,无法进入教派的成员会被排除在经济和政治参与之外,因为他们无法做到社会性的自尊自重,而一旦证明了"绅士/选民"资格,人们就可以平等地参与政治,实现特殊主义前提下的普遍主义民主。

除了民主实践,韦伯认为教友派"良心的自由"原则对现代权力观产生了重大影响。这一原则因在启蒙时代的权利观中找到了"终极正当性"而稳固下来——从信仰上帝转变到信仰人类的理性,理性成了具有神圣性的事物。在现代民主制之前,自由仅仅在斗争与妥协的缝隙中偶尔浮现——个人自由没有正当领地,权力施加到人身上多少纯粹是个事实问题。① 反支配者刚刚获得自由,很快就在例行化的过程中转变为他们曾反对过的支配形式,自由的精神旋即熄灭,开启了又一个"尾随者的时代"。但是,"良心的自由"、人权与民主制构成的三角,却为自由打开了一片较为稳定的正当性区域。卡里斯玛被翻转,成为非支配结构的新正当性基础。

参考其他有关美国早期历史的论述,我们基本可以认同韦伯对教派的总体把握。在新英格兰殖民地,自由民的资格并非完全基于财产,其还取决于此人是否为教派成员,教派成员可以平等地参与政治。这意味着美国早期社会介于精英的或专制的社会与后来的自由主义社会之间。由于服从良知和神圣律法对圣徒来说才是最重要的,一些教士也会批判民主可能引发的无政府状态。出于同样的理由,少数族裔被排除在外甚至被武断干涉,对异端教派的宗教宽容原则也经历了漫长的岁月才被确立下来,其间一些安立甘宗、浸礼会、教友派成员被驱逐、

---

① 马克斯·韦伯:《支配社会学》,康乐、简惠美译,桂林:广西师范大学出版社,2004年。

施刑或处决。不过从政治实践的整体来看,早期美国殖民地的确在限制公权力和要求"公众同意"与"自由权利"方面符合民主的原则,这是同时期的英国未能实现的创举。尽管加尔文宗的上帝以暴君的形象出现,但是"良心的自由"和"人民主权"①原则却悖论性地成为他留在世俗世界的果实。新英格兰(罗得岛除外)的牧师和市镇长官均由教会的自由民选出,市镇自治基于这些原则运转。教友派的威廉·佩恩(William Penn)在宾夕法尼亚殖民地进行的神圣实验(holy experiment)更是将"良心的自由"原则推到极致,他想要实验人类能否在不确立官方宗教的情况下,凭借宗教和"良心的自由"原则建立一个健全、有序又有美德的社会。他打破了在新英格兰其他地方对自由民资格的宗教派别限制,主张只要真诚信仰上帝的人都可以参与政治,无论其教派属性。②

即便如此,韦伯也没有对民主制抱有完全乐观的期待,或者将其价值升华为某种普遍的道德理想。他清醒地认识到民主制处处受限于现实秩序,实际上可能转化为威权式的支配模式,或者与后者相结合。他指出,最纯然的最小支配形式——直接民主制行政——需要苛刻的条件,当共同体范围扩大和行政事务增多时,就只能转化为望族行政或理性的官僚制。民主制也可能走向威权支配的方向,亦即成为直接诉诸民意的领袖民主制——民众只是形式性地拍手喝彩,没有真正自由地表达自己的意愿。望族行政属于家产制支配的边缘类型,领袖民主制与凯撒制亲和,极端理性化的官僚制将内外自由一起熄灭,制造出"钢屋"(steeling house/irony cage)。但是无论如何,民意是这些例行化形式

---

① 韦伯认为人民主权是启蒙运动时期才确立下来的原则,但是在《改革中的人民》一书中,我们可以看到"人民主权"的话语早在17世纪中期就已经出现在信徒的政治主张里。
② 戴维·霍尔:《改革中的人民:清教与新英格兰公共生活的转型》,张媛译,南京:译林出版社,2016年;董江阳:《迁就与限制:美国政教关系研究》,北京:生活·读书·新知三联书店,2017年,第61—65页;约翰·法拉格等:《合众存异:美国人的历史》,王晨等译,上海:上海社会科学院出版社,2018年,第109—111页。

不可忽视的,尽管它时常流于形式。这无疑已经是巨大的突破,个体自由的原则之确立和广布,让封建制和家父长制很难再受到欢迎,民主化的浪潮在韦伯看来已经不可逆转。

剩下的危险主要在于官僚制与凯撒式人民领袖的结合。韦伯在政论中积极提倡议会制民主,在本文看来,这恰与在官僚制中拯救自由有关。在韦伯的设想中,议会制民主首先可以以卡里斯玛式的"政治家"抵抗过度官僚化带来的僵化;其次以(议会和政党政治中)有序的竞争、理性的议事,代替纯粹情绪化的"街头政治"和"大众凯撒制";最后以议会的公开讨论,对公民进行政治教育,将公民的政治素质提升到可以基于理性选择领袖的程度。无论是僵化为无灵魂的"死去的机器",还是纯粹受到情绪的裹挟,都不仅会损害公民的集体利益,更会让民族丧失人格与良知自由。而韦伯对积极民主制的捍卫,恰是通过捍卫自由,保留"构成了我们人性之伟大与高贵的那些素质"①。

五、 总结与讨论

从清教伦理的"自由的心态",再到教派的"自由组织"和"良心的自由"原则,最后到民主制对"非支配"和人权的追求,我们可以看到自由这条线索顺着宗教改革脉络展开。预定论和天职观给个人伦理以理性化的强烈驱动力,它将信徒抽离出"自然状态",塑造了禁欲的伦理人格。清教教义要求信徒以荣耀上帝为唯一目的,按照上帝的要求生活和支配世界,并在个人事功中""创造"救赎确证。一方面,当预定论确定了救赎命运,任何世俗权威、家人、朋友不仅成了无益于救赎的人,还可能危害救赎。另一方面,当清教教义高抬了上帝的权威,并且直接与个人沟通时,世俗中的权威就失去了支配正当性,甚至成为与上帝竞争

---

① 马克斯·韦伯:《韦伯政治著作选》,拉斯曼、斯佩尔斯编,阎克文译,北京:东方出版社,2009年,第12页。

的"偶像"。因此,清教徒驱除了对世俗权威的盲目崇拜,斩断了自然情感的属人(personal)纽带,并且将后者重塑为"为了荣耀上帝"存在的理性化团契。从这个意义上讲,清教徒具有很强的个人主义色彩,他们蔑视和不服从于权威,要将自然情感的伦理关系理性化为普遍主义的、平等的"兄弟爱"(brotherness)。

另一方面,禁欲理性对人格的重塑,也让信徒具有很强的主体性。他们不是为了自由而自由,而是具有清晰的目的性——荣耀上帝,寻求自我义证。这种主体性来自"恩宠状态"对"自然状态"的时刻诘难。《圣经》中书写的"恩宠状态"相当于塑造了一个新的主体,基督徒的自由就是不断克服自身的自然性,永远朝着"恩宠状态"的方向跋涉——过一种"在现世里却又不属于俗世也不是为了此世的理性生活"①。这种朝向新主体性的跋涉塑造了信徒,让他们摆脱了尘世中的被动状态,借上帝的权威支配自我、主宰世界。

但是清教诸派别的内部分野造成了政治上的不同后果。加尔文宗允许以暴力和威权手段行上帝之义,于是发展出普遍主义的教会。祛魅后的教会虽然不再授予恩宠,而是靠社会组织督促个人生活的纪律化。但是,过于细密、强加性的威权纪律却抑制了个人自主行禁欲伦理的动力。再洗礼诸派则在伦理理性化之外确立了"良心的自由"原则,这一原则通过教派组织而实现了制度化。教派施行民主自治,尊重个人意愿与特殊性,并且将"原子化"的个人组织成一个为了荣耀上帝而存在的社团——秩序和良知同时得以保存。尽管教派在面对外在支配秩序时几乎不堪一击,但"良心的自由"原则和教派的民主实践却保存下来,成为美国民主制的民情基础。因此,我们看到自由不再只存在于支配与支配之间的缝隙中,转瞬即逝。它尽管依旧脆弱——容易"再封建化"——但是却因为民主制而拥有了一个较为稳定的区域。在这个

---

① 马克斯·韦伯:《新教伦理与资本主义精神》,康乐、简惠美译,桂林:广西师范大学出版社,2010年,第143页。

区域中,个人可以要求自由权,这在过去人身支配的时代是毫无正当性可言的。

至此我们可以总结一下贯穿宗教社会学与支配社会学的自由有哪些含义。首先,从"消极自由"(negative liberty)①的角度来讲,自由意味着为了维护个人卡里斯玛的缘故,而要求支配无涉。从这个意义上讲,自由意味着个人与此世权威之间的忠诚纽带被斩断,这些权威可能是家长、贵族、教士、国王,因此它意味着一种个人主义——个人从自然情感的共同体中解纽。在这个意义上,个人主义的自由意味着"离家出走":走出家父长制(与家产制)的等级服从、个人性忠诚、互惠和庇护性的同胞伦理。② 从"家"的威权角度讲,世俗权威的支配失去了天然的正当性,自由造就了不服从的个体;在"家"的心理与情感层面上,由于同胞伦理的庇护(无论是由于个体的官职,还是由于其成员身份)被拒斥,因而个人主义的自由造就了独立自主、自我负责的个体。

《清教徒的革命》曾提到清教运动期间对国家的比喻发生的变化③,这可以帮助我们进一步理解"离家出走"的政治内涵。改革前,人们将国家想象成为"巨大的存在之链"和"身体式政治"。前者指的是宇宙的一切造物按照等级排列,从上帝到天使,再到国王、主教,贵族和子民,最后到石头、草木,这些存在之物被一条固定的隐形链条串联起来。人间的链条之所以固定,是因为上帝、天使、精灵、圣徒等存在一个德行递减的次序,尘世与天国一一对应。国王和主教就像天使和圣徒,

---

① 按照以赛亚·伯林对自由概念的区分,"消极自由"意味着"没有人或人的群体干涉我的活动",是"免于……"阻碍的自由,"对自由的捍卫就存在于这样一种排除干涉的'消极'目标中";"积极自由"则是"去做……"的自由,它的含义"源于个体成为他自己主人的愿望",这里的个体往往被明确的、合乎自我意愿的目标所驱动去实现某种"高级的本性"。以赛亚·伯林:《自由论》,胡传胜译,南京:译林出版社,2011年,第167—183页;Isaiah Berlin, "Two Concepts of Liberty", in *Four Essays on Liberty*, Oxford: Oxford University Press, 1969。
② 肖瑛:《家与韦伯的比较历史社会学——以〈中国的宗教〉为例》,《社会学评论》2020年第3期。
③ 参见迈克尔·沃尔泽:《清教徒的革命:关于激进政治起源的一项研究》,王东兴、张蓉译,北京:商务印书馆,2016年。

由于后者充当了上帝与人的中介,因此前者也具有同样的身份。而加尔文则批判了"天使学"为天使赋予的崇高的地位,而认为天使与众人一样是上帝的仆从。由此,天使成了天国的公务员,旧的等级制被替换成切事的、目的性的职务体系。"身体式政治"同样确立了神圣的等级制,国王是国家的灵魂,官员、士兵和臣民则是躯体,后者需要如器官那样各司其职,服务于头脑、灵魂。清教徒则用"国家之舟"取代了世界的有机体想象。他们认为国王与官员是领航者,臣民则是船员。不同身份之间虽然存在着等级差异,但是所有人都处在国家之舟上,需要共同承载"基督教国家的福祉",驶向应许之地。① 如果这艘船有倾覆的危险,有能力的臣民就有责任取代旧的舵手,哗变与革命因而产生了正当性。

国家想象的改变昭示了习俗性纽带的解旋,个体获得了一定程度的流动性、主动性与独立性。而这一切既是一个"权威膨胀"的上帝带来的,也受制于他。上帝的权威、荣耀上帝的命令,让自由不仅仅是消极的"离开",还是积极的"奔赴"——上帝律法所规定的理智与良知是自由的目的地。对于清教徒来说,自由所追求的超越性目标是荣耀上帝,播撒上帝之义,这一目标对个人而言,则是在天职中获得救赎确证。可能会阻碍这一"事业"的,除了前述的外在支配秩序,还有个体内在的情绪和自然情感。个体欲望与激情的解放、基于自然情感的人情世故,都会阻碍信徒对上帝的服侍。因此,要求"不受阻碍"就需要对伦理生活进行全面的理性化,以基督教伦理全面克服日常状态。日常状态与恩宠状态的距离、地狱烈火的炙烤,为重塑主体性的行为提供了巨大的心理激励。

教派就像是"选民之舟",人与人之间的联合是为了在相互砥砺中,共同驶向彼岸的至福,传播上帝的福祉。因为超越性目标指向人类全

---

① 迈克尔·沃尔泽:《清教徒的革命:关于激进政治起源的一项研究》,王东兴、张蓉译,北京:商务印书馆,2016 年,第 195—199、204 页。

体的福祉,所以韦伯认为这种个人主义不是纯粹消极的、原子化的、自我为中心的。相反,在理想意义上,它可以实现个人主义与公共福祉的共存。并且,只有能动的个体才可以实现共同善的最大化。"良心的自由"抑制了把他人当成客体的征服倾向,进一步将切事的人际关系变成主体与主体之间的竞争与合作。世俗化后的美国社团依旧保留着这样的特质,这些团体不仅有着明确的目标,还要求保留个体的主动性与能动性,并且要求个体为集体利益奉献。

这种原则在民主制中得到了制度化,教派类结社也成为美国民主制的组织基础。尽管非支配的民主制存在诸多限定条件,很容易例行化成官僚行政或望族行政,或者干脆成为带着独裁色彩的领袖民主制。但是,我们不能因此就只考虑这些支配类型,民主制与(走到极致的)它们的区别恰如《新教伦理》中所描绘的资本主义精神与"铁笼"时代僵化了的精神的区别。前者为个体的积极自由(positive liberty)留下空间,后者则将之熄灭。

因此,我们需要正视自由这条线索,将它也视为区分不同类型的组织、制度和文化性格的一个标准。在韦伯的分类体系中,资本主义的劳动组织和政党都是自由招募成员的自由组织,自由志愿的保留是现代与"传统"的区分之一。近代的行会虽然也将个人从乡土和氏族中解脱,但是没有培育积极自由的主体性,所以仅仅是在城市中重建了一个"拟家"的庇护型组织,不能成为民主制和现代资本主义的基石。类似地,德国式兄弟会与英美俱乐部的区别也在此处:"英国的俱乐部尽管往往非常挑剔,但它们始终是基于绅士之间人人平等的原则,而不是我们彩带学生军团中被官僚系统大力褒奖的男生部署(schoolboy subordination)原则,后者是一种官职纪律的训练,是俱乐部刻意培养的,旨在讨取上司欢心。"①

---

① 马克斯·韦伯:《韦伯政治著作选》,拉斯曼、斯佩尔斯编,阎克文译,北京:东方出版社,2009年,第96页。

回到伦理理性化与支配的关系问题上,李猛曾言及"行动者理性与社会秩序的支配关系"之间的"悲剧性关系"①,这一悲剧就在于催生与熄灭伦理理性化的是同一股力量。换言之,由清教教义孕育出的个体自由与理性的昂扬不得不转变为威权式支配,进而走向自反。这不是个体难以应付社会秩序的复杂,而是理性化的内生性悖论。本文认同这一判断:自由总是处在支配与支配之间的阈限(liminality)中,具有过渡性质,并不稳定。具体来说,加尔文主义要抵御外部支配、支配世界,就需要发展出一套支配结构——军队和教会,但这可能会让孕育自由的力量熄灭;而再洗礼派的"良心的自由"因为缺少政治性,面对外在威权支配的挤压就可能难以自持。

但是,教派精神与自治实践有可能通过民主制确立下来,后者相对地为阈限中的自由打开了一方天地,这让自由不再如此地转瞬即逝,如此仰赖于外在支配留下的余地。相反,教派的经验可能构成一种自我限制的力量,它可以抑制官僚化朝着绝对精密、绝对理性的方向演进,或者退回旧式的家父长制。自由的精神通过漫长的清教运动植根于清教民族的民情(moeurs)中,而不完全流为一个超验的教条。正如托克维尔在《论美国的民主》中所言:

> 在美国,人民主权的信条并不是一个孤立的学说,完全与人们的习惯和盛行的观念无关;相反,人们最终应该看到萦绕在英裔美国人世界的舆论纽带。上帝给予每个人以必要的理性以便处理他自身所独有的利害关系。这就是美国公民和政治社会所仰赖的准则;一个家庭中的父亲将它传给他的子女,主人传给仆人,镇区传给其管治下的民众,地区传给镇区,州传给地区,合

---

① 李猛:《"政治"的再发现——基于〈新教伦理〉对韦伯思想发展的探讨》,《政治思想史》2020年第2期。

众国传给州。它蔓延至整个国家,成为了人民主权的信条。①

反观中国社会的民情,近年来有关研究纷纷指出"家"的支配结构、情感基础和伦理关系构成了中国人对自身的想象基础。在韦伯的文明"演进观"中,中国文明与现代文明的乖离在于她仍然停留于家的庇护。但是在近代中国与西方文明融汇激荡的过程中,当自由、人权、民主等思想原则通过近代的改良与革命进入中国文明时,我们或许可以借用韦伯对现代自由的理解,来把握这些舶来概念原本的精神实质,这或许可以帮助我们更清楚地观察这些原则如何被中国的民情转译,以及是否创造出了混合型的舆论纽带。

---

① 托克维尔:《论美国的民主》,转引自皮埃尔·莫内:《自由主义思想文化史》,曹海军译,长春:吉林人民出版社,2004年,第144页。

The Liminality of Liberty: Max Weber's Ethical Rationalization and Domination

Chen Yannan

Abstract: From the "free attitude" of Puritan ethics, to the liberal organization of sects, to democracy, we can see that the theme of liberty extends along the "individual-society-politics" in Weber's whole research. Neither the concept of rationalization nor charismatic domination can reveal this uniformity of his whole work without sacrificing complexity. This paper compares Weber's discussions about Protestantism from both his early work on protestant ethics and the later work on the sociology of domination, to understand Weber's concept of liberty. This paper argues that Max Weber's understanding of liberty lies in a narrow "liminality" between all forms of domination, and the "self-discipline" through ethical rationalization not only enhance liberty, but also makes it possible to resist external domination; on the other hand, the real liberty can only be limited within the threshold stage, which is very unstable and easy to transfer into authoritarian domination. However, the religious spirit of ethical rationalization has made "liberty in the liminality" relatively stable, making external restrictions and self-restrictions a potential habitus.

Keywords: Liberty, Protestantism, Ethical Rationalization, Domination

论 文

作为异质的华南历史人类学共同体
——基于宗族研究的考察

杜　靖[*]

摘要：华南历史人类学共同体的崛起，是中国社会科学界最近四十年来的一个显著事件。它以华南地区的部分社会史学家为主体，间杂一些人类学家，强调历史学与人类学的合作和彼此汲取，以思索明清中国的历史进程或在地方社会的生成为要务，探索地方和边缘人群如何进入国家的结构之中。作为一个地域性学术团体，该共同体在推进研究的进程中逐渐萌生了自觉意识，同时也得到一些外部学者的讨论与承认，并名之曰"华南学派"。在这种情景下，把它视作一个学术流派而不断回顾、总结，并给出其特点或共同主张便是一件可以理解的事情。然而，本质上来说，任何回顾与总结都带有建构性质。透过他们数十年的中国宗族研究来看，其实"华南学派"是一个在有共同点的前提下充满高度异质性的学术团体。也许正是因为代表性人物见解纷呈，他们的宗族学说才充满活力和生机。无论着眼于该学派未来的发展还是对推进学术史研究来说，重视并承认学术共同体内部成员间的差异性都比强调共同信念更为重要。

关键词：华南历史人类学共同体　异质性　宗族研究

　　华南历史人类学共同体，大体是指以厦门大学历史系、中山大学历

---

[*] 杜靖，青岛大学中国法律人类学研究中心主任，三级教授，文化人类学博士，体质人类学博士后，世界中医药联合会中医人类学专业委员会副会长。

史系和该校历史人类学研究中心(实际上是一套人马、两个牌子)、香港中文大学历史系和香港科技大学人文和社会科学部为主体的,由部分历史学家和人类学家构成的一个地域历史人类学或社会史研究群体。当然,这一群体也包括这些教学和研究机构之外的一些历史学家(比如北京大学历史系的赵世瑜)和人类学家(比如美国耶鲁大学人类学系萧凤霞①),和由上述单位培养的研究生,他们毕业后四散中国各地。

若从代数和传承上追,就国内而言,第一代要追溯至傅衣凌和梁方仲(部分学者甚至追到1928年中山大学历史语言研究所的部分学人,如顾颉刚、钟敬文等)。若就规模而言,发展至今日,"华南学派"大致应包含了五代学人。以中山大学为例,假定第一代人是梁方仲的话,那么第二代便是汤明檖和叶显恩,刘志伟、陈春声算是第三代人,而黄国信、温春来、黄志繁等算是第四代,黄、温等人培养的少数博士生如今也在学界崭露头角,可算第五代。当然,厦门大学则似乎没有五代,假定以傅衣凌为第一代、郑振满为第二代、王日根和刘永华等为第三代,那么余下的为第四代。香港中文大学只涉及科大卫和贺喜两位学人。就香港科技大学而言,参与的学者主要是张兆和与廖迪生两位人类学家。以上只是一个大体的计算,谈不上精严。

可以说,这是一个由历史学家和人类学家共同构成的学术群体。若就人类学家而言,他们喜欢研究中国历史或过程,在人类学学理上对话之前的结构(structure)分析视角和格尔茨的"意义"理路,推崇"结构过程主义"(structure-functinism);若就历史学家而言,他们喜欢借鉴人

---

① 目前供职于清华大学社会学系的人类学家张小军早年在香港中文大学跟从萧凤霞学过人类学,且与华南地区诸历史人类学家有过密切交往与互动,但从其未出版的博士学位论文来看,其在宗族研究上对华南历史人类学共同体的诸宗族观持批评态度,尤其不认同科大卫的历史过程主义(张小军的宗族研究思路是法国人类学家皮埃尔·布尔迪厄的实践论)。后来,张小军与他们的互动减少,特别是几乎不参与他们的田野考察,两者在一起的会议交流机会也不多。就历史人类学研究而言,张小军秉持跨学科或去学科的历史人类学信念,即兼具两个学科的问题意识,但华南历史人类学共同体理解的历史人类学却是历史学本位的历史人类学。考虑到这些情况,这里并不把张小军列入这一共同体来考察。

类学的做法去思考中国历史问题,举凡社会经济史、社会史和文化史等都在研究视野范围之内。但历史学家在人数和规模上占据了绝大多数或主流,而且他们发展历史人类学的呼声最高。东南或华南地域社会的历史经验是这一学术共同体得以建立的根本基础,之后则蔓延到华北、西南、西北诸地,意图在空间上延续他们在华南和东南地域社会所发现或提炼出的理论意义或价值,增加空间解释力,尽管他们主张不同区域有不同的历史进程。

就东南和华南的历史人类学群体而言,前一代或两代的学者并没有"历史人类学"的意识,他们能够进来,完全仰赖后人追溯学术源流。准确地说,历史人类学是从郑振满、刘志伟、陈春声等人这一代才明确并发展起来的,他们在与少数人类学家的联合调查和密切互动中萌生了在中国推动历史人类学的信念和志向,最终建立了有专门的教学平台,且以专门的研究机构(中山大学历史人类学研究中心)、专业学术杂志(《历史人类学学刊》,创办于2003年)和几乎每年都有的暑期历史人类学培训班或调查班为推动手段和标志的历史人类学研究共同体。当然,这一共同体每年也至少举行一次学术研讨会。

许多人称这一学术共同体为"华南学派",但他们自身极其谨慎,生怕被贴上标签。近年来,学界不断有人总结、归纳和提炼其特点,向着学派建设的方向和品牌去努力,试图给出该学派共享的东西。[1] 从学派建立上言,这种总结是不可避免的,但必须意识到,这类总结本身就意味着在建构一个学派,很可能会遮蔽该群体内部单个学者的个性和贡

---

[1] 赵世瑜、申斌:《从社会史到中国社会的历史人类学》,《中国史学》2015年第25卷;赵世瑜:《历史人类学的旨趣:一种实践的历史学》,北京:北京师范大学出版社,2020年,第37—75页;张小军:《学术·共同体的灵魂——以"华南学派"的历史人类学研究为例》,《开放时代》2016年第4期;张小军:《让历史有"实践":历史人类学思想之旅》,北京:清华大学出版社,2019年,第45—55页;刘志伟:《在历史中寻找中国——华南研究30年》,载高士明、贺照田主编:《人间思想》第4辑《亚洲思想运动报告》,台北:人间出版社,2016年,第30—43页;王传:《华南学派史学理论溯源》,《文史哲》2018年第5期;刘仕刚、张继焦:《中国人类学的学科困境和发展新方向》,《中央民族大学学报(哲学社会科学版)》2020年第2期。

献,尤其是极具个人化色彩的鲜明学术见解。在这股试图总结与论证华南学派的回顾潮流中,本文试图沿着相反的方向拓动,展开并论述其内部的异质性。需要说明,这并不是彻底放弃思索他们之间的共同性,而是实事求是地梳理出每个代表性人物的看法,在共同中见差异。[①] 由于涉及人数众多,本文只选若干有代表性的学者进行回顾与梳理。

目下流行的综述形式多是按照一个个分议题组织材料进行阐述,本文以个人为分述议题是遵照中国传统学术史的写作方法,比如黄宗羲《宋元学案》《明儒学案》的文体格式,黄氏每述一个流派都是按照人物进行分述。[②] 另外,笔者选取自己所熟悉的宗族话题为切入点,因而不能兼顾民间宗教信仰等视角。所以,请学界朋友们谅解!

一、科大卫:从功利到礼仪

科大卫从20世纪80年代开始研究(如果从口述史研究算起,则始自1979年),直至当下,是一位非常勤勉且专注的学者。他的宗族研究主要集中在香港新界和广东的珠江流域,尽管他也尝试过深入华北腹地开展研究。他有三本书堪称代表:一本是《中国乡村社会的结构》,一本是《皇帝和祖宗:华南的国家与宗族》,还有一本是《明清社会和礼仪》。

在《中国乡村社会的结构》一书中,科大卫告诉我们,明代早期的香港新界基本看不到宗族现象,但中期以后始有大量宗族出现。宗族普及的原因在于当地人想通过宗族建设和实践获得对土地的占有和开发权。这样,宗族就成了新界人民的一个生存工具。这与弗里德曼旨趣相同:把宗族看作一种生存策略。那么,一伙人如何获得对某块或某些

[①] 过往,学界只是在历史人类学分支学科意义上概括华南历史人类学派的特点,至于具体到宗族研究上,目前尚未见到专门的总括性论文。因此,本文最后讨论的他们的共同性是指宗族研究上的研究信念和方法上的趋同与趋近现象,目的在于在同与异的结构中把握差异,凸显差异。

[②] 黄宗羲著,全祖望补修:《宋元学案》,陈金生、梁运华点校,北京:中华书局,2018(1986)年;黄宗羲:《明儒学案》,沈芝盈点校,北京:中华书局,2019(2008)年。

土地的拥有权和使用权？一个很重要的办法就是讲明自己的祖先最早于此定居开发。中国人民的意识里具有自然遗产权概念，即子孙后代天然地具有继承祖先财产的权利。这正是继嗣群(descent group)制度的特点。所谓"定居权"或"入住权"(the rights of settlement, or settlement rights)概念①，是指一种祖先先占权(刘志伟称之为"祖先权"②)。其大意是，子孙因祖先(descent)的关系而在一指定的疆域或地理范围内享用公共资源的权利，具体包括建设房屋、开发行业使用公共土地和其他共同资源。③但据濑川昌久研究，科大卫之所以要设计"定居权"概念，原因在于弗里德曼及其20世纪六七十年代欧美人类学的追随者始终未对村落加以清晰界定。④不能不说，濑川昌久把问题意识带偏了，因为科大卫始终未离开继嗣群这一概念的语义指向或脉络⑤来讨论问题。

在科大卫看来，族谱是证明自己是子孙后代的一种文化手段，传说也是证明祖先最早落居和开发的手段，某块土地上埋葬着自己祖先，同样是获得土地使用权的民间法理学证据。当然，最过硬的定居证明莫过于官方的户籍和土地登记，即里甲制度。获籍不仅是纳入官方管理，

---

① David Faure, *The Structure of Chinese Rural Society*: *Lineage and Village in the Eastern New Territories*, *Hong Kong*, Hong Kong: Oxford University Press, 1986, pp. 30 – 44, 166 – 179.
② 刘志伟:《地域社会与文化的结构过程——珠江三角洲研究的历史学与人类学对话》，《历史研究》2003年第1期。
③ David Faure, Helen F. Siu (eds.), *Down to Earth*: *The Territorial Bond in South China*, Stanford: Stanford University Press, 1995, p. 4, "Introduction".
④ 濑川昌久:《族谱——华南汉族的宗族·风水·移居》，钱杭译，上海:上海书店出版社，1999年，第73—74页。
⑤ 里弗斯(W. H. R. Rivers)曾经用四条原则来辨别一个社会是归属父系还是母系。第一，家世(descent)，即确立个体作为一个团体成员的资格：如果一个孩子属于他父亲的社会团体，那么，就称他的家世为父系的；如果这个孩子属于他母亲的社会团体，那么，这样的家世就是母系的。第二，财产传递或继承(inheritance)：如果父亲把财产传递给儿子，即为父系；如果母亲把财产传给女儿，或者舅舅把财产传给外甥，则属于母系。第三，职分的传递(succession)，即公职或地位的传承：如果一个人(儿子)"继续"了他父亲的职分，这"继续"属于父系的；如果这"继续"在母亲方面，则属于母系的。第四，男女结婚以后的住处问题：一种是妻子到丈夫那里去居住，一种是丈夫到妻子那里去居住，即从夫居和从妻居。里弗斯通过拉德克里夫-布朗和马林诺夫斯基把继嗣群概念传给了弗里德曼。具体参见杜靖:《九族与乡土——一个汉人世界里的喷泉社会》，北京:知识产权出版社，2012年，第10—16页。

也是地方人群向国家尽义务,这就等于官方承认祖先的定居权。这些事情要写进族谱里,于是族谱成了一种文化策略和手段。① 另外,祠堂祭祖制度遵循帝国的规定,即主动向帝国礼仪靠拢,这是使自己处于合法地位的另一种手段。也就是说,只有当官方意识形态渗透乡村时,宗族制度才会扩散。在科大卫看来,宗族是把乡村社会组织起来的主要制度形式。新界的这个过程发生于16世纪至18世纪。在这里我们看到,科大卫试图把官方表述和推动的主体地位挪移到一边去,而着重从地方人群角度讲故事,显示出人民的主体地位,由此与帝国单纯意志的大叙事模式保持了一定距离。

科大卫想把上述印象扩大到新界以外的中国其他地方进行检验,便产生了《皇帝和祖宗:华南的国家与宗族》一书。除了最后一章,这部书的视野主要落在珠江流域,结论上也是基本肯定上部书的看法。比如,他在第一章"序言"中有如下两段极具概括性的话:

在16世纪,控制佛山的,是当地的几个大家族。也就是在

---

① 然而,在华北地区并不需要托以族谱,尤其假冒一个祖先,就可以获得村籍或入住权,从而享用村落边界内的公共资源。这大约分成四种情况。第一种,必须由村内一名成员引见给村长,村首民认为申请人无劣迹,便可住到村内(有些村庄附带一个条件,即申请人还必须有自己的房屋以便独立生火做饭)。这意味着,任何一个新来者只要表示愿意在村中居住一段时间便可成为村民,他并不一定要在村中拥有土地或坟茔便可参加村中的选举或宗教仪式,甚至被冠以准亲属关系的称谓。第二种,另外一些村子要求新来者必须拥有土地和房屋。这种情况排除了佃户。第三种,若是一个人在村中居住达到了10年之久,且无过错,即使没有土地和房屋,也可以成为村中一员。第四种,申请人必须在该村拥有坟地。这就意味着(实际上,现实亦如此),只有当一个人其三代祖先都居住在该村,才会被认为具有完全的村民资格(以上参见杜赞奇:《文化、权力与国家:1900—1942年的华北农村》,王福明译,南京:江苏人民出版社,2003年,第149—150页)。比较起来说,由于宗族保护意识的影响,江南地区村庄具有较高的封闭性和排外性,即外来者要想获得入住权或村籍是十分艰难和漫长的(具体参见张佩国:《近代江南乡村地权的历史人类学研究》,上海:上海人民出版社,2002年,第101—115页)。不过,江南地区的外来者并非完全不可获得村籍。费孝通认为,要想成为村子里的人,首先需要生根在土里,即在村子里有土地,并且要从婚姻关系进入当地的亲属圈子(具体参见费孝通:《乡土中国·生育制度》,北京:北京大学出版社,1998年,第72页)。费孝通将占有土地列为村籍的优先条件,张佩国不同意,他主张婚姻关系和准血缘关系才是获得村籍的优先条件(具体可参见张佩国:《近代江南乡村地权的历史人类学研究》,上海:上海人民出版社,2002年,第109—115页)。

佛山,也大约是从16世纪开始,高级官员建立起宗族。但我很快了解到,其他地区也出现了宗族。宗族的建立,最初是个农村现象,而诞生宗族的佛山,与其说是个市镇,毋宁说是一片乡村。从15世纪某个时期开始,这些乡村在同一座庙宇内进行集体祭祀活动。随着佛山的发展,宗族组织的法则被建立起来,与当地神祇的崇拜并行不悖,终于有一天,我们会说佛山已经成为一间公司。但是,假如佛山开创者的宗族不如此根深蒂固,佛山是不可能有这样一天的。①

从16世纪开始的这场礼仪变革②,前后用了足足三个世纪才完成。费里德曼③笔下以祠堂为中心、聚族成村的现象,在明初是既稀少又孤立的。假使费里德曼在明初探访珠江三角洲,他会看到佛教寺院的残迹,这些寺院曾经是地方组织的核心;他会看到坟墓以及百姓在坟墓前祭祀祖先的情形;他会在岸边水上看见七零八落的社区,里面的人住在船上或木棚里;他还会看到无数的庙坛,因为当时的神灵远多于今天,甚至也远多于费里德曼写作时的20世纪五六十年代。明王朝县级政府的行政改革,再加上造成家庙普及的礼仪改革,造就了宗族社会。这个宗族社会,萌芽于16世纪,熬过了17世纪明清王朝交替的冲击,而终结于19世纪。事实上,当宗族制度在18世纪复兴时,人们已把宗族视为古老的制度,而忘却了它的16世纪的根源。④

这些话已经很清楚地告诉我们,在珠江流域,宗族社会组织起来之

---

① 科大卫:《皇帝和祖宗:华南的国家与宗族》,卜永坚译,南京:江苏人民出版社,2009年,第4页。
② 按:嘉靖大礼议。
③ 按:本文论述中按照国内人类学的通用译法处理为"弗里德曼"。
④ 科大卫:《皇帝和祖宗:华南的国家与宗族》,卜永坚译,南京:江苏人民出版社,2009年,第12页。

前流行其他的神明信仰,而非祖先崇拜;而且,还告诉我们:宗族于 19 世纪末期终结了。

从弗里德曼对东南中国研究中可以看出,新开辟地(frontier)的肥沃土壤和适宜园艺的气候促成了地方聚落的出现。① 可是,由于处于帝国边缘,聚落要靠自己解决劳力、灌溉和治安诸问题。从管理地方社会和保护地方资源的需要出发,宗族组织出现了。科大卫在《皇帝和祖宗:华南的国家与宗族》一书的第十一章中讲述了珠江三角洲几个大姓如何修筑堤围,开发沙田土地的故事。② 显然,这是响应了弗里德曼的思路。③ 香港科技大学的人类学家廖迪生在收集到的南沙碑铭中也看到了大族围垦沙田的历史叙事。④

除此以外,在这部书里还有些观点给人留下了深刻印象。比如:(1)他反对从理学意识形态角度(指自上而下的官方体系立场)理解珠江流域宗族的出现与流行,认为应该从区域社会角度入手。⑤ 这大约与反对华琛(James L. Watson)的"标准化"理论⑥和以何炳棣为首的"汉化

---

① Maurice Freedman, *Lineage Organization in South-Eastern China*, London: The Athlone Press, 1958, pp. 1 – 18, 129 – 130.
② 科大卫:《皇帝和祖宗:华南的国家与宗族》,卜永坚译,南京:江苏人民出版社,2009 年,第 162—176 页。
③ 当然,在开发水利和种植水稻的力量依靠上,科大卫和弗里德曼的具体解释还不太一样。从弗里德曼的文本来看,他认为这两者是完全依赖宗族力量的;但科大卫认为,珠三角虽有大族控制开发,但仍主要依靠雇佣佃农进行开垦种植(廖迪生也是这态度)。后来谢湜到浙江研究"海盗社会"也是袭用了科大卫的思路,这显现出华南历史人类学共同体内部的传承痕迹。
④ 廖迪生:《南沙地方社会文化变迁的脉络》,《田野与文献:华南研究资料中心通讯》2022 年第 101 期。
⑤ 科大卫:《皇帝和祖宗:华南的国家与宗族》,卜永坚译,南京:江苏人民出版社,2009 年,第 8 页。
⑥ James L. Watson, "Standardizing the Gods: The Promotion of T'ien Hou ('Empress of Heaven') Along the South China Coast, 960 – 1960", in David Johnson, Andrew Nathan, Evelyn S. Rawski (eds.), *Popular Culture in Late Imperial China*, Berkeley: University of California Press, 1985, pp. 292 – 324; James L. Watson, "Introduction: the Structure of Chinese Funerary Rites", in James L. Waston, Evelyn S. Rawski (eds.), *Death Ritual in Late Imperial and Modern China*, Berkeley: University of California Press, 1988, pp. 3 – 19; James L. Watson, "Rites or Beliefs? The Construction of a Unified Culture in Late Imperial China", in Lowell Dittmer, Samuel S. Kim (eds.), *China's Quest for National Identity*, Ithaca, NY: Cornell University Press, 1993, pp. 80 – 103.

理论"(sinicization thesis)①有关(在这一点上华南学派与美国"新清史学派"有交集,并有过合作)。但是,这并不是说他们没有意识到理学意识形态的存在。比如,同为华南历史学阵营的晚一代的另一位学者程美宝在一篇访谈中说:"从本地士大夫和仪式专家的角度看,他们所做的事情和礼仪秩序,——不论是祭祀神明还是修建祠堂——尽管具体做法有异,但都在依循正统。"②只是他们不愿意选择这一立场去观察而已(指合乎儒家化的理想模式)。(2)这一地区宗族的出现与商业有关:"宗族是中国16世纪以来的商业革命的产物,出现于中国最商业化的地区……读者将会看到:在像佛山那样商业化与工业化的城镇,宗族以优雅和娴熟的姿态崛起,服务于商业的需要,强调公益、和平、稳定和效忠王朝。"③这一点是弗里德曼的理论框架没有设计到的,因为弗里德曼认为东南中国宗族的出现是因应了水利的兴修和水稻的种植,稻作盈余为宗族建设提供了资金。尽管二者都是经济学的考量,但弗里德曼是农业的视角和立场。也就是一个将宗族放置在商业场域中理解,一个将其放置在农业氛围中考察。(3)科大卫提出了"宗族语言观"。主要内涵是,宗族在不同的社会场景下说不同语言。比如,在讲清末民初这一段时,他说:"沙田开发商,如今可以从上海遥控沙田事务;沙田当地的团练局,如今除了继续采用其旧有的管理模式外,也采用民国的新语言来推行管理工作;族长如今身兼谘议局议员,通过宗族组织打击赌博、打击吸食鸦片、维修堤坝。他们联合创造出来的图景,有古老的,也有现代的。面对这变化过程,一种看法可以是:宗族形式

---

① Ping-Ti Ho, "The Significance of the Ch'ing Period in Chinese History", *The Journal of Asian Studies*, Vol. 26, No. 2, 1967, pp. 189 – 195; Ping-Ti Ho, "The Presidential Address: The Chinese Civilization: A Search for the Roots of Its Longevity", *The Journal of Asian Studies*, Vol. 35, No. 4, 1976, pp. 547 – 554; Ping-Ti Ho, "In Defense of Sinicization: A Rebuttal of Evelyn Rawski's 'Reenvisioning the Qing'", *The Journal of Asian Studies*, Vol. 57, No. 1, 1998, pp. 123 – 155.
② 程美宝:《历史人类学视野下的小人物与大世界》,源自澎湃新闻·上海书评,2022 年 4 月 10 日,https://www.thepaper.cn/newsDetail_forward_17517929。
③ 科大卫:《皇帝和祖宗:华南的国家与宗族》,卜永坚译,南京:江苏人民出版社,2009年,第13页。

改变,实质未变,控制土地的宗族,依旧运作如常,依旧力量强大,但这些宗族开始说起另一套语言来了。这些说着新语言的宗族,在什么意义上是发源于16世纪的宗族制度的延续?"①显然,这种理解近乎维特根斯坦的语用学,即"语言游戏"理论。② 当然,它也与实践人类学视野内的中国宗族研究的表述趋近:不同场域里宗族采用不同手段或方式表达自己。③ 但这仅仅是实践人类学之宗族研究的部分主张,而非全部。此外,科大卫指出的是一种现象或事实,并未将"宗族作为一种语言"理论化,因而很难谈到是一种建树,至多是一种想法,无法与布尔迪厄实践人类学指引下的宗族研究的理论化程度相比。(4)科大卫开始突出并强调"礼仪"的视角:"通过礼仪过程而出现的合股公司,能让宗族紧握商机,筹集资本做投资之用。"④这为第三本书即《明清社会和礼仪》的基调张本并铺垫。

诚如书名所揭示的,科大卫在《明清社会和礼仪》一书中突出"礼仪"的视角⑤,或者说,这是他后期在以往认识基础上所主打或强调的视角。这种视角从很大程度上扭转了他前期太过"功利主义"的思考,使他一定程度上转向了文化的立场。⑥ 这也是继弗里德曼经济功利主义思路和陈其南系谱理论后的一次发展。在这次跃进中,科大卫包括下文将要述及的刘志伟、郑振满等人,首先把东南或华南地域宗族的发

---

① 科大卫:《皇帝和祖宗:华南的国家与宗族》,卜永坚译,南京:江苏人民出版社,2009年,第403—404页。
② 维特根斯坦:《哲学研究》,李步楼译,北京:商务印书馆,2015年,第7、17、31页。
③ 杜靖:《中国宗族研究的新范式:迈向实践的人类学考察》,载罗彩娟主编:《民族学研究前沿十讲》,北京:中国社会科学出版社,2023年,第25—68页。
④ 科大卫:《皇帝和祖宗:华南的国家与宗族》,卜永坚译,南京:江苏人民出版社,2009年,第8页。
⑤ 科大卫:《明清社会和礼仪》,曾冠宪译,北京:北京师范大学出版社,2016年。
⑥ 在美国,20世纪60年代和70年代是"新社会史"的迅猛发展阶段,到80年代和90年代,"新社会史"被"新文化史"所取代,参见 Sewell Jr., William H., "The Political Unconscious of Social and Cultural History, or, Confessions of a Former Quantitative Historian", in George Steinmetz, Julia Adams (eds.), *The Politics of Method in the Human Sciences: Positivism and its Epistemological Others*, New York: Duke University Press, 2005, pp. 173-206。可见,这个转换过程在中国研究中要慢一些。尽管如此,其还是为历史学构建了不同的认识论对象。

生归之于朝廷的礼仪运动,涉及祠堂内摆放祖先的规模与范围问题;其次,将功能的意涵内藏于"礼仪"概念下去理解中国宗族,使得功利的思路和文化的思路相纠缠(实际上,地方人民把经济活动托之以礼仪形式,礼仪在表,功利在里)。只有这个"礼仪"的思路才能真正展示出放在历史进程中思考的特色,因为无论是功能学派还是系谱学派都无法表明科大卫等人的研究是历史学的研究:功能和系谱思路都是超越时间的,或失却时间考虑的。

从佛家角度论,在中国宗族存在或出现的解释学路途上,如果说弗里德曼的种植水稻是寻找到的中国宗族出现的第一个缘起的话,那么,科大卫强调的"礼仪"将是第二个缘起。

这里需要指出,就宗族研究而言,科大卫及其华南其他同好所说的"礼仪"主要是指帝国的祭祖规制,即从国家和士大夫角度来谈论礼仪,而非着眼于个人人生礼仪。相反,人类学家强调的汉人宗族实践中的礼仪则主要侧重个体生命史中的礼仪,比如婚丧嫁娶的仪式,属于标准的亲属制度框架内要考察的内容。这可以透过林耀华的《义序的宗族研究》《金翼》和笔者的《九族与乡土——一个汉人世界里的喷泉社会》看出。

从逻辑体系的完整性与严密性衡量,《明清社会与礼仪》一书并不如前面两书,因为它是一部过去所发表文章的合集。其中涉及宗族的讨论有6篇,分别是《宗族程式:16世纪的礼仪革命与帝制晚期中国的国家》《成文的和不成文的:成文族谱的政治议程》《宗族是一种文化制造——以珠江三角洲为例》《宗族社会主义与公家掌控:20世纪二三十年代的潭冈乡》《山西夏县司马光墓的土地与宗族笔记》和《祠堂与家庙:从宋末到明中叶宗族礼仪的演变》。概括起来,其中值得关注的要点有:(1)宗族是明、清社会变迁过程中的一种文化创造[①];(2)在这段

---

① David Faure, "The Lineage as a Cultural Invention: The Case of the Pearl River Delta", *Modern China*, Vol.15, No.1, 1989, pp.4-36.

时间里,民间宗族利用建家庙、修族谱来附丽官僚身份,乡村社会生活士绅化或士大夫化,礼仪是其根本凭借①;(3)士绅化和士大夫化概念强调民间对士大夫的模仿,并最终被结构进帝国一体化之中。刘志伟在《地域社会与文化的结构过程——珠江三角洲研究的历史学与人类学对话》一文中也表达出了类似的见解。② 当然,刘氏更强调通过户籍制度这种方式将地方人群整合进帝国体制里,尽管这种方式中包含了宗族的内容或宗族与户籍的结合(具体见刘氏著作之第五章)。③ 这一点下面还要详谈。

萧凤霞④也赞成这样的看法。她研究华南社会长达40年,并在2017年的一次个人回顾性的学术报告中传达出如下信息:明清两代,华南地域社会中的精英利用了跨地区的资源,诸如宗族、市镇、信仰等,将自己变成中央政权主流文化的一部分。在当代中国,他们同样发挥智慧而更加"舒服"地融入中央,但又能满足自我的心愿,寻求自己的生存意义。⑤ 究竟是二人同时具备了这样的思想,还是萧凤霞接受了科大卫的观点,需要进一步考察。不过,从时间段而论,二人有明显不同:萧凤霞关心当下,落脚于当下;科大卫眼睛盯着历史,最晚则至于近代。这里显现出人类学与历史学在时间上的不同分工。

士绅化和士大夫化与下面将要述及的郑振满的庶民化概念有异曲

---

① 科大卫:《国家与礼仪:宋至清中叶珠江三角洲地方社会认同》,《中山大学学报(社会科学版)》1999年第5期;科大卫、刘志伟:《宗族与地方社会的国家认同——明清华南地区宗族发展的意识形态基础》,《历史研究》2000年第3期。
② 刘志伟:《地域社会与文化的结构过程——珠江三角洲研究的历史学与人类学对话》,《历史研究》2003年第1期。
③ 刘志伟:《在国家与社会之间:明清广东地区里甲赋役制度与乡村社会》(增订本),北京:北京师范大学出版社,2021年。
④ 事实上,她是一位政治人类学家,不应该算作历史人类学家,因为放在世界人类学发展史上衡量,她并无历史人类学理论原创。但在政治人类学方面,她却于马克斯·韦伯、福柯、杜赞奇之后有所推进。
⑤ 2017年1月5日,萧凤霞教授应香港中文大学中国文化研究所当代中国文化研究中心邀请,以"踏迹寻中:四十年华南田野之旅"为题作报告。这段信息来自这场演讲。另外,还可参见程美宝:《当人类学家走进历史——读 Helen F. Siu, *Tracing China: A Forty-Year Ethnographic Journey*》,《二十一世纪》2016年第158期。

同工之妙。不过,也有方向上的差别,即士大夫化和士绅化是指民间对士大夫的模仿并最终被一体化,而庶民化强调的是宗法伦理在向民间推广过程中发生的变化。① 2022 年 12 月 7 日晚,郑振满在山西大学中国社会史研究中心作了一场学术报告,在这场报告中郑氏明确表态他不同意别人讲的以嘉靖大礼议为标志的宗族历史观。② 也许,郑振满与科大卫之间有更深的见识鸿沟等待我们去发掘。

二、刘志伟:从社会经济史出发

迄今为止,中山大学历史学家刘志伟并无宗族研究专书,他的宗族观点散见于一些专著和单篇论文中。其早期的著作《在国家与社会之间——明清广东里甲赋役制度研究》③侧重于从两个角度理解宗族:一个是经济角度,即赋役税收;一个是国家和地方的互构角度(二者实际是二而一的关系)。此处互构视野是反二元论的。④ 在一篇访谈中,刘志伟指出:"这本书出来之后,这个标题好像被大家误解了,以为我要讲的是国家与社会的关系,甚至有人说我用的是国家与社会的理论。我以为我从来没讲什么国家与社会的理论。我用'在国家与社会之间'的说法,不是认为有一个主体叫作'国家',另一个主体叫作'社会',然后

---

① 郑振满、黄向春:《文化、历史与国家——历史学与人类学的对话》,载郑振满:《明清福建家族组织与社会变迁》,北京:中国人民大学出版社,2009 年,第 235—268 页,"附录二"。此文最初发表于《中国社会历史评论》2004 年第 2 辑。
② 此信息由山西大学中国社会史研究中心张俊峰教授于报告后提供。
③ 该书出版于 1997 年(广州:中山大学出版社),于 2009 年再版(北京:中国人民大学出版社),更名为《在国家与社会之间:明清广东地区里甲赋役制度与乡村社会》,至 2021 年出增订版(北京:北京师范大学出版社)。增订版与以往版本相比,增加了三篇论文作为附录,分别是《地域社会与文化的结构过程——珠江三角洲研究的历史学与人类学对话》《历史叙述与社会事实——珠江三角洲族谱的历史解读》和《边缘的中心——"沙田—民田"格局下的沙湾社区》。
④ 与华南历史学家多年密切合作的美国人类学家萧凤霞的"结构的生成"(structuring)概念就是反对二元论的,强调共谋性。参见 Pamela Kyle Crosley, Helen F. Siu, Donald S. Sutton, "Introduction", in Pamela Kyle Crosley, Helen F. Siu, Donald S. Sutton (eds.), *Empire at the Margins: Culture, Ethnicity, and Frontier in Early Modern China*, Berkely: University of California Press, 2006, pp. 1 – 24。

通过户籍赋役制度去讲两个主体的关系。我真正想表达的意思是,我既不是讲国家,也不是讲社会,而是讲一个既(不)是国家也(不)是社会的领域,就是我明天即将参加的会议的发言主题,讲中国王朝体制下的编户齐民社会,是一种国家与社会同构的体制。"①这是一种"之间"的聚焦。事实上,郑振满也有类似认识,他称之为"国家内在于社会"或"内在化",即国家与社会一体化。② 但他们也只是止于此,并未在国家人类学或政治人类学的理论认识上进一步有所提升和发展。当然,他们只是中国史学者,目的在于解释中国历史进程,并无发展政治人类学或国家人类学的义务。

美国华盛顿大学政治学教授乔尔·S. 米格代尔(Joel S. Migdal)曾提出一种"社会中的国家"(state in society)理论,即国家与其他社会势力之间存在相互赋权现象。国家主义的视角往往将国家置于社会的对立面,把国家与社会之间的竞争和冲突看作一种权力的零和博弈,但从相互赋权角度看,国家应该是社会的一部分。③ 米格代尔不满意一般政治学的做派,然后在韦伯的基础上希望对国家-社会理论有所推进。我们并没有从刘志伟和郑振满的著述中找到他们受了米格代尔启发或影响的痕迹,也许是殊途同归吧。从这里我们可以看出中国本土学者在国际学术格局中的位置。

刘志伟结合里甲和图甲制度④的实践考察了宗族问题,试图解释宗族形成的政治与社会机制。就宗族与里甲的关系而言,他比华南历史

---

① 刘志伟、任建敏:《区域史研究的旨趣和路径》,载温春来主编:《区域史研究》总第 1 辑,北京:社会科学文献出版社,2019 年,第 3—38 页。
② 郑振满、黄向春:《文化、历史与国家——历史学与人类学的对话》,载郑振满:《明清福建家族组织与社会变迁》,北京:中国人民大学出版社,2009 年,第 235—268 页,"附录二";郑振满:《从民俗研究历史——我对历史人类学的理解》,载郑振满《明清福建家族组织与社会变迁》,北京:中国人民大学出版社,2009 年,第 269—279 页,"附录三"。
③ 乔尔·S. 米格代尔、阿图尔·柯里、维维恩·苏主编:《国家权力与社会势力:第三世界的统治与变革》,郭为桂、曹武龙、林娜译,南京:江苏人民出版社,2017 年,第 1—5 页。
④ 清代图甲制度是明代里甲制的延伸,其基本架构保持了明代里甲制的一些主要特征,但又有自己的不同特点。

学群体中的任何一位学者研究得都更全面、精细,且深入而成系统。在刘志伟看来,明代里甲制下的户由代表一个家庭变为包括两个以上的家庭以至整个家族;清代图甲制下的户一般不代表一个家庭,而由多个家庭共同使用一个户口。

清代的户与宗族的关系极其驳杂的,大致有五种情况。

(1) 广东地区流行"户族"。在排他性原则作用下,一个宗族或其支派之内的成员占用了某一户名,并共同支配和使用。此种情形下,可以用户名来指称某一宗族或族内房系。① 户,即族。②

(2) 随着世代繁衍,户族内部会产生分化,分化的原因是利益纷争或其他矛盾。于是,在总户下又析分出若干子户,世系或支派是确立子户析分的依据。比如,具体来说,当户族作为一个赋役统归单位时,其下的有些家庭或房派不自觉、不积极,拖大家后腿,造成少、欠现象,致使族内其他房支或家庭受牵累,参差不齐。此种情形下,报经地方官府同意,各立户名。③ 有一些粮额太少的族姓,政府考虑到管理的方便性,即有利于完纳赋役,也会将他们的户口合编于一甲,由此导致了"归同姓之户"或"粮户归宗"现象的产生。同一个宗族内部的、早已分支的不同次级血缘组织会借助这个政策重新组合起来,多半情形下他们会签署一个合同。④ 前一种情况是总户析分出若干子户,后一种情况是若干子户合并成一个总户。

(3) 同一宗族并不一定都在一个户下,许多宗族拥有多个户。造

---

① 刘志伟:《在国家与社会之间——明清广东里甲赋役制度研究》,广州:中山大学出版社,1997年,第255页。
② 一甲之内,强宗大姓欺凌弱小家族,使得不同血缘或利益相互冲突的群体倾向于将他们原来编在同一甲中的户口拆分开来。大致有两种情形:一种是较弱小的家族为了避开大族欺压,主动将户籍从原来所在的图甲中割离出来;另一种是有势力的家族将弱小家族排挤出去,因而,户族是长期矛盾作用的结果(具体参见刘志伟:《在国家与社会之间——明清广东里甲赋役制度研究》,广州:中山大学出版社,1997年,第263页)。
③ 刘志伟:《在国家与社会之间——明清广东里甲赋役制度研究》,广州:中山大学出版社,1997年,第264、271页。
④ 刘志伟:《在国家与社会之间——明清广东里甲赋役制度研究》,广州:中山大学出版社,1997年,第265—266页。

成这种现象的原因有两个,一个是族内各房分别有各自的户籍,另一个是族人可任意选择使用某一户名。这种情况造成了一个现象:亲等距离最近的房不一定在同一户内,某一房可能与较远的房组成一个户。这意味着,在广东地区,房系的分门别户并不完全遵循血缘关系原则,由此图甲结构与血缘组织结构并不一定直接对应。①

(4) 不同血缘集团的人可以共同使用同一户头。这里面又有两种情况:一种情况是以某一宗族为主(在管理上往往为户头),而其他姓氏集团依附其下;另一种情况是同一户内存在若干姓氏集团,他们地位平等。

(5) 在赋税征收过程中,有的宗族统一汇纳(以总户名义),有的子户(宗族下的次级房支)自行纳粮,各输谷额。②

图甲制下的户的构成与变动,实际是清代宗族组织分化和重组的一种折光。③ 尽管刘志伟着眼于对户的讨论,但反过来我们发现:由于户这种经济单位和国家责任单位的定位,宗族在实践中被涂抹得斑驳多彩。这也是上文说刘志伟对里甲赋役制与宗族关系的研究,远精细于郑振满在该方面思考的原因所在。④

无论怎么说,《在国家与社会之间——明清广东里甲赋役制度研究》一书已明确表示:明中期以后,里甲制逐渐解体,社会不断分化,宗族组织逐渐普遍化,宗族制度的功能也逐渐得以强化。⑤ 在此,我们要

---

① 刘志伟:《在国家与社会之间——明清广东里甲赋役制度研究》,广州:中山大学出版社,1997年,第255—256、268页。
② 刘志伟:《在国家与社会之间——明清广东里甲赋役制度研究》,广州:中山大学出版社,1997年,第271页。
③ 刘志伟:《在国家与社会之间——明清广东里甲赋役制度研究》,广州:中山大学出版社,1997年,第260页。
④ 张俊峰和高婧用山西的例子批评了刘志伟的"户族"理论,主要观点是:分支与立户是宗族发展不同阶段系谱原则和功能性原则起主导作用的结果。立户之后,各户在宗族内部活动,并没有发展成为新的"户族"。"户族"只是宗族发展过程中的一个侧面,是有局限性的。对于靳氏这样一个历史久远的宗族而言,并未因立户入籍政策的施行而发生分裂,所谓的"户族"只是系谱宗族肌体上附加的一个功能而已,并非一个新生的事物。具体可参见张俊峰、高婧:《宗族研究中的分枝与立户问题——基于山西曲沃靳氏宗族的个案研究》,《史林》2016年第2期。
⑤ 刘志伟:《在国家与社会之间——明清广东里甲赋役制度研究》,广州:中山大学出版社,1997年,第258页。

注意刘氏对广东宗族运动的时间节点的判断和把握。

　　必须清楚的是,刘志伟是从经济史的角度理解中国宗族的。首先,不论是总户还是子户,宗族拥有共同的经济基础,或者说是一个共财单位。这是从经济占有角度而言的一个判断。其次,宗族或其下房支被政府确立为赋役责任单位。从国家管理或治理角度而言的这种赋役单位,具有两重意涵:一重是被政府界定为一个整体性义务单位(给出一定的具体数额,由某一血缘集体共同承担),一重是在完纳课税或尽义务时的上交单位(有时统一组织纳粮完成课税,有时按照子户即房支完成任务,额度由宗族内部或总户来分配)。当然,他还发现了不同姓氏人群共同成为一个赋役单位的现象,由此表明:宗族并不必然与经济有关联,或因经济原因而起。这里似乎存在着两种社会运转的机制。不过,就我本人的感觉而言,从刘氏著作中所呈现的资料判断,无论族及族下的次级单位怎么被"编"或调整,在户籍、甲、图的背后都始终存在着一个有世系关系的父系亲属群体。若是没有这样的父系亲属群体存在或作为底色,地方政府就没法将经济责任委托给户族来承担。这说明,在地方政府眼里,它是知道乡土社会里有父系亲属关系系统的,所以,它要拿过来加以利用。我的这个概括与刘志伟,当然也与科大卫的出发点背道而驰。很可能是特定的学术任务,使得刘志伟未去关注和呈现这样一个面相。

　　刘志伟并未忽略文化的力量。刘志伟起初就意识到不能仅从经济角度理解中国历史进程,特别是作为地方的广东的历史,还应该关注宋明理学的精神和文化规范,尤其是宋明理学精神影响下的广东地区的宗族组织问题。他多年来也指导研究生阅读《朱子家礼》。这个文化的视角除了历史经验的触摸外,还可能与萧凤霞和科大卫的交往与互动有关。[1] 这对于在社会经济史氛围中成长起来的刘志伟来说,是难能可

---

[1] 刘志伟:《地域社会与文化的结构过程——珠江三角洲研究的历史学与人类学对话》,《历史研究》2003 年第 1 期。

贵的。概括起来，大致有如下四个要点：(1)宗族组织的发达和普及，是明清时期广东乡村社会的特色，尤其在珠江三角洲，几乎每一个定居的村落都建有多间祠堂。(2)珠江三角洲地区的宗族是士大夫的文化创造，是按照士大夫的标准建立起来的宗族模式。具体而言，是士大夫将宋明理学的文化规范积极向地方社会传布，且充分利用当时商业化组织提供的资源①的结果。(3)这种组织并不只是简单地由父系继嗣关系联结起来的血缘组织，而是通过修祠堂、编族谱、置族田、举行标准化的祭祖仪式等手段整合起来的，以血缘关系维系的，具有强烈的士大夫文化象征和很广泛的社会功能的地域性组织。(4)在同一始祖名义下，借助真实的或虚构的谱系关系整合而成的血缘群体，在经济生活中扮演着重要角色。在珠江三角洲地区，有宗族成员身份的人和不具备宗族成员资格的人拥有不同的社会地位，在资源控制上因而具有不平等的权利。得不到正统性或合法性宗族身份的社会性成员不被承认，宗族势力总是试图压制他们占有土地的努力，官府也不给撑腰。户籍很重要，只有在政府的户籍登记系统中有了户籍，自己对土地的占有才合法。所以，他们必须努力通过一定的社会文化手段为自己创造一个宗族背景，无疑，按照士大夫的文化规范建设宗族是获得土地合法占有权的最佳手段。在这种情况下，里甲户籍制度与宗族之间的配合构成明清社会秩序的重要基础。② 在此，户籍也自然被视为宗族的一种重要文化和制度性资源。

从上述最后一点来看，刘志伟最终还是把珠江流域宗族的出现和存在归因于对经济利益的追求，尽管他在总体上意识到：应该将经济（里甲户籍制度）和文化（宋明理学和宗族制度）两个维度结合起来思

---

① 这一点与弗里德曼的农业稻作经济根源解释不一样，与科大卫、陈支平的观念趋同，参见 Maurice Freedman, *Lineage Organization in South-Eastern China*, London: The Athlone Press, 1958, pp.126-130；陈支平：《近五百年来福建的家族社会与文化》，北京：中国人民大学出版社，2011年，第98页。
② 刘志伟：《在国家与社会之间——明清广东里甲赋役制度研究》，广州：中山大学出版社，1997年，第31—32页。

考问题。笔者之所以纠缠于这一点,是因为在人类学的学术脉络里,经济功利的思路和礼仪文化的思路是两种对立的分析模式,在人类学发展史上,存在先后继替的秩序(后者不满意前者);但对历史学家而言,上层的礼仪运动和经济功利性的面向在宗族这个特定对象身上根本就是一回事,所以,他们并不会自动产生这种认知上的分立意识。就历史事实而言,什么人可以祭祀始祖?祭几代?在中国古代,国家对此有严格规定。既然要祭拜,就得设计一定的祭产,否则,祭仪花费焉出?一旦有了祭产,那就意味着围绕着祖先的祭祀团体是个共产或控产单位。这样,经济功利的考虑自在仪礼之中。可是,透过刘志伟和科大卫的文本我们发现,明清帝国政府的礼仪或文化叙事在表,而地方人群在底或里,地方人群披着这个礼仪的外表或外衣去谋取自己的事情,这样就把国家的外表即礼仪给掏空了。显然,这里存在两个学科之间理解的差异(除了布尔迪厄的实践人类学主张外)。

可以说,他们钻到了地方人群的"心"里去了,但对帝国或大传统的心理意识则认为是不言而喻的,遂造成了认识深度略有欠缺。这一方面与社会史的定位有关,另一方面可能是在借鉴人类学的过程中受到了人类学研究范式的影响,因为人类学一向只习惯且擅长研究小传统或地方社会,但对于国家或大传统则不擅长。一般来说,国家政治的高层不容易接触到,绝大部分情况下我们很难了解到其内心的真实所想。即便我们能够读懂历史上遗留下来的国家政策和制度文件,但对于政策和制度文本背后的真实用心也极难搞清楚。此种情况下,只能相信纸面上的陈述。当然,这也可能与他们深受华德英(Barbara E. Ward)和萧凤霞思想的影响有关,因为这两位学者皆突出了"意识"的维度。

比如,刘志伟在谈到华德英对华南研究的影响时指出:"对'华南研究'影响最直接的,也许是华德英。很久以来,华德英在中国大陆的学术界,甚至在美国的中国研究学界,几乎很少人知道,但她对我们的影响非常大,除了由于香港'华南研究会'的核心成员都是华德英的学生外,更因为她在香港渔民的研究中提出的关于意识模型的理论,对我们有很大启发。……施坚雅和弗里德曼是从人的行为出发去建立起关于整体社会结构的论述和解释,但他们基本上是在社会组织、社会结构的层面上讨论,华德英则把社会组织和社会结构层面的问题与意识形态和认知领域连结起来建立起理解人群社会的方法。"①

当然,刘志伟可能不了解的是,华德英的"意识"思路在世界人类学发展史上已经成为过去时,没有人再关注她。人类学以反思性著称,发展理论似乎是其唯一至上的追求,因而理论更新的速度几乎超过了任何一种人文社会学科。人类学家总是寻找最好的解释路径,从而埋葬了以往。许多华南历史人类学家一方面要求学生学习并借鉴人类学,然而另一方面又私下告诫学生不要像人类学那样玩理论花样,过分追求理论建树。他们批评人类学家像站在流沙中一样,缺乏稳定的立足点,这大约受了史学传统和观念的影响,即"一切观点要从材料中出"的信念。其实,人类学家之所以开展田野工作,撰写民族志,就在于孜孜以求地获取资料(他们搜取资料的过程怕是比历史学家更艰辛且冒险),他们并非理论先行者,即便在最后撰写调查报告或学术论文时,他们也对自己所采取的理论参考框架保持高度反思性。

由于讨论主题的限定,刘志伟当时(1997 年)只能集中精力于里甲赋役问题,他为此在该书的再版后记中,谦虚地称之为"一部未完成的作品"②。上述四个要点日后通过几篇论文才得到了详细论证,比较有代表性的有《地域社会与文化的结构过程——珠江三角洲研究的历史学与人类学对话》③《边缘的中心——"沙田—民田"格局下的沙湾地

---

① 刘志伟:《华南研究 30 年》,载《溪畔灯微:社会经济史研究杂谈》,北京:北京师范大学出版社,2020 年,第 73—95 页。
② 刘志伟:《在国家与社会之间——明清广东地区里甲赋役制度与乡村社会》(增订版),北京:北京师范大学出版社,2021 年,第 341—345 页。
③ 刘志伟:《地域社会与文化的结构过程——珠江三角洲研究的历史学与人类学对话》,《历史研究》2003 年第 1 期。

区》①和《历史叙述与社会事实——珠江三角洲族谱的历史解读》②,此外,还有些论文与别人合著,或以英文形式发表,于此不再列举。2021年发行的增订版《在国家与社会之间》将这三篇论文附录于后,始构成一个完整的学术逻辑叙事。

张小军认为,刘志伟《地域社会与文化的结构过程——珠江三角洲研究的历史学与人类学对话》一文主要阐述了华南历史人类学群体的基本主张。③ 不过,在此文中,就宗族问题刘志伟也展现出了一些新的有意思的思考。比如,他认识到,在沙田控制上,宗族的意义其实主要不在于是一种经营组织,也不在于借助宗族势力的强壮(It was not by the strength of members④),而是在于更多地强调一种文化资源,即祖先的权利(即前文所言科大卫之"入住权"⑤)。年轻一代的华南历史学者谢湜在考察浙江沿海的"海盗社会"时也提到靠族谱书写(祖先的率先迁居和开垦)从官方手里获得户籍的问题⑥,思维类型同于科大卫、刘志伟。

所谓"祖先的权利",是指在特定社会结构下文化权力的运用方式:祖先的财产就是子孙的财产。在沙湾,宗族成员是一种社会身份的标志。一伙人一旦拥有祖先祠堂和一套关于祖先出自名门望族或显赫家世的历史传说,以及被正统规范所认可的定居和开发历史,那

---

① 刘志伟:《边缘的中心——"沙田-民田"格局下的沙湾社区》,载黄宗智编:《中国乡村研究》第 1 辑,北京:商务印书馆,2003 年,第 32—63 页。
② 刘志伟:《历史叙述和社会事实——珠江三角洲族谱的历史解读》,《东吴历史学报》2005 年第 14 期。
③ 张小军:《历史学、社会学和人类学三个横向学科跨学科的可能与障碍》,载赵世瑜编:《北大史学》第 21 辑,北京:社会科学文献出版社,2021 年,第 19—37 页。
④ David Faure and Helen F. Siu (eds.), *Down to Earth: The Territorial Bond in South China*, Stanford: Stanford University Press, 1995, p. 212.
⑤ David Faure, *The Structure of Chinese Rural Society: Lineage and Village in the Eastern New Territories, Hong Kong*, Hong Kong: Oxford University, 1986, p. 166; David Faure, *The Rural Economy of Pre-Liberation China: Trade Increase and Peasant Livelihood in Jiangsu and Guangdong, 1870 to 1937*, Oxford: Oxford University, 1989;科大卫:《皇帝和祖宗:华南的国家与宗族》,卜永坚译,南京:江苏人民出版社,2009 年,第 3—6 页。
⑥ 谢湜:《山海故人:明清浙江的海疆历史与海岛社会》,北京:北京师范大学出版社,2020 年,第 156—178 页。

么,它就确立了对沙田的控制权。因而,在国家与地方社会互动的历史中,地方的人群势必努力追求这种文化象征,培养出自己祖先与士大夫文化传统的联系。我认为,他们所讨论仍不过是一种法学意义上的对物的占有权和使用权问题,属于古罗马无遗嘱继承法的范围。①

濑川昌久认为,科大卫使用"入住权"或"定居权"概念表达了对弗里德曼的不满意:"所不同的是,他认为构成此一'世系群'功能性支柱的最重要因素,并不是弗里德曼所说的对于共有财产的所有和管理,而是对于某一村落的'定居权'。"②这似乎表明,"入住权"或"定居权"在财产共有权和管理权之前。我认为,科大卫和弗里德曼的理解并无实质的差异,因为"定居权"或"入住权"最终指涉的仍是财产的共同占有和使用问题。所以,濑川昌久很可能高估了"入住权"或"定居权"概念的学术价值。

为了拿到这份财产或祖先遗产,大多数珠江三角洲的宗族都声称自己的血统来自中原。为此,他们不得不在族谱中虚构世系和攀附贵胄③,强调自己的行为合乎礼法,炫耀祖先功名和出身门第。

由此可以看出,尽管刘志伟对功能论不满,但他依然没有超出功能论的解释范围。他只不过回避了社会结构功能论(拉德克里夫-布朗、林耀华、弗里德曼等的研究取向),却未能摆脱文化功能论的羁绊,后者是马林诺夫斯基的研究主张。马氏的"文化科学理论"主张:文化是满足人类生存需要的手段或装置,它使得人类面对具体问题时处于有利地位。④ 通

---

① 梅因:《古代法》,沈景一译,北京:商务印书馆,2015 年,第 131 页。
② 濑川昌久:《族谱——华南汉族的宗族・风水・移居》,钱杭译,上海:上海书店出版社,1999 年,第 95 页。
③ 刘志伟:《传说、附会与历史真实:珠江三角洲族谱中宗族历史的叙事结构及其意义》,载王鹤鸣、马远良、王世伟编:《中国谱牒研究》,上海:上海古籍出版社,1999 年。该文也被饶伟新收入《族谱研究》一书中(饶伟新主编:《族谱研究》,北京:社会科学文献出版社,2013 年,第 317—329 页)。
④ B. K. Malinowski, *A Scienticfic Theory of Culture and Other Essays*, North Carolina: The University of North Carolina Press, 1944, p. 150;马林诺夫斯基:《文化论》,费孝通等译,北京:中国民间文艺出版社,1987 年,第 24—25 页。

过刘志伟的清晰描述我们发现,那里的人民把宗族当作了生存手段和文化资源。所以,笔者在上面强调刘志伟的宗族文化观依然没有跃出马氏的解释范围。当然,其在处理汉与疍民互动的时候也参考了族群理论。族群理论突出的是对生存资源的争夺,注重对不同人群的主观性和策略性考察。① 在这一点上,其与马氏的文化需要论有相通之处。

这里需要补充说明一点,在人类学的理解中,弗里德曼是社会结构功能论的学者,其理路抛弃了先前所接受的马林诺夫斯基的文化功能论而接受了拉德克里夫-布朗的结构-功能论。而刘志伟知道弗里德曼遵循的是结构-功能论,但实际上却(无意识中)又用马林诺夫斯基文化功能论的立场来解释弗里德曼,笔者认为刘氏可能存在认识上的错位(当然,似又很难排除弗里德曼身上保留着其老师马林诺夫斯基的认知痕迹)。就此一点,笔者于2022年10月18日在中山大学宾馆内与其有过交流并向其请教。那么,结构-功能论和文化功能论的真正或根本区别点在哪里?从结构-功能论出发的研究看问题时,比如,思考某种社会文化现象或制度等,首先要看其满足了社会结构的什么功能。在此,功能是围绕着社会结构而言的。而文化功能论则着眼于人群的生存需要,其本意是人类本来凭着自然界的恩赐或馈赠就可以生存的,但随着人口的递增,单位面积内的自然资源不再充足,于是人类就想办法把那些不能直接消化的植物和不能利用的动物转化成人类可以直接使用的食物或帮手。比如,将狼尾草转化为谷子,将野麦转化为小麦,将野稻转化为稻子,将狼驯化为家犬,等等。其中的转化技术和相关组织、制度等措施就是"文化"。在此,文化不是为了优先满足社会结构的需要,而是为了满足人类这个物种生存的需要,这是两者的根本区别。弗里德曼研究中国宗族是将其放在中国社会结构里来解释的,宗族的功能是社会结构的功能。

---

① Rredrik Barth, "Introduction", in Fredrik Barth (ed.), *Ethnic Groups and Boundaries: The Social Organization of Culture Difference*, Boston: Little, Brown & Co., 1969, pp. 9–38.

话再说回来。刘志伟看上去是在借助萧凤霞的 structuring 概念来力避静态的结构-功能论局限问题，但实际上是将一个较长的历史过程切割成了不同的历史片段，并于每个片段内从功能角度思考生成问题，然后将这些片段排列起来，由此看到了不同和演变。这就像数学里的有限元分析思路一样，年轻的华南历史学者也有这类风格。①

《边缘的中心——"沙田—民田"格局下的沙湾地区》呼应了《地域社会与文化的结构过程——珠江三角洲研究的历史学与人类学对话》一文，重点还是讲述"祖先的权利"对于一个宗族群体在某一地域社会中的开发与立身问题的意义，由此看到了地方人群的种种生存策略与智慧，比如，创造祖先合法定居的传说，建设合乎士大夫规范的祠堂，接纳帝国的正统神明进入祠堂，等等。这里再次证明了马林诺夫斯基文化功能论的合理性。把宗族理解成地域社会开发的工具，同时也是支撑地域社会运转的机制，这始终是刘志伟、科大卫等人的出发点。以下两篇文章，用心也是放在这个方面。

在《地域社会与文化的结构过程——珠江三角洲研究的历史学与人类学对话》一文中，他还通过北帝崇拜试图揭示，宗族对于地域社会的运转并不是充分条件。宗族是一个个独立存在的，但通过某个共同的神明信仰却能够将若干宗族整合起来，遂有了统一的地方社区历程。这一点与弗里德曼的见解不一样。弗里德曼是通过婚姻的策略将不同宗族连结在一起，从而构成地域社会运转的支撑的。②《地域社会与文化的结构过程——珠江三角洲研究的历史学与人类学对话》一文里的这个见解，为刘氏后来的文章《宗族研究的人类学取径》所延续，即不能

---

① 谢湜：《山海故人：明清浙江的海疆历史与海岛社会》，北京：北京师范大学出版社，2020 年。谢湜于此书第 320—321 页交代了如何学习和体会萧凤霞和刘志伟的"结构过程"理论，并向赵世瑜请教过。
② 个体间的婚姻联系编织了众多的社会关系，跨越了宗族的界限。Maurice Freedman, *Lineage Organization in South-Eastern China*, London: The Athlone Press, 1958, pp.96-113.

把中国乡村社会判定为宗族社会。① 类似地,科大卫也强调过宗族发展过程中其他乡村组织的重要角色。② 其实,人类学里有共同体乡村研究、市场层级研究、祭祀圈与信仰圈研究、权力文化网络研究、九族与乡土社会研究、泉域社会研究等,已经暗含着宗族解释中国的思路不是唯一的,还得仰仗其他的切入点,但人类学并不因此否定宗族对中国社会运转的价值。由此可以看出两个学科的视野的差异。

《历史叙述与社会事实——珠江三角洲族谱的历史解读》一文有两个要点值得关注。其一,政府的户籍是宗族具有正统性的一种文化标志,因而户籍登记(或编户齐民)是广东地区宗族发展的一个重要前提。其二,刘志伟仍然不承认珠江三角洲大量族谱中对宋代以前祖先的追认,认为那是一种攀援比附或妄附之风。他说,至少明代中期以前,像我们在近代到处都可以见到的把祖先追溯二十多世甚至数十世的宗族,在珠江三角洲地区还不普遍。真正的转折点是嘉靖初年朝廷的礼制改革,这次改革导致社会上士庶之家纷纷建立家庙祠堂、编撰族谱,并进一步把祖先系谱建构起来。③

在刘志伟的文本里之所以看不到之前有宗族,我觉得主要是因为其心中早已持了一个"宗族"的概念。这个概念就是"大礼议"内涵上的"宗族"。他在《历史叙述与社会事实——珠江三角洲族谱的历史解读》一文有一个注释说:"需要特别说明的是,我并不认为在明代以前没有血缘关系为基础而建立的社会群体,但这里讨论的宗族,并不是指根据血缘关系自然形成的继嗣群体,而是指在明清时期通过一系列文化手段建立起来的'宗族'。"④这个界定早在他与科大卫合著的《宗族与

---

① 参见刘志伟:《宗族研究的人类学取径》,《南国学术》2017 年第 1 期。
② 科大卫:《皇帝和祖宗:华南的国家与宗族》,卜永坚译,南京:江苏人民出版社,2009 年,第 229—256 页。我个人认为,这只是展示了宗族在其他场域中存在的情形。比如佛寺寺庙、村落会社(village worship associations)及其他宗教联盟等。
③ 刘志伟:《历史叙述和社会事实——珠江三角洲族谱的历史解读》,《东吴历史学报》2005 年第 14 期。
④ 刘志伟:《在国家与社会之间——明清广东地区里甲赋役制度与乡村社会》(增订版),北京:北京师范大学出版社,2021 年,第 295 页。

地方社会的国家认同——明清华南地区宗族发展的意识形态基础》一文中就得到阐明。① 显然,这是一个特别制定的定义,它并不涵盖中国历史上所有的宗族。也就是说,它并不(通过多样性实践的归纳和概括)追求理论上的一般化意义。如果我们从理论的一般性定义出发而质问他们"明代以前,中国或华南怎么会没有宗族?"其实是很没劲的事情,因为他们不承认那叫"宗族",或那不是他们心目中要考察的宗族。历史学和人类学各自持的标准概念不一样,绝大多数人类学家一直将中国宗族放在国际世系学架构下去理解。反过来说,部分历史学家不承认明代以前有宗族,因为他们拿了一个近世的或庶民化的宗族概念去衡量,自然就看不到那之前的中国社会有宗族,或之前的宗族和近世宗族的共同点。即便他们意识到或看到了存在血缘关系的宗族存在物,但囿于自己的学术兴趣和问题意识也不去主动谈论,遂给学术界造成了诸多误解和疑惑。当然,这也与读者的阅读合谋有关,读者在阅读过程中不求深究,往往不加反思地贸然接受知名学者的见解,尤其那些一时新颖的观点。话再说回来,即便从地域范围而言,科大卫和刘志伟也只是考察了珠三角地区,而非整个华南地区。仅就广东一省而言,他们也没大关注粤北地区的宗族,至于粤东地区(指潮汕平原一带),成型的研究也大约只有黄挺一人在做而已。一旦明乎这个道理,两个学科间的多年争论也就变得无所谓了。剩下的工作需要借助认识论来反思,即我们的认识是否都过于"着相"了?也许,通过儒家的"毋意、毋必、毋固、毋我"(《论语·子罕》)②和佛学的唯识论之"我执"概念,抑或启用胡塞尔(Edmund Husserl)的现象学"还原"原理来审视之,将具有启示意义。

　　以上我们通过科大卫和刘志伟两位学者的研究,大致呈现了他们描摹的珠江三角洲地区宗族情形,下边来看福建省的宗族情况。

---

① 科大卫、刘志伟:《宗族与地方社会的国家认同——明清华南地区宗族发展的意识形态基础》,《历史研究》2000 年第 3 期。
② 孔子强调,士人不先入为主,不作武断的假定,不固执,不以自我为中心。

三、郑振满：宗族作为一种社会组织及跨阶层的行动

郑振满的宗族研究起步并不晚，其渊源有自，即延承了傅衣凌的乡族概念。① 但据郑振满说，傅先生对"乡族"概念一直没有做明确定义，有时是"乡族势力"，有时是"乡族集团"，有时是"乡族经济"，有时是"乡族组织"。② 这是对宗族一种非常实体化的解读，或者说是一种实在论的宗族观。从信念上看，其与科大卫和刘志伟既有相一致的地方，也有理解和表述上的差异，且其个人观点前后亦有变化。

郑氏前期的观点主要反映在《明清福建家族组织与社会变迁》一书的第五章第一节中。要点是：明清时期的福建宗族之普及得益于庶民化，即是宗法伦理向民间推广过程中发生的变化。在郑振满看来，"大宗-小宗"结构的宗法制度原本存在于先秦时代的贵族阶层中，与"世卿世禄"的分封制度相适应。秦汉以后，虽然世卿世禄制度被废除，宗法制度亦有所改变，但贵族阶层在祭祖方面依然保持着自己的特定礼制，即便到明清时期依然如此。也就是说，流行于中国上层社会中的宗法叙事方向依然在被秉持，没有中断。可是到了明清时期，另一股祭祖运动却与贵族的祭祖叙事伴随而行，它是中国社会普通阶层的祭祖活动。普通阶层原无此礼制（不被允许拥有或配享），其形成是贵族宗法伦理越离自己的社会边界进入庶民世界里的一种历史进程。造成这种庶民化运动的原因是多方面的。首先是宋代以降，由于程颐、朱熹等一批理学家的倡导，逐渐形成了一种"庶民化"的宗法理论，为民间宗族组织的普遍发展提供了意识形态方面的

---

① 傅衣凌：《论乡族势力对于中国封建经济的干涉——中国封建社会长期迟滞的一个探索》，《厦门大学学报（社会科学版）》1961 年第 3 期。又见傅衣凌：《明清社会经济史论文集》，北京：中华书局，2008 年，第 78—102 页。
② 郑振满、梁勇、郑莉：《新史料与新史学——郑振满教授访谈》，《学术月刊》2012 年第 4 期。

前提条件。其次,与民间的一种突破有关,突破的点一在于祭祀对象和范围,一在于祭祀场所。就后者而言,民间先是在自家的老屋(即祖厝)里进行祭祀,进而大规模地拥有了自己的祠堂,墓祭也很活跃。尽管宋儒试图因应人情,"以义起之",但依旧未能突破大小宗制度的藩篱,民间只有突破嫡长子的宗子权才可以实现拜始祖和先祖的目的。结果是在明清时期,民间社会根本不再理会官方的礼仪规定和少数理学家的苛刻主张,导致了宗祧继承关系的多元化和拟制化发展。他们代代设祭,不立宗子,取消了贵贱之别和大小宗之分野。这种现象实际上与宗族的散居及现实的地缘关系有关,因为他们想收族。同时,这也攸关经济利益,因为如果恪守死板的大小宗制度,那么,许多参与宗族建设的不同地缘群体或次级世系群体就不能掌控并分有自己祖先的遗产。在这种考虑之下,依附式宗族和合同式宗族大量出现于福建地区。①

明清时期福建基层出现大量宗族,特别是依附式宗族,也与这一时段国家的统治体制有莫大关联。因为在这段历史时期,国家经历了从直接统治向间接统治演变的过程,基层社会自治化程度不断提高。至迟自明代中叶以后,家族组织与里甲制度相结合,演变为基层政权组织。具体来说,最初明代福建的里甲户是一种政府划分出来的自我管理单位和赋役单位。任一里甲单位对国家的赋役都被定额化,国家按照里甲单位责以完成。随着世系的延伸,一个里甲内会出现户和房份的分立,相应地共同担负的赋役也会被分配给不同的户,但最终还是要在一个里甲户籍名下上交或履行。里甲的户籍可以世袭,并不会随着世系的延伸和分立而终止。久而久之,里甲就会成为家族组织的代名词,在其派下的子孙内心培养起一种共同体的感觉。户有户长,被地方政府委以"听年"之役,即实际的里甲内部管理者。在这种情况下,户长就具有了

---

① 郑振满:《明清福建家族组织与社会变迁》,北京:中国人民大学出版社,2009年,第172—183页。

支配权,而其余族人则处于无权的依附地位,依附式家族便诞生了。户籍的世袭化和赋役的定额化,导致了家族组织的政治化和地域化。①

在这些考察的基础上,郑振满得出结论:明清时期的家族组织与亲属关系联系不大,或者说,至少不再是纯粹的亲属关系。他在《明清福建家族组织与社会变迁》一书的结尾处说:"笔者认为,明清时期家族组织的发展,已经超越了传统亲属关系的藩篱,吸收了足以适应其他社会关系的组织原则,因而特别具有包容性和可塑性,为中国传统社会的发展提供了更多的可能性。从某种意义上说,我们研究明清家族组织的目的,正是为了揭示这种'泛家族主义'的时代特征及其文化内涵。"②与郑振满在学术上有密切互动的丁荷生(Kenneth Dean)也有这番见解,认为自明代中叶以后,伴随着礼仪运动的发展,福建莆田的宗族变得"不那么依赖于亲属纽带,却更像拥有可分割股份和财产的公共合资控产机构"③了。

需要指出的是,《明清福建家族组织与社会变迁》的终端表述与其前边的"继承式宗族"概念存在逻辑上的矛盾。在分析这一概念时,郑振满指出:"继承式宗族的基本特征,在于族人的权利及义务取决于各自的继嗣关系。由于继嗣关系一般是以血缘关系为依据的,因而可以说,继承式宗族是以血缘关系为基础的宗族组织。"④这里显然考虑了亲属系统问题。我的意思是,郑振满在同一著作中并没有做到逻辑上的周延性,至少在表述上欠严谨。

在《明清福建家族组织与社会变迁》一书中,郑振满还表达了"每个地方都有自己地方性、地方特色和不同历史进程"的意见。拿福建来

---

① 郑振满:《明清福建家族组织与社会变迁》,北京:中国人民大学出版社,2009年,第185—195页。
② 郑振满:《明清福建家族组织与社会变迁》,北京:中国人民大学出版社,2009年,第208页。
③ 转引自科大卫:《明清社会和礼仪》,曾宪冠译,北京:北京师范大学出版社,2016年,第16页。
④ 郑振满:《明清福建家族组织与社会变迁》,北京:中国人民大学出版社,2009年,第47页。

说,闽西北山区、闽东南沿海地区和清代的台湾地区(过去曾隶属于福建)的实践就不尽一致。① 从更大范围上来讲,福建和广东也具有不同的历史进程,这在华南历史学共同体内部已达成了共识。这里显示了差异性或多样性的认识。

郑振满的研究具有结构-功能主义色彩(注重考查各类宗族内部的世系构造)②,但也同时具备历史变迁论特色和实践论的倾向。就实践论倾向而言,在后来(2004年)黄向春对他的访谈中得到了淋漓尽致的阐述。主要观点是:(1)宗族组织的发展并不完全契合法律规定,如按照《文公家礼》的模式去做。尽管形式上大家声称遵循朱熹那套概念来做事,但其实老百姓自己要另搞一套,结果是士大夫的规范在地方上被灵活地运用、改造和突破。(2)即便在历史上,也没有一个固定而僵化的"士绅"或"士大夫"文化。它本身就是一个不断实践的过程:宋代做一套,明代做一套,清代又做一套。不同时代,在每一个地方都有不同的解释,精英文化和士大夫文化就在不断变化中,变得不像程朱理学了。③

不过,郑氏后来的这种强调除了建立在个人前期认识的基础上,也与跟科大卫、刘志伟等学者的长期交流、合作有关。④ 显然,他是想突出自己的思路和学术研究的特色。与科大卫、刘志伟相比,就宗族问题而言,郑振满对"礼仪"概念的强调及理论化有自己的表述方式,即"庶民化"观点。为了讨论傅衣凌的乡族来源问题,他很早就阅读了"三礼"(《周礼》《礼记》和《仪礼》),并精研《文公家礼》等著作,而且还发表过《宋以后福建的祭祖习俗与宗族组织》这样的论文来讨论祭祖仪式。⑤

---

① 郑振满:《明清福建家族组织与社会变迁》,北京:中国人民大学出版社,2009年,第91—171页。
② 刘志伟:《地域社会与文化的结构过程——珠江三角洲研究的历史学与人类学对话》,《历史研究》2003年第1期。
③ 郑振满、黄向春:《文化、历史与国家——历史学与人类学的对话》,载郑振满:《明清福建家族组织与社会变迁》,北京:中国人民大学出版社,2009年,第235—268页,"附录二"。
④ 郑振满:《区域史研究的问题导向》,《区域史研究》2020年第1期。
⑤ 郑振满:《宋以后福建的祭祖习俗与宗族组织》,载《乡族与国家:多元视野中的闽台传统社会》,北京:生活·读书·新知三联书店,2009年,第103—116页。

不过,在笔者看来,郑氏理解中国宗族的首要概念还是"组织"一词,礼仪并不具有优先性。至少给读者的感觉是,祭祖作为一种礼仪的意识,被掩映在"社会组织"这一概念之下,显得不那么突出和显眼。相反,科大卫用"礼仪"作书名(《明清社会与礼仪》),彰显出的理论意识更鲜明,也更自觉。

但是,若从时间节点和不同运作机制方面考虑,福建莆田地区在宋代更依赖祖先外的其他地方神明(仪式联盟)进入国家体系和珠江流域,而在明代则借助宗族模式进入国家体系。① 那么,在华南这个地域学术共同体里面,就存在着两套关于"礼仪"的解释模型,这两套模型既有共享又有分叉。

有趣的是,科大卫的学生宋怡明(Michael Szonyi)后来在福州地区进行宗族考察以后,却基本上响应了郑振满的上述意见(或可理解为,更多的是基于地域历史经验的判断),区别只是更加凸显了实践论的意味。② 但我以为,这仍不能完全得出结论说"他们不遵循模式化即儒家意识形态的东西",更不能认为"那里的人民历史上不追求儒家的理想模式"。在笔者看来,他们文本里呈现的文化图景只不过是宋明理学向下播化不大成功的表现。无论成功与否,其实均在新儒学的叙事范围之内。即便是现在,中央推行一个制度时,也不能保证各地能够百分之百的执行,制度推行总是会因为各种各样的原因而打折扣。因而,模式化和实践化两个立场和视角都是必要的,在研究上它们构成了互补或

---

① 郑振满:《区域史研究的问题导向》,《区域史研究》2020 年第 1 期。若再联系到人类学庄英章等人关于台湾地区宗族的解释(即在移民的第二时段才出现),那么就会发现,客观上他们的解释是一种类波纹运动学说,即按照与中央王朝的空间距离,由近及远地渐次进入帝国结构体系中,而非同步,从而落入德国古老的地理传播学思路。具体来说,福建自宋代进入国家体系,珠三角地区自明代中后期才真正进入国家结构,而台湾则从清代开始。
② 当然,在福建做田野,宋怡明也得到了郑振满的不少指导和帮助。这个过程中,郑振满的学术主张不可能不会影响到宋怡明。在《统治的艺术》一书的"致谢"中,宋怡明策略性地承认郑振满也是他的老师。该书"出版后记"说:"作者宋怡明教授是蜚声中外的汉学家。他早年于加拿大多伦多大学获得了学士学位,其后又在英国牛津大学东方学系攻读博士,先后师从卜正民、科大卫、郑振满等国内外知名学者。"

互文,没有必要彼此拒斥。我们不能为了片面强调实践化或不合模式来否定模式化的存在,不能有意识低估、遮蔽或隐瞒文化模式的努力和企图。一个社会不能没有理想。

但无论怎样,相比于傅衣凌和自己早年的研究,《明清福建家族组织与社会变迁》一书标志着郑振满从单纯的社会经济史研究,扩大到社会史和文化史研究的努力。①

郑振满在这部书中提出的"自治化"概念是同样不输给"庶民化"的理论努力。就该书考察的福建宗族与笔者研究的山东闵氏宗族而言,它可能构成了功能或职责上的最直接的对比。② 郑氏的自治化是指明代中叶开始形成的一个"授权"过程,即政府把原来属于自己管的一些事情交给乡族管理。民间的乡族组织,一般都是由士绅领导,他们很懂得怎么去跟中央政策接轨,使之具有合法性。多数情况下,他们很乐意替政府做事,帮政府的忙,当然,国家也希望通过乡族自治这个渠道来实现政府的社会控制。③ 结合东南的材料,郑振满发现,这个"帮忙"主要是替国家完成赋役或税收工作,上面分析的刘志伟的研究也基本是这个主张。郑氏"自治化"理论对于笔者讨论北方宗族在基层社会的作用不无裨益。

四、陈支平:学术总有例外

陈支平与郑振满有着相同的学术渊源,即都受业于傅衣凌,秉承了

---

① "社会经济史"诚如其界定语"社会"一词所揭示的,本就含有社会史的内容。郑振满、黄向春:《文化、历史与国家——历史学与人类学的对话》,载郑振满:《明清福建家族组织与社会变迁》,北京:中国人民大学出版社,2009年,第235—268页,"附录二"。
② 郑振满:《明清福建家族组织与社会变迁》,北京:中国人民大学出版社,2009年,第183—195页。
③ 郑振满、黄向春:《文化、历史与国家——历史学与人类学的对话》,载郑振满:《明清福建家族组织与社会变迁》,北京:中国人民大学出版社,2009年,第235—268页,"附录二"。

"乡族"概念。① 从年龄上说，陈支平是郑振满、刘志伟、陈春声等学者的"老大哥"。相比较来说，郑振满的宗族研究有更多的理论追求，比如提出"继承式宗族""依附式宗族""合同式宗族"和"宗族伦理的庶民化""基层社会自治化""财产关系的共有化"等两组六概念②；而陈支平更多的是想呈现特定历史时期的某一地区（福建）的宗族面貌，并概括其特点，并不以提出一套有关宗族的理论解说体系为目标③。同时，陈支平在理论上显现出某些进化论和阶级论的痕迹，显示出对傅衣凌早年主张④的更多"尊重"，比如，把同居共财看作违反人性、阻碍社会发

---

① 傅衣凌说："我国南方的开发，便是由于中原民族的几次南下，他们每每统率宗族乡里的子弟们一同徙移。在当时的困难的交通条件下，加强了相互扶助，巩固了血缘关系。当其在新垦地定居下来的时候，又为着从事生产，防御外来者的入侵，常采取军事的组织，所以中国的聚落形态，其名为坞、堡、屯、寨者，无不带有浓厚的军事的、战斗的性质。在这屯堡之中，有的为一村一姓的村落，也有一村多姓的村落，他们构成为相当牢固的自足自给的乡族组织，用家族同产制或乡族共有制等形式，占有大量土地，役使乡族中被压迫农民，从事耕作，以及其他的经济活动。因此，在这村庄之中，乡族关系成为他们结合的纽带，具有支配一切的绝对权力。"傅衣凌：《论乡族势力对于中国封建经济的干涉——中国封建社会长期迟滞的一个探索》，《厦门大学学报（社会科学版）》1961年第3期；又见傅衣凌：《明清社会经济史论文集》，北京：中华书局，1982年，第78—102页。
② 郑振满：《明清福建家族组织与社会变迁》，北京：中国人民大学出版社，2009年，第47—90、172—206页。
③ 尽管陈支平曾试图提出一个"松散型宗族组织"概念，但这一概念基本停留于描述状态，理论化程度并不高。具体可参见他的《流动的移民社会与松散的宗族组织——崇安农村社会的一个调查》和《松散家族族制度下的乡村婚姻形态——崇安黄柏村实例调查》，以及《近五百年来福建的家族社会与文化》的"附录一"和"附录二"。
④ 在1961年发表的《论乡族势力对于中国封建经济的干涉——中国封建社会长期迟滞的一个探索》一文中，傅衣凌有一段话："中国乡族势力的成分，既残留原始氏族制的许多遗制，而又纠缠着封建的特权在内，它和封建政权既相互利用，而又有所区别，不易分开，组成为一个非常错综复杂的封建统治力量，而强加于农民的身上。"（傅衣凌：《论乡族势力对于中国封建经济的干涉——中国封建社会长期迟滞的一个探索》，《厦门大学学报（社会科学版）》1961年第3期；又见傅衣凌：《明清社会经济史论文集》，北京：中华书局，1982年，第78—102页）在后来出版的《明清封建土地所有制论纲》一书中，傅衣凌认为乡族经济是中国地主经济的一种特殊表现形式，是地主阶级统治农民的一种更隐蔽的方式（具体见傅衣凌：《明清封建土地所有制论纲》，上海：上海人民出版社，1992年，第8页）。到了晚年，傅衣凌用"乡族网络"这一概念替代了"乡族势力"，价值判断的观点似有改观，但也不彻底，因为乡族网络也是控制每一个社会成员的手段（具体参见傅衣凌：《中国传统社会：多元的结构》，《中国社会经济史研究》1988年第3期）。至于国内其他学者，他们从20世纪前半期就对宗族持否定态度，具体参见杜靖：《百年汉人宗族研究的基本范式——兼论汉人宗族生成的文化机制》，《民族研究》2010年第1期。

展①,把孝悌忠信教育或教化看作因循守旧②。③ 陈氏在这方面的代表作品是《近五百年来福建的家族社会与文化》。

这部著作从要素主义视角出发考察宗族组织,因而本质上更是实在论或实体论的思路。所谓"要素主义",就是把宗族析分为若干参数或变量予以考察(这是社会学、历史学④常常采用的办法,早年科学主义范式的人类学也习惯如此),比如,祠堂、族谱、组织、宗族的内外功能、宗族在地方社会中的作用、宗族与国家的关系等方面。这与林耀华的《义序的宗族研究》⑤、胡先缙的《中国继嗣群和它的功能》⑥和弗里德曼的《中国东南的宗族组织》⑦类似。虽然来自同一个师门,但郑振满对此有觉醒:"关于中国传统的家族组织,以往的学者大多关注的是族谱、祠堂、族田这'三大要素',但实际上很多家族可能从来没有编族谱,没有建祠堂,也没有族产或族田,但它仍然有自己的组织形式,那就是一起拜祖先的仪式组织。"⑧另外需要说明,陈氏的著作还呈现出历

---

① 陈支平:《近五百年来福建的家族社会与文化》,北京:中国人民大学出版社,2011年,第95—97页。
② 陈支平:《近五百年来福建的家族社会与文化》,北京:中国人民大学出版社,2011年,第161页。当然,严格说来,陈支平既看到了宗族在现实中发挥积极作用的一面,也看到了其保守性。他称之为"矛盾性"(具体可参见《近五百年来福建的家族社会与文化》第15章"结语与思考")。
③ 也许这是一个时代的问题,不能过于苛责学者的立场,因为任何时代的学者都栖存在特定的意识形态话语氛围中。
④ 中国历史学家普遍喜欢使用要素主义研究策略。如著名的宗族史研究专家徐扬杰说:"所有的聚族而居的家族组织,都由祠堂、家谱和族田三件东西连接起来,这三者是近代封建家族制度的主要特征,也是它区别于古代家族制度的主要标志。"徐扬杰:《中国家族制度史》,北京:人民出版社,1992年,第320页。
⑤ 林耀华:《义序的宗族研究》,北京:读书·生活·新知三联书店,2000年,第1—224页。
⑥ Hu Hsien Chin, *The Common Decent Group in China and its Functions*, New York: The Viking Fund, Inc., 1948.
⑦ Maurice Freedman, *Lineage Organization in South-Eastern China*, London: The Athlone Press, 1958.
⑧ 郑振满:《从民俗研究历史——我对历史人类学的理解》,载《明清福建家族组织与社会变迁》,北京:中国人民大学出版社,2009年,第269—279页,"附录三"。其实,郑振满《明清福建家族组织与社会变迁》也是通过辨识和分析宗族的各要素而完成学术工作的。相对来说,科大卫和刘志伟则更注重过程的分析。尽管如此,他们仍然难以达到人类学所期许的过程主义研究。人类学要的是生成的叙述,而非效果的叙述。

史变迁论的视角,这一点又与郑振满的认识趋同。可以说,《近五百年来福建的家族社会与文化》是将历史变迁论与结构-功能论相结合的一部宗族研究之著。

对应于该书的议题,我觉得陈支平的观点有如下五个要点值得关注。

(1)他承认明中期以前,福建已有大量宗族存在,它们是北方移民运动的结果。中原士民成批迁入闽地共计四拨,先后在西晋永嘉年间、唐高宗统治时期、五代时期和宋末—元末,多因战乱或社会动荡。陈支平认为,北方士民不断移居并取得生存空间,在一定程度上,必须以宗族的实力作为后盾。在渡江南迁的过程中,他们每每统率宗族乡里的子弟们,举族、举乡地徙移,在兵荒马乱的恶劣环境和交通困难的条件下,相互扶助,巩固了血缘关系。[1] 虽然他也看到了五代时期部分人群(既有来自北方的人口,也有当地土著)虚构和附会家族渊源的现象[2],但是他并没有对《福州府志》[3]、《建瓯县志》[4]、《金门县志》[5]、《八闽通志》[6]和族谱[7]等文献过于怀疑和否定,态度很审慎。这一方面延续了傅衣凌的看法,另一方面也与罗香林《客家导论》和《客家源流》里的态度[8]相一致,而与科大卫、刘志伟等人的态度不一样。

---

[1] 陈支平:《近五百年来福建的家族社会与文化》,北京:中国人民大学出版社,2011年,第1—11页。
[2] 陈支平:《近五百年来福建的家族社会与文化》,北京:中国人民大学出版社,2011年,第5—6、32—33页。
[3] 《福州府志》卷七五记,永嘉二年,中州板荡,衣冠始入闽,有林、黄、陈、郑、詹、邱、何、胡八族。
[4] 民国《建瓯县志》卷一九记,晋永嘉末,中原丧乱。士大夫多携家避难入闽,率其乡族占籍。
[5] 同治《金门县志》卷一记,唐德宗时期,牧马监陈渊率蔡、许、翁、李、张、黄、王、冒、刘、洪、林、萧等姓落籍浯州。
[6] 《八闽通志》卷三记,自五代离乱,江北士大夫、豪商、巨贾多避乱建州。
[7] 《颍川开彰族谱》记唐高宗时,陈氏宗族与58个姓氏宗族有婚姻。陈元光:"屹然一镇云霄末,渐尔群言花柳春。男生女长通蕃息,五十八氏交为婚。"具体参看陈支平:《近五百年来福建的家族社会与文化》,北京:中国人民大学出版社,2011年,第3页。
[8] 罗香林:《客家研究导论》(外一种:客家源流考),广州:广东人民出版社,2018年,第37—74、242—279页。

（2）然而，陈氏又从当时学界达成的一些共识来理解宗族①，认为明中叶以后福建的家族制度活跃，到达了一个新的发展阶段，显得特别兴盛，他还认为其与宋代以来兴起的理学运动（特别是朱熹带动的"闽学"）、新谱学、明代中叶的社会大变迁和福建特殊的社会环境（比如防倭、保族于社会动荡、适应商品经济发展）等有关。② 他的宗族适应商品经济的见解与众不同，因为这已离开了农业宗族的理解，同时也与其师傅依凌"乡族阻碍商品经济发展"的思路不一致。

（3）在祠堂建设方面，他的意见有两条。其一，学界一般认为，中国家族祠堂建造始于宋代，但陈支平意识到，这只是讲的全国情形，就福建地区而言，有些家族祠堂的建造可以追溯到唐朝和五代时期。其二，明代以前的祠堂建筑还局限于巨家大族，在一般庶民家族中尚未普及。③

（4）他能看到祠堂和族谱都以强调家族的血缘关系为核心，用血缘的纽带把族人紧紧地连结在一起④，这比起单纯地从国家与地方关系或别的角度理解中国宗族更具有洞见。这里的讲法与科大卫和刘志伟相比也大异其趣。

（5）学界一般认为，中国最早设置族田的是苏州范氏，但陈支平却认为由于福建有悠久的聚族而居传统，族田的设置大致可以追溯至北方士民入闽不久的隋唐时期，到两宋时期，由于理学家大力倡导"敬宗

---

① 陈支平说："众所周知，就全国的情况而言，中国近代的家族制度，一方面同古代的家族制度有某些联系，保留了古代家族制度的某些特点；另一方面它又不是古代家族制度的直接延续，而是在宋以后特定的历史条件下形成和发展起来的。"具体参见陈支平：《近五百年来福建的家族社会与文化》，北京：中国人民大学出版社，2011年，第12—38页。
② 陈支平：《近五百年来福建的家族社会与文化》，北京：中国人民大学出版社，2011年，第5—6、32—33页。
③ 陈支平：《近五百年来福建的家族社会与文化》，北京：中国人民大学出版社，2011年，第26—27页。
④ 陈支平：《近五百年来福建的家族社会与文化》，北京：中国人民大学出版社，2011年，第29—37页。

睦族",族田设置渐见推广。① 相反,科大卫②、郑振满③和张小军④等人则强调族田的设置是受了佛教寺产的影响。

五、 总结与讨论

本文所列举的华南历史人类学共同体的几位代表学者,在理论上对中国宗族研究各有贡献。科大卫首先引入入住权概念理解中国宗族,嗣后主要放在礼仪运动中考察之,并提出士绅化或士大夫化概念,帝国的礼仪运动被地方宗族实践为经济活动,礼仪由此成了经济事务中可以援引的一种文化与象征资本;刘志伟早年从社会经济史出发,结合里甲或帝国的赋役制度理解户族,并分析了若干不同实践形态,之后与科大卫趋同而渐渐重视底层人民和非汉群体借助帝国修辞或话语方式造族的问题;郑振满提出了宗族的不同类型概念(继承式宗族、合同式宗族、依附式宗族),同时注重社会阶层间流动的角度,进而看到了宗法的向下运动,提出了庶民化概念,这一概念在某种意义上可与前两位学者讲的士绅化或士大夫化相沟通;陈支平更多秉承其师傅衣凌的乡族概念,且注重考察宗族的诸项要素,但由于时代的局限,他保留了部分进化论思维,不过,他从商业角度理解中国宗族且看到中古大族在近世东南的存在这一点,在华南学派中显得特别鲜亮。其他学者虽有些新的想法或在局部认识上有所深化和细化,但就概念提炼程度和新视角尝试而言仍逊于上述几位,且多有依附。

---

① 陈支平:《近五百年来福建的家族社会与文化》,北京:中国人民大学出版社,2011年,第40—41页。
② 科大卫:《皇帝和祖宗:华南的国家与宗族》,卜永坚译,南京:江苏人民出版社,2009年,第12页。
③ 郑振满:《莆田平原的宗族与宗教——历代碑铭解析》,载《明清福建家族组织与社会变迁》,北京:中国人民大学出版社,2009年,第210—234页,"附录一"。
④ 张小军:《佛寺与宗族:明代泉州开元寺的历史个案研究》,载陈志明、张小军、张展鸿编:《传统与变迁——华南的认同和文化》,北京:文津出版社,2000年,第93—107页;张小军:《宗族与佛寺:泉州开元寺的个案研究》,载《让历史有"实践":历史人类学思想之旅》,北京:清华大学出版社,2019年,第56—67页。

相对来说,科大卫、郑振满、刘志伟、宋怡明和贺喜等人的宗族观点相近①,而陈支平的见解则有所游离。就前者而言,郑振满和刘志伟、科大卫、宋怡明、贺喜诸人的见解又存在差异。作为科大卫的学生宋怡明,既受到科大卫的影响,也受到郑振满的影响,笔者认为他更倾向于郑振满。

这种见解上的不同,主要是由各自的考察对象不同造成的。在华南-东南这个大区域内存在许多次区域,不同的学者关注不同次区域内的宗族实践,最后获得了不同的印象,提出了不同的理论学说。当然,见解的不同也与各自的"我执"(在具体操作概念上存有差异)有关。

应该说,他们的概念或观点在解释中国宗族上具有互补性,但这种互补性背后却隐藏着巨大的异质性或分裂性。比如,陈支平和郑振满比较强调社会结构(social structure)和组织的思路,而科大卫、刘志伟、宋怡明、贺喜等更欣赏"结构的生成"的智慧,背后隐藏着对静态/动态和客观/主体的差异性理解。在强调结构思路的同时,陈支平和郑振满又有"演变"即社会变迁(social change)的理路;同样,科大卫和刘志伟等人强调结构的生成的同时也有变迁的思路;但变迁并非结构的生成,前者强调从一个阶段到另一个阶段的特征及变迁,而后者关涉事物如何生成。这些分野表明,他们内部存在着科学的和人文的不同理解范式。

从萧凤霞的"结构的生成"概念和刘志伟的"从人的行为出发的制度史研究"②等思路中可以明显看出,他们非常重视人的能动性,意图探索行动者的主体意识世界,这与韦伯的"意识"思路非常契合。③ 在他们的眼里,区域是一个有意识的历史结构。④ 反过来,郑振满和宋怡明(尤其郑振满)自认为重视了实践中的能动性,即看到多样的、不合模

---

① 篇幅所限,在此并未详细展示宋怡明和贺喜的研究成果。
② 刘志伟、孙歌:《在历史中寻找中国》,上海:东方出版中心,2016年,第57—77页。
③ 付子洋:《萧凤霞:在"华南"之外,还有一个更宽广"中国南"》,《南方周末》2023年5月10日。
④ David Faure, Helen F. Siu (eds.), *Down to Earth: The Territorial Bond in South China*, Stanford: Stanford University Press, 1995, pp. 1–19, "Introduction".

的宗族实践样式,但进入到实践者意识层面的程度仍然要浅一些,缺乏对活生生的人的内在性的考察与呈现,用郑振满的话说就是:"'庶民化'所忽视的层面是,民间为什么采用了那些东西?对民间这种心理机制我没有做解释。就是说民间为什么去接受这一套东西?我说的是民间如何去接受,而没有说为什么去接受。潜意识中我把后者当作无须解释的东西。"①他们以组织、制度和地方社会,而非作为行动者的"人"为考察的依托与旨归。所谓能动性的研究,是要进入到心理层面的,尤其是个体的主观动机层面而非集体的心理状态层面,要看到选择和权衡,看到心理活动的游移与摇摆及最后的抉择。就这一点而言,他们集体性地靠近了涂尔干的集体表象(collective representation)思路②,缺乏对鲜活个体的尊重。

华南-东南地域学术共同体内部的异质性不仅体现在个人之见上,即便是同一学者在不同历史时期学术观点也不一样。尤其后来随着认识的加深,学者们纷纷调整自己的先前看法,甚至朝着与先前相反的见解方向发生变动,个别人时有错乱、摇摆和矛盾,但又不公开声明抛弃从前的认识,在表达上显得极其随意,致使某种程度上违反了亚里士多德所讲的矛盾律。③ 比如,2003年科大卫发文称不赞成弗里德曼的功能论,而更倾向礼仪观。他说:"华南的所谓大族,不只是通过修族谱、控族产,更通过张扬的家族礼仪来维系。家族礼仪的中心,就是后来人们一般称为'祠堂',而在明代制度上称为'家庙'的建筑物。家庙成为地方社会的建筑象征的过程,对于我们了解明代以后宗族发展具有重

---

① 郑振满、黄向春:《文化、历史与国家——历史学与人类学的对话》,载郑振满:《明清福建家族组织与社会变迁》,北京:中国人民大学出版社,2009年,第235—268页,"附录二"。
② 涂尔干:《社会分工论》,渠东译,北京:生活·读书·新知三联书店,2000年,第42页;迪尔凯姆:《社会学研究方法论》,胡伟译,北京:华夏出版社,1988年,第81页;涂尔干:《宗教生活的基本形式》,渠东等译,上海:上海人民出版社,2006年,第13页。
③ 在看到华南历史人类学群体有共享的同时,也应看到他们是内部异质的存在体,至少是个松散物。如果把他们简单而粗暴地归并到一起,贴上一个标签,强行挤压进一个盒子里,是一种"残忍"的行为。

要的意义。"①但是,不论是之前出版的《中国乡村社会的结构》,还是后来出版的《皇帝和祖宗:华南的国家与宗族》都是要把弗里德曼的合作共财团体(corporation)概念落到历史的脉络中考察(他把宗族类比为西方的公司)。就连他的学生贺喜也公开承认,科大卫"用弗里德曼的宗族和施坚雅的市场概念来探讨农村社会"。足见,其内部彼此的理解也存有差异。② 要知道,合作共财团体是一个实体性思路,而"象征"是个文化的、意义的解释路径,二者有着根本的不同。

异质是对同一性的逃离,但又被同一性所裹挟,因而有必要归纳出他们关于中国宗族的某些共享见解或倾向,在统一与异质构成的结构中把握异质。我以为,主要有如下几点:

第一,大致来说,他们的研究给学术界留下一个强烈印象,即(除陈支平外)把中外人类学家所考察的宗族看作明代中后期以来才出现的东西,是周代宗法制度的庶民化或嘉靖大礼议推动的结果③,即与夏言上书的"乞诏天下臣民冬至日得祀始祖议"④有关,因为此诏颁布后,民间开始祭拜始祖,由此扩大了祭祀规模和范围,产生了大规模的宗族。若往前追溯,宗族又与宋儒的思想制度设计有关,因为宋儒从人情角度论证了祭祀始祖的合理性。但是,宋儒没有机会实践和推行这一制度。这个见解,以科大卫和刘志伟的概括最为典型:

> 我们认为,明清以后在华南地区发展起来的所谓"宗族",并不是中国历史上从来就有的制度,也不是所有中国人的社会共有的制度。这种"宗族",不是一般人类学家所谓的"血缘群

---

① 科大卫:《祠堂与家庙——从宋末到明中叶宗族礼仪的演变》,《历史人类学学刊》2003年第2期。
② 贺喜:《"他们"与中国历史人类学研究的发展》,《中国社会科学报》2017年7月31日。
③ 稍后会提及,他们中的一些学者后来在认识上也有突破,即不再坚持这一时间节点。
④ 冯尔康等:《中国宗族史》,上海:上海人民出版社,2009年,第223—227页;井上徹:《中国的宗族与国家礼制》,钱杭译,上海:上海书店出版社,2008年,第111—127页。

体",宗族的意识形态,也不是一般意义上的祖先及血脉的观念。明清华南宗族的发展,是明代以后国家政治变化和经济发展的一种表现,是国家礼仪改变并向地方社会渗透过程在时间和空间上的扩展。这个趋向,显示在国家与地方认同上整体关系的改变。宗族的实践,是宋明理学家利用文字的表达,推广他们的世界观,在地方上建立起与国家正统拉上关系的社会秩序的过程。①

在他们的眼里,到了近代,随着传统礼仪运动的结束,华南宗族制度也跟着衰败了。

从某种意义上说,他们的宗族观在认识论上有些佛教"缘起性空"论的感觉,因为他们笔下展示出来的中国宗族符合"缘汇至生,缘离而灭"的理论,即宗族的出现有其"缘起",宗族的消失则是因为曾经的"缘起"不在了。这与法国社会学家、人类学家布尔迪厄所秉持的"习性"观不同,因为"习性"观看到了历史的绵延性。笔者认为,这一对近世宗族产生之时间节点的把握,可能与他们作为明清史研究者的学术定位和任务有关。② 需要说明,科大卫还注意到了另一种宗族的存在,即控制乡村入住权的宗族并非王朝意识形态所提倡的宗族。控制乡村入住权的宗族在明朝之前就已存在,并于比较贫穷和弱势的地缘社区内继续存在,直到清中叶(亦即18世纪末)仍普遍流行。③ 但这类宗族是否是原生的即由亲属原则运转的宗族? 科大卫没有回答或给出

---

① 科大卫、刘志伟:《宗族与地方社会的国家认同——明清华南地区宗族发展的意识形态基础》,《历史研究》2000年第3期。
② 关于东南、华南宗族产生的时间节点问题,后来华南部分历史学者开始慢慢意识到宋元时期就已有宗族了。可惜,由于"明代中后期"这个观点被宣传得过于普及,即便后来学界观点有所更改,也往往不为人所注意,也就是说,大家还是停留在早期看法上。这个现象表明:一个事物的印象是由学者和读者共同合作完成的。这是法国学者罗兰·巴特(Roland Barthes)的研究领域。
③ 科大卫:《皇帝和祖宗:华南的国家与宗族》,卜永坚译,南京:江苏人民出版社,2009年,第11页。

说明。

到了后期,这个学术流派中的个别学者开始考虑文化图式问题,思考中国的连续性,并有所修正地认识到:中国历史的进程是累积式的,像滚雪球一样,没有哪一个东西被完全阻断掉,各种价值、各种象征都被保存了下来。[①] 但意识到归意识到,这些学者并未拿出本节所例举著作那样的重量级作品加以实证或论证,只是在事后的总结或临时性演讲中提到,以致这种认识被学界主流认识淹没。这一后来的看法一定程度上也在学派内部瓦解了"明代中后期才有宗族"的观点。

第二,他们把宗族组织看作一个经济合作单位或控产单位[②],关注财产关系的共有化[③]问题,从而在这一语义层面上延续了弗里德曼的学术意义,或者说,尝试着将弗里德曼的思路置于历史过程中加以理解。当然,这也应该被看作社会经济史研究的题中应有之义。

科大卫在《皇帝和祖宗:华南的国家与宗族》一书的"序言"中明确地表达了这种看法:"我自己的研究,是要把弗里德曼的看法,落实到具体的历史脉络中。"[④]其他华南历史学者一方面借鉴了弗里德曼对中国宗族的定义,另一方面又不满足于他失却历史维度的考察:觉得中国宗族是个历史过程中的问题,不应该从社会结构中寻找起源性解释或答案。其实,这种批评对于结构主义和结构-功能论人类学和社会学来说是无效的。因为像涂尔干、拉德克里夫-布朗、马林诺斯基这些学者一开始就没有否定历史学探索的价值,他们只是不愿意像历史学家那样

[①] 郑振满、黄向春:《文化、历史与国家——历史学与人类学的对话》,载郑振满:《明清福建家族组织与社会变迁》,北京:中国人民大学出版社,2009年,第235—268页,"附录二"。

[②] 刘志伟:《在国家与社会之间——明清广东里甲赋役制度研究》,广州:中山大学出版社,1997年,第258—275页;科大卫:《皇帝和祖宗:华南的国家与宗族》,卜永坚译,南京:江苏人民出版社,2009年,第1—3、81—90、257—274页;Michael Szonyi, *Practicing Kinship: Lineage and Descent in Late Imperial China*, Stanford: Stanford University Press, 2002, pp.1-288.

[③] 郑振满:《明清福建家族组织与社会变迁》,北京:中国人民大学出版社,2009年,第195—206页。

[④] 科大卫:《皇帝和祖宗:华南的国家与宗族》,卜永坚译,南京:江苏人民出版社,2009年,第3页。

思考问题,所以才把社会或文化现象的起源置于社会结构中来理解,否则社会学和人类学就变成了历史学,进而没有存在的必要了(其实,这个态度要追索到涂尔干那里去)。华南-东南历史学者凭借着自己的学科本位去批评人家的"假忽略"(其实,人类学家和社会学家早已意识到这一点且在实际研究中拨到一边并明确交给历史学家了),故意装作看不见社会学和人类学学科的本位意识,这无异于"抬杠",集体性地"一拳打在了空气里"。我们更应该以学术分工的态度来看待人类学功能论的立场。

第三,仔细耙梳后可以发现,从经济或功利意义上理解中国宗族是这一学术共同体大部分成员早期的思路[1],礼仪的表述或文化的理解成为主题话语是后来占据上风的事情,或者说越来越明晰的思路。但不排除有些学者一开始这两种视角都兼备,且将经济维度暗藏于大礼议运动中。

1995年,科大卫召集刘志伟、郑振满、丁荷生、陈春声、廖迪生、蔡志祥等华南历史学家和部分人类学家到牛津大学召开了一次学术会议[2],这是一次总结性的会议。在这次会议上,他们达成了一项共识,即把礼仪作为一个标签来认识华南-东南地域社会,由此进一步认识中国的型构与生成。笔者认为,礼仪成为该共同体后期的主题话语,与这次会议的促成有很大关系。

从认识论角度讲,寻找"标签"的思路是一种福柯所言的"特性理论"路径。[3] 这种认识路径注重寻找特殊标记或特殊要素来指明(désignation)事物。所以,像福柯指出的这样,自牛津大学的会议以后,

---

[1] 从傅衣凌和梁方仲那一代就开始了。改革开放后,第二代继承或衔接了这一观察视角,再传之于第三、四代。有些学者中间虽然也关注过礼仪,但依然坚持以经济社会史的视角来理解中国,比如刘志伟。
[2] 刘志伟、任建敏:《区域史研究的旨趣与路径——刘志伟教授访谈录》,载温春来主编:《区域史研究》总第1辑,北京:社会科学文献出版社,2019年,第3—38页。
[3] 米歇尔·福柯:《词与物:人文科学的考古学》,莫伟民译,上海:上海三联书店,2016年,第144—147页。

在华南-东南地域社会中寻找礼仪标签便成了他们的一种集体自觉行动。

第四,华南历史学家之所以重视宗族的经济或功利面向,恐怕与他们的社会经济史的学术背景不无关系。从一个大的学术史脉络看,国际中国学研究一直关心近现代中国为什么没有迈进资本主义。比如,韦伯在《儒教与道教》中主张:中国的儒家观念和道教信仰阻碍了中国向资本主义的挺进。① 其中,韦伯特别提到了氏族和宗族力量阻碍了资本主义在中国的发展。他认为,力量强大的氏族、宗族,保护族人免受外界(包括国家)的欺凌,从而也使得资本主义发展所必需的严苛的劳动纪律无法形成;氏族或宗族成员尽管到城市务工,但也没有丢失他们在农村的土地权利,并非真正的自由劳动者。② 中国共产党的领袖毛泽东则将中国近代的命运归诸三座大山的压迫和阻碍,三座大山使得中国民族工业无法发展,因此中国人民也最终没有选择资本主义道路。黄宗智借鉴人类学家格尔茨(Clifford Geertz)的智慧对华北平原和长江中下游平原上的小农经济进行了考察,指出中国农业存在"内卷化"或"过密化"问题,即单位面积内农田增产不增效,且因为农业盈余被多生殖的人口给消耗掉了,由此无法积累起发展农业资本主义或大农场的资金。③ 今日回过头来看,这是从传统中国到现代中国转变过程中必然出现的问题意识,可以说,学术界的声音恰是中国再定义自己的一个表象(representation)。

自然,在攸关中国历史命运的思考洪流中,中国历史学界、社会学界也不甘落后。突出的问题是,20世纪前半期以来就得到广泛讨论的中国社会性质问题,比如,亚细亚生产方式问题、中国奴隶社会问题、中国封建社会问题等等。20世纪50年代以后,中国史学界则着重讨论中

---

① 马克斯·韦伯:《儒教与道教》,王容芬译,北京:商务印书馆,2004年。
② 李放春:《韦伯、共产国际与中国社会性质论战的发端——〈儒教与道教〉的革命旅程(1925—1929)》,《开放时代》2022年第2期。
③ 黄宗智:《华北的小农经济与社会变迁》,北京:中华书局,2000年;黄宗智:《长江三角洲小农家庭与乡村发展》,北京:中华书局,2000年。

国历史上资本主义萌芽后的商品问题(所谓中国史学的"五朵金花"之一)。在这种时代背景下,厦门大学傅衣凌①、杨国桢等人才有了宗族阻碍了中国社会向前进步的意识,而中山大学的梁方仲教授和他的弟子汤明檖在研究历史上的粮长制度和社会经济史时,自然也超越不了时代这一基调,离不开对中国社会性质的讨论。正是这样一种地域性学术传统,使得20世纪70年代后期步入学术殿堂的陈支平、郑振满、刘志伟、陈春声等人始终用功于社会经济史的思考(更晚一代的黄国信则继续坚持社会经济史的研究,具体思考对象落到"盐"上②,而张应强关注西南地区清水江流域里的木材③)——即便专做宗族、信仰的研究也始终或明或暗地摆脱不了这一主线或意识。他们的研究,特别是刘志伟的里甲制研究又为域外学者,如科大卫等所接受,并作为建立自己的学说的基础。这样,国际学者讨论华南-东南宗族,自然离不开经济史的脉络。在此,人类学家弗里德曼的经济学意味的合作共财团体概念与社会经济史的研究意识在华南-东南历史人类学群体里便形成了一种学术默契,这就是上面说的社会经济史研究的题中应有之义的原因。

至此可以看出,华南学派只是考察或呈现了特定场域里(经济生产、贸易场域)的宗族现象或具身,而非该地域所有宗族类型及实践。也就是说,他们更多关心的是宗族在经济场域里的活动,至于宗族在华南社会里的其他场域中比如亲属氛围里的面相则无暇顾及或没有兴趣顾及,从而忘记了弗里德曼提醒历史学者的话,即中国乡村中的宗族类

---

① 据前引李放春文章的考证,20世纪30年代的中国社会性质与社会史论战中似乎看不到韦伯的影响,我怀疑傅衣凌到日本留学时接触到了韦伯思想。当然,也可能傅衣凌对宗族的看法受到了严复翻译的甄克思的《社会通诠》一书的影响,待考。
② 黄国信:《区与界:清代湘粤赣界邻地区食盐专卖研究》,北京:生活·读书·新知三联书店,2006年;黄国信:《市场如何形成:从清代食盐走私的经验事实出发》,北京:北京师范大学出版社,2018年;黄国信:《国家与市场:明清食盐贸易研究》,北京:中华书局,2019年。
③ 张应强:《木材的流动:清代清水江下游地区的市场、权力与社会》,北京:社会科学文献出版社,2021年。

型十分丰富(弗里德曼设计了一个自 A 型到 Z 型的序列变化模式,把东南宗族都装进去了①)。

在此我们不能不说,研究任务和学术意识往往决定了学者的取舍,决定了他们的视野所及,这样一种研究局面可能谁也无法摆脱。对于后世研究者来说,我们只需要意识到"不能拿部分来指代整体"即可,至少应该保持清醒的认识和时时的反思。

第五,在笔者看来,他们普遍忽略或至少低估了亲属制度意义上的或亲属互动场域里的宗族,甚至有的学者在研究起点上将其一笔荡开而假定宗族与亲属制度无关,这与人类学的认识相差悬殊。② 这个团体的许多著名领军学者声称受到了弗里德曼宗族研究的影响,甚至有的要(事实上已经)把弗里德曼的问题意识落实到历史脉络中去,但是他们并未忠实地秉承弗里德曼的思路。弗里德曼之所以在战后关注中国宗族研究,是因为他非常重视英国贵族的血统和声望。③ 可是,华南历史学人仅偏重他的功能论,而不关心弗里德曼所主张的亲属系谱性对理解中国宗族的价值,甚至,假定宗族研究与之无关,从而真正背离了弗里德曼的中国宗族情怀。弗里德曼在人类学发展史上被归在结构-功能论学派。何谓结构?其包括了亲属成员在系谱中的地位,而不仅仅是国家与社会中"结构"的位置。

即使在更加年轻一代的学者眼里,也存在大致的解释立场。④ 比如,吴滔分析长江下游地区的粮长制度时就注意到了长房长子世代相承粮长的现象(吴江史家的史居仁—史彬—史晟—史玒),而且他也使

---

① Maurice Freedman, *Lineage Organization in South-Eastern China*, London: The Athlone Press, 1958, pp.131-133.
② James L. Watson, "Chinese Kinship Reconsidered: Anthropological Perspectives on Historical Research", *The China Quarterly*, No.92, 1982;杜靖:《在国家与亲属间游移:一个华北汉人村落宗族的历史叙事与文化实践》,杭州:浙江大学出版社,2020年。
③ 英国人当时热衷于建立以父子为主轴的传承谱系来说明自身贵族身份的合理性。
④ 其中,有些青年学者在本科或研究生阶段的学术训练可能并非来自本文所要考察的历史人类学共同体,比如在复旦大学学了历史地理学,但在日后到华南学派共同体的氛围里工作,渐渐地也就融入到这一学术群体之中,在关注点和方法论上也与之慢慢趋同或靠拢,表现出一些共同兴趣。

用了"代父祖事"和"父死子继至少在黄溪史家那里应是得到了严格执行的"等用语。这显然已经触摸到了人类学亲属制度上的意涵,因为里弗斯讨论亲属制度时提出了社会职分的传递问题①,吴滔的这个案例恰恰符合"社会职分传递"这一概念,但吴滔却将其归于"国事-家事"架构下来说明,即征引明洪武定制材料来解析。崇祯《吴江县志》卷八"义役"记载:"洪武中定制。以粮满万石为一区,邑四十六区。区置粮正一人,副二人,许父子兄弟相继。名永充粮长。"②因此,吴滔的分析与宗族的亲属制度的讨论路径失之交臂。但我们可以从"许父子兄弟相继"一句发现,民间是有亲属继替愿望和传统的,要不然,国家何以专门"许"之?"许之"的背后充分说明了父子兄弟相继现象在民间的流行。这是亲属制度的重要内容。退一步言,即使承认他们关注到了亲属制度的研究,那也必须指出他们将其掩藏在了国家的叙事之下。这里反映出中国历史学与人类学的不同预设和思考路径。过去,我用一本书即《在国家与亲属间游移:一个华北汉人村落宗族的历史叙事与文化实践》解决这个认识的分裂问题,提倡回到实践者立场,而不是从两个端点出发去思考。③

另外需要注意的是,即使在华南历史学共同体内部,甚至单个学者自身也都存在相互矛盾处。比如,有些学者一方面承认"乡族是一种血缘与地缘群体"④,承认明清家族组织是宋儒开了先河,而宋儒又基于"人道亲亲也,亲亲故尊祖,尊祖故敬宗"的人道主义原则⑤,另一方面又不承认存在这种认识,从而让读者莫衷一是。前文对此已有论及,此不多言。

第六,他们把宗族作为理解空间中国形成的认识论单位或工具,特

---

① W. H. R. 里弗斯:《社会的组织》,胡贻谷译,北京:商务印书馆,1990年,第77页。
② 吴滔:《国史家事:〈致身录〉与吴江黄溪史氏的命运》,北京:北京师范大学出版社,2021年,第75—147页。
③ 杜靖:《在国家与亲属间游移:一个华北汉人村落宗族的历史叙事与文化实践》,杭州:浙江大学出版社,2020年。
④ 郑振满:《区域史研究的问题导向》,《区域史研究》2020年第1期。
⑤ 郑振满、黄向春:《文化、历史与国家——历史学与人类学的对话》,载郑振满:《明清福建家族组织与社会变迁》,北京:中国人民大学出版社,2009年,第235—268页,"附录二"。

别是边缘或边疆社会进入中国的媒介。这种学术期待导致他们把宗族研究和中国的重大历史进程研究结合起来，期待所研究的目标能揭示或展示中国重大历史进程。客观而论，中国的历史进程往往是由国家设计和推动的，国家是推动历史进程的主动力，在这种情形下，势必要把宗族和国家联系起来思考问题。这也是历史学家不容易从亲属制度角度思考宗族的一个原因。关于宗族的这一历史学的定位或本位，往往是人类学家所不容易具备的视角，值得人类学学者学习。

第七，尽管不排除宗族现象中的依附他人祖先或认同他人祖先为自己祖先的历史事实之存在，但这一学术共同体成员大部分太执着于一个信念，即太相信许多宗族是虚构或建构的。虽然他们考察的个案是有限的，但由于他们身居博士生导师位置并拥有良好的知识传播平台和充足的资源，这种观点在他们的弟子和再传弟子中流行开来，遂成为一种学派意义上的集体信念，由此夸大了虚构性宗族在东南或华南地域里的存在状况、比例与程度。①

华南历史人类学共同体承认嘉靖大礼议对于推动宗族建设的作用，认定民间可以"祀始祖"给民间提供了攀附祖先的机会，并最终扩大了世系群体的规模。他们认为，由于造假的存在或流行，这种拟血缘关系的宗族实践破坏了真实的亲属关系原则。笔者认为，这种解释与嘉靖大礼议运动存在实质性矛盾，因为嘉靖大礼议主要是基于原生亲属制度的考虑，他们将儒家经典中推崇的职位继承制度与祭祀制度相吻合的原则拨拢到一边去了。

具体来说，明孝宗无子，过继了兴献王朱佑杬（明孝宗异母弟）的儿子朱厚熜为皇子，朱厚熜后登基成为皇帝，即明世宗。登基后的嘉靖皇帝并不遵照儒家事先设计好的继承制原则，即继承谁的社会职位（王位）就要在礼制上接受其为皇考并进行祭拜，而是尊生父兴献王为皇

---

① 说明：在此我并不排除华南-东南的土著暨百越人群摇身一变为汉的历史事实。我也相信，他们讲述的百越土著借助宗族等相关礼仪符号改写族籍的故事是真实的。

考。嘉靖十五年十月嘉靖帝更世庙为"献皇帝庙",将明孝宗朱祐樘尊为皇伯考,由此引发了一场大争论。最后,礼部尚书夏言找到了办法,满足了皇帝的心愿。出于"推恩",嘉靖皇帝才允许了民间"祀始祖"。所有这一切追求的都是与真实的生物学祖先的关联。

在这种实践氛围里,民间在父系亲属关系上造假等于逆天而行。显然,华南历史人类学共同体里的某些专家需要认真回应这一问题。

第八,他们普遍认为,只要书籍上没有记载(指与历史名人和中古时期士族大族有确切的世系关联),但后来在地方的民间族谱、碑刻等中却与某位历史名人或历史上的士族或大族的宗族相联系,就可判定为在世系上存在依附或虚构。可是,从常理揆之,随着时代的演替或王朝的更替,再或社会的动荡,一旦失去了稳定的社会条件和经济基础,部分士族就可能失去了读书的机会而变成文盲,几代以后,士族和大族的绝大部分后代就可能会遗忘自己的祖先或其名讳。这样的情况自然造成世系的缺失和中断,使宗族世系无法在书面上呈现出来。若是后来有记忆能力或考证能力的世系成员在修谱或立碑时又恢复了祖先的名字,或将其世系线以及分散各地的族众连接了起来,也不是不可能的事情。孔子曰:"夏礼吾能言之,杞不足征也;殷礼吾能言之,宋不足征也。文献不足故也,足则吾能征之矣。"①这样的态度深深模塑了中国数千年的历史学家对待文献的态度。华南历史人类学共同体研究的对象是民间社会,面对的是民间文献,但骨子里却依然沿袭经典文献史学辨别"真伪"的作风和态度来看待民间族谱等文献,最终可能一定程度上欠缺对历史事实的尊重。

这种对于族谱的理解,即地方人民编族谱是出于现实生存的功利性动机,明显也体现在年轻一代学人的思考中。如,谢湜在2022年的一个题为《山海故人》的演讲中说:"我不知道这些老乡曾经发生过什么样的故事,但我相信他们一定运用了各种各样灵活的办法——比如

---

① 朱熹:《〈论语〉集注》,益藩乐善堂,明嘉靖四十三年刻本,第36页左。

编一个族谱,立一个契约,或者写一份分家的文书——去适应广阔的南中国海不同国家、不同政府的法律和规定。"① 其实,他们忽略了一个事实,即历史上的编谱也可能是为了寻求世系上的归属感②或向地方社会宣讲儒家的伦理观念,并不一定出于现实功利目的。再者,从逻辑上说,既然不知道曾经发生过什么样的故事,又何以信心满满地宣称"他们一定运用了各种各样灵活的办法"?

他们在许多论述中辩解,真伪问题并不是他们真正关心的问题,并且他们已经超越了真伪,目的在于探查地方人民的主观世界,看他们如何理解或解释自己与祖先,如何寻找生活的意义。这固然没错,但是,在笔者看来,把许多跟历史名人有关联的族谱看作虚构性的书写,是他们推论问题的一个逻辑起点和关键假设点。这就像百米赛跑的起跑线一样,因为只有判定这些后世的族谱是虚构的,跟历史上有名望的人物的世系关系是虚假的,才能推出宗族是明代中后期以来发展出的这一结论,由此才有合乎礼仪运动的解释。这种观点客观上可能沦为"唐宋变革论"的影从,以为明代中后期以来中国进入了一个新时代。在此,虚构论或建构论是一种论证术,即为后面的结论做铺垫或张本。

第九,虚构论、建构论在西方历史哲学中早已存在,并伴随着20世纪60年代以来后现代主义在西方的崛起而尤为流行,由此世界在知识探查面前变得不确定。最近几十年,中国历史学家在引进这一理论(当然也包括人类学家引进族群建构论)时并未深究西方为何产生了这一理论。这一理论针对的问题绝不仅仅是要解构兰克史学或批判实在论/实体论那么简单。许多人并未深想西方人何以要把这样一个理论输入中国,背后真实的动机和目的是什么?在笔者看来,这一目的是腰斩中国的连续性,肢解或解构中国中心与边缘的一体性。

---

① 谢湜:《历代王朝如何把流动性特别强的海岛社会纳入国家统治秩序中》,2022 年 11 月 17 日,https://www.163.com/dy/article/HLJ3VVA90523DGPF.html。其内容作为一次演讲最初于 2022 年 6 月 19 日在广州中山大学公开发表,演讲题目为《山海故人》。
② 杜靖:《四维归属感:重释当代汉人宗族建设——兼与钱杭先生讨论》,《探索与争鸣》2015 年第 4 期。

尽管这一学术共同体内部部分学者在借助结构的生成概念批判"汉化"理论方面有所建树（强调地方人群的主动性），但他们的成果可能被意外地解读成：明代中期以前，东南或华南地方人群并未真正结构进帝国一体化之中。"汉化"理论认为中央文明像压路机一样从中央向边地推动，丝毫不顾及边缘人群的同意与否。①

第十，他们有一种普遍的倾向，即不重视思想史的研究，至少未能将思想史与社会史结合起来开展社会史研究，从而落入西方社会史的范式或窠臼里，进而将中国的历史学实践成西方社会科学的样式。即便个别学者能意识到朱熹理学和阳明心学的作用，但最终还是将社会现象或社会事实的思想源头撇置一边，单纯在社会结构以及更大的国家-地方结构或互动里寻找历史的动因或社会运转的机制。

尽管如此，笔者还是认为，他们在特定概念下呈现了华南或东南地域社会里的部分宗族面相，或宗族活跃在特定场域里的情形。他们之所以呈现了华南和东南宗族的这样一副面孔，也与他们要对话的对象有关，即他们不满意传统的国家史的叙事，或者说他们不满意中国史学领域里围绕帝王将相和英雄的大政治史书写，因此，他们要聚焦于"人民"的历史，并试图找出一套认知中国历史过程的方法论。程美宝明确表示要做小人物的历史，并把"小人物"写进了一本书的书名。②

此外，传统史学是用典籍解释典籍，主要依赖于小学功夫——考证的、版本的、音韵的、训诂的办法，华南历史人类学共同体则是要用地方人民的历史经验或日常生活来解读，而非从文本到文本。③ 刘志伟也表达了类似的想法："在历史学方面，我们希望能够改变原有的中国历史

---

① 杜靖：《海外中国学"汉化"中国之论证：空间中国的文化生成》，《学术研究》2015 年第 11 期。
② 程美宝：《遇见黄东：18—19 世纪珠江口的小人物与大世界》，北京：北京师范大学出版社，2021 年。
③ 郑振满：《从民俗研究历史——我对历史人类学的理解》，《明清福建家族组织与社会变迁》，北京：中国人民大学出版社，2009 年，第 269—279 页，"附录三"。

解释范式。"①连圈外的人类学家黄应贵也注意到了这种学术倾向："华南研究从开始进行到今天,已经超过了二十个年头,华南研究会成立已经超过十个年头,去年更正式出版了《历史人类学学刊》。……由地方调查的经验所了解到的平民的日常生活和想法,来改写中国史。"②这与后现代主义的史学观也相契合。③ 此外,科大卫、刘志伟等学者还对何炳棣的"汉化理论"和华琛的"标准化理论"不满意,他们在某种程度上也不大重视儒家和帝国理想化的东西,尽管他们意识到这样的运动在历史上有过推动作用。④ 其实,这种学术抱负也不自觉地搭建了一种结构,即"我者-他者"的学术语言链,从而将自己嵌置到这个语义结构中去完成社会史研究的叙事,却忘记了刻意的区隔可能会造成观察上的疏漏或偏失,会被对话对象反过来建构或塑造自我的视野。当然,我们也要体谅他们这份追求背后所面对的学科内部传统学术势力给他们施加的巨大压力。"传统或正统史学"拥有话语权,也许这一共同体内部的部分成员会觉得自己几十年来的发展空间受到了一定程度的压缩,传统势力不愿意给他们提供更多生存与发展机会。所以,从库恩科学革命的范式⑤意义上讲,华南历史人类学共同体又是中国历史学史上学术革命的英雄,我们不能不敬佩他们当初的意气风发与后来的砥砺前行。

这里需要特别说明一句,这样分析他们并不是说他们是一种"学术

---

① 刘志伟:《华南研究 30 年》,《溪畔灯微:社会经济史研究杂谈》,北京:北京师范大学出版社,2020 年,第 73—95 页。
② 黄应贵:《进出东台湾:区域研究的省思》,载夏黎明编:《战后东台湾研究的回顾与展望工作实录》,台东:东台湾研究会,2005 年,第 120—134 页。
③ 20 世纪 80 年代以来,后现代主义史学观对历史研究产生了巨大的影响,而且是世界性的影响。其突出的表现是构建了与传统史学不一样的叙事角色,同时使用了可替换性(fungibility)的文本解读技巧(既包括解读视角的变换,也包括史料的不同选择)。后现代主义史学观在美国几乎成了做历史研究的常识,其对中国史领域的发展也有相当大的影响。
④ 科大卫、刘志伟:《"标准化"还是"正统化"?——从民间信仰与礼仪看中国文化的大一统》,《历史人类学学刊》2008 年第 1、2 期合刊。
⑤ 托马斯·库恩:《科学革命的结构》第 4 版,金吾伦、胡新和译,北京:北京大学出版社,2020 年。

政治"路线。他们只是想改变过往史学的视野和思考问题的方法论与认识论问题,是纯学术的。这一点毋庸置疑。

对时段研究的局限性也必须有清醒认识,因为这种思维模式很容易让人们放大时段的特征和差异,从而忽略了历史的连续性和稳定性。中国社会史学者或历史人类学家不能一边高喊布罗代尔的"长时段研究",一边又搁置它。我们相信有千古的月亮存在。

不过,令人欣慰的是,在2022年春天的一次线上学术报告中,科大卫承认了金元时期北方存在的宗族实践。① 而在这之前,华南更加年轻的历史学者,如温春来②和贺喜③近几年也把宗族的时间点由明代中后期往前推移至宋元时期。2022年12月7日晚,郑振满应山西大学中国社会史研究中心邀请作了一场题名为《莆田平原的水利系统与仪式联盟》的学术报告,其间就提到了宋末元初的黄氏祠堂祭祖问题。④ 但是,他们仍然未能将中古时期的族,甚至更早的上古时期的族与近世的族联系起来思考问题,在祭祖礼制上也仍存有阶级差别的认知,即便看到了宋代民间祭祖之俗如贵族的情形也不太敢承认那是文化共享或历史习性,而是视作"僭越",过分地相信古代文本如《朱子家礼》等的表述。⑤

不论怎么说,华南-东南地区的一批历史学家相较于弗里德曼而言,显然有一个更加切合中国历史经验的思路。虽然弗里德曼利用了

---

① 演讲题目:《宗族的理想与实践:从历史人类学视野下的探讨》,演讲时间:2022年4月9日下午,地点:香港大学。这次报告属于香港中文大学崇基学院和新亚书院联合举办的第十二届"余英时先生历史讲座"之第二讲。
② 温春来:《寻根梦:中国古代的祭祖愿望与实践》,《文史知识》2013年第9期。
③ 2019年11月2日上午,香港中文大学科大卫和贺喜共同进行了一场名为《地方文献中的族谱》的主题演讲,其中提到宋代欧阳修、曾巩、朱熹等家族的实践情况,但他们仍然要对南北方以及宋元与明清进行区分。这次报告受华东师范大学民间记忆与地方文献研究中心邀请而作。
④ 黄仲元《黄氏族祠思敬堂记》云:"堂以祠名,即古家庙,或曰'影堂',东里族黄氏春秋享祀、岁节序拜之所也。……祠吾族祖所自出,御史公讳韬以下若而人,评事公讳以下大宗小宗、继别继祢若而人,上治、旁治、下治,序以昭穆,凡十三代。"此则材料由山西大学历史学者张俊峰拍摄给我,我并未听这场报告。
⑤ 温春来:《寻根梦:中国古代的祭祖愿望与实践》,《文史知识》2013年第9期。笔者以为,朱熹的态度仅仅是历史进程中的无数态度之一种,谈不上谁僭越谁的问题。

近代以前五百年间的历史资料,但是他把宗族压缩成一个平板来认识,从而失去了历史的厚度与过程。① 华南-东南地区的一批历史学家看到了这个问题,将放逐的时间重新带回来,并把宗族放在时间进程中理解,这是他们的成功之处。

[说明:本文完全属于一个"圈外人"的阅读与理解。所谓"圈外人"是指,既非华南历史共同体的一员,又非历史学家中的一员。即便我们都做历史人类学研究,但华南共同体是历史学的历史人类学,而我追求的是人类学的历史人类学。发表此文的目的,是想向华南历史人类学共同体之诸位学者求证,真心希望他们斧正我的心得,以免误导学界读者。对于做学问的人来说,如果能够准确地理解他人且得到他人承认,于他是一种心安。心安,是读书的最高境界。]

---

① 到了晚年,弗里德曼对此有所反思,并极力提倡返归历史的研究。参见 Maurice Freedman, "A Chinese Phase in Social Anthropology", in G. Wiliam Skinner Selected and Introduced, *The Study of Chinese Society: Essays by Maurice Freedman*, Stanford: Stanford Unversity Press, 1979, pp. 380 – 397。

South China Historical Anthropological Community with Heterogeneity: An Investigation based on Chinese Lineage Research

Du Jing

Abstract: The rise of the South China Historical Anthropology Academic Community is a remarkable event in Chinese social science in the last 40 years. With some social historians in South China as its main body, and some anthropologists mixed in, it emphasizes the cooperation and mutual learning between history and anthropology, in order to study the country historical process of Ming Dynasty and Qing Dynasty or the structuring of the state in local society, and explore how local and marginal people enter the national structure. As a regional academic group, in the process of promoting research, the self-consciousness has gradually emerged, and it has been discussed and recognized by some external scholars, and is called "South China School". In this situation, it is understandable that both inside and outside the academic circle regard it as an academic school and constantly review and summarize, and give its characteristics or common propositions. However, in essence, any review and summary has a constructive nature. Through their decades of Chinese lineage research, it is actually a highly heterogeneous academic community under the premise of sharing. Perhaps it is because of the diverse views of the representative figures that their Chinese Lineage theory is full of vitality. Whether focusing on the future development of the school or promoting the study of academic history, it is more important to pay attention to and recognize the differences among members of the academic community than to emphasize the common beliefs.

Keywords: The South China Historical Anthropology Community, Heterogeneity, Chinese Lineage

战争背景下的双十节图像与政治话语交锋(1931—1949)*

高 强**

摘要：双十节是抗日战争和解放战争时期的图像艺术中极富意味的元素。九一八事变后，双十节蕴含的民族革命精神意涵被画家们反复提取并张扬开去，以之为抗战进程"鼓与呼"。战争背景下，以民族革命精神洗掉国耻的双十节图像，被赋予了"创造新双十节"即"重造民国"的深意。国庆纪念的有无及冷热情况、国庆场景的正面与否与国族身份认同关系密切，因此战争背景下的中国文人还通过诸多放纵享乐的国庆庆祝场景和被扭曲的"奴才式双十节"描绘，表达对国族身份立场的坚定维护。当种种不民主、反自由的负面现象大量涌现后，双十节图像日渐被不满、哀怨和失望情绪笼罩，在左派文人笔下，双十节图像进一步演化为吁求自由民主、进行社会批判的绝佳手段。在此过程中，"人民双十节"的正面影像愈发明朗，政治话语交锋的情形也清晰可辨。

关键词：战争背景 双十节图像 话语交锋

古今中外，几乎都不乏为了某个特殊事件或特定个人上演的纪念行为，其中，部分纪念行为随着时间流逝凝结成了一个个特定的节日，

---

* 本文系成都市哲学社会科学重点研究基地成都历史与成都文献研究中心一般项目"成都报纸副刊的文献整理与战后文人心态及文艺嬗变研究(1945—1949)"(CLWX23004)阶段性成果。
** 高强，西南交通大学人文学院讲师。

持续不断地受到庆祝。节庆纪念构成了周期性的特定时刻和意义"制造"方式,折射出历史发展的复杂动向。到了现代,节庆纪念活动在构筑群体意识方面的独特效用更是广受重视。节庆纪念不仅作为历史活动而存在,也是文学艺术表现的重要对象,还是文艺圈子内部的重要活动,尤其是在1931—1949年的抗日战争时期和解放战争时期,由于对民族国家认同的强烈需求,节庆纪念的意义变得极为重大,节庆纪念与战时中国文艺的关联性至为紧密。战争背景下的中国文人既曾亲身参与多姿多彩的节庆纪念活动,也对之进行了反复、深入的品咂思索,形成了独特的节庆纪念观感体验,这些体验在他们的文艺创作中有着不同程度的反映,折射出极富意味的光谱影像。作为民国时期的国庆纪念日,双十节是战争背景下中国文人重点关注和言说的对象,除了文学作品大量以双十节为书写表现对象之外,战争背景下的中国文人还创作有数量众多的双十节漫画和木刻,此类双十节图像艺术,较为鲜明地表征了战争背景下中国不同党派团体的思想分歧和话语交锋情况,值得仔细研索。

一、创造"新双十节":
以民族革命精神洗掉"国耻"

1931年九一八事变之后,愈发严峻的外敌入侵情况成为众多中国知识分子和文人群体的关注重心,此后的文人双十节书写莫不深深浸染于"国难""国耻"的强劲民族主义氛围之中。与之相关,战争背景下的双十节图像首先成为人们渲染和强化民族国家耻辱的有力手段。

张正宇的《葡萄架上》(图1)描画了双十形葡萄架上,一条攀援而上的毒蛇正龇牙咧嘴,准备痛快享用饱满的葡萄果实,这显然是中国民众遭受外敌侵略残害的形象表征。与之类似,《新上海》(图2)中的一幅漫画描摹了国庆日中一个军人的所思所想,民众遭到屠戮,坟墓遍布大地的景象充塞在其脑海中,国庆与国耻的对照,使其发出了"国殇欤,国庆耶"的感怀。

图 1　张正宇:《葡萄架上》,《上海漫画》1936 年第 6 期

图 2　敦德:《国殇欤 国庆耶》,《新上海》1933 年第 1 卷第 2 期

民众被敌人侵害的悲惨处境，在《读书生活》（图3）的封面漫画中，表现得更加震撼人心。画面中穿着军靴的敌人恶狠狠地踩踏在背负着双十架的国民身上，国民发出了痛苦的哀号，手中的国庆游行灯笼也摔在路面上。《华洋月报》的《今年之双十节》（图4）和《上海滩》的《如何庆祝双十节？》（图5）两幅图画，均以洪水淹没家园和民众的头颅，几株双十形状的干枯树干在滔天巨浪中苦苦撑持的场面，隐喻民族国家沦丧的危机。

图3 《读书生活》1936年第4卷第11期

图4 胡亚光：《今年之双十节》，《华洋月报》1935年第2卷第1期

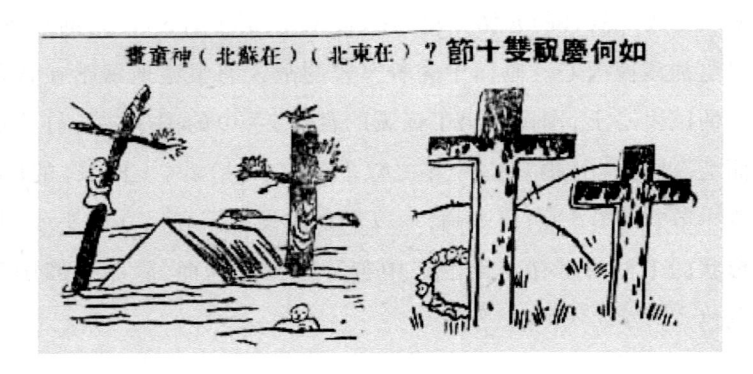

图 5　神童:《如何庆祝双十节?》,《上海滩》1946 年第 18 期

九一八事变后的民族国家屈辱遭遇给国人以难堪的受难体验,自此而后,双十节在文人眼中日渐失去了本属于它的欢庆光彩,显得黯淡无光、令人伤痛:"国庆逢了国难,就失去了它的光彩。国难而加于国庆之上,也益显其严重而可愤。"①"国庆在眼前,国难在心头,于是这个大好双十节,可怜的中华国民,只觉得十分愤慨,十分忧痛,连庆祝的仪式,都停止了,青天白日的国旗,也因此掩蔽了原有的光彩。这是多么悲观的境界。"②受此影响,对耻辱和惨痛景象的勾勒渲染便弥漫在战时中国的双十节图像之中。在民族国家耻辱的总体背景下,战时中国的双十节图像,几乎都会将"国耻"与"国庆"并置一处,两相对照的结果,既可突显"万白丛中一点红"的双十节的明亮色彩(图6),也是进一步强化家国惨痛的时域(图7)。经由战时中国双十节图像对国耻景象的反复刻写,民族国家的屈辱情绪被极为有效和强劲地调动起来、渲染开去,如《新民众》的一幅漫画所显示的那样,国难的沉重已远远大于国庆的欢愉(图8),有感于此,柯灵更是喊出了"国庆废"③的决绝之音。"国庆废",即是"国家危"乃至"国家废"的警戒。

---

① 非:《国庆与国难》,《前驱》1932 年第 58 期。
② 独鹤:《停止庆祝的国庆节》,《新闻报》1932 年 10 月 10 日。
③ 柯灵:《国庆废》,《社会日报》1936 年 10 月 10 日。

图 6　甘人更:《万白丛中一点红》,《上海漫画》1936 年第 1 期

图 7　《光荣的双十节?》,《新文化》1934 年第 1 卷第 9、10 期合刊

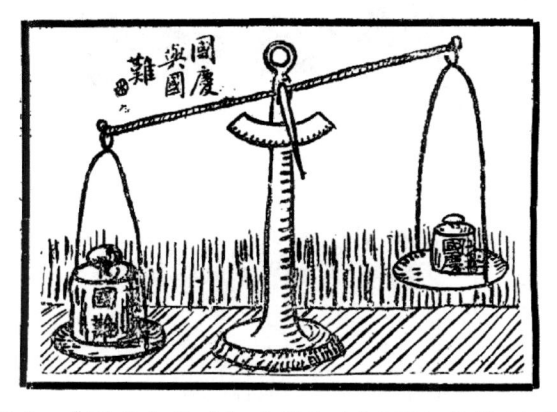

图 8　《国庆与国难》,《新民众》1931 年第 31 期

双十节纪念落实到战争背景下的图像艺术之中,成为人们渲染民族国家耻辱的有力手段。当一个国家面对外敌入侵时,怨恨是凝聚共识、进行国族动员的有效方式,因为这种情绪能够激起怨恨者"满腔的痛苦怨恨和要改变地位的强烈欲望"①。"改变地位的强烈欲望"落实到战争背景下的双十节图像之中便呈现为繁密高亢的解救国难呼声,双十节所蕴含的民族革命精神意涵一再被文人们提取出来,为抗战进程"鼓与呼"。江则明笔下残害无数民众的巨蟒被奋力捅杀的场景(图9),黄尧笔下四名兵士以强硬拳头组成双十架的举动(图10),韦白江描绘的勇毅向前冲锋的军人形象(图11),刘岘木刻《祝双十》(图12)勾勒出的一名军人在浓浓硝烟中手扶国旗守卫于双十形状的碉堡上的坚定神情,凡此种种,都是双十节充盈的民族革命精神的集中呈现。

图9 江则明:《纪念双十抗战到底》,《教战导报》1938年第1卷第4期

---

① 托克维尔:《旧制度与大革命》,冯棠译,北京:商务印书馆,1992年,第220页。

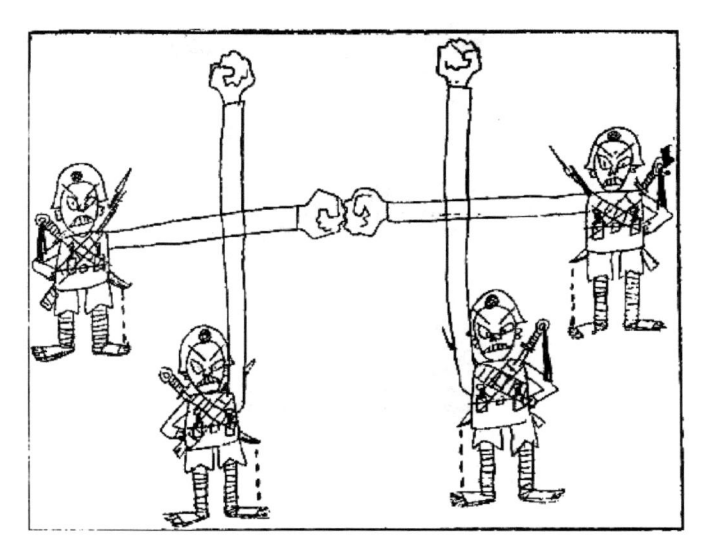

图 10　黄尧:《拿出力量来 纪念双十节》,《救亡漫画》1937年第 5 期

图 11　韦白江:《以加强战斗来庆祝双十节!》,《联合周报》1944 年第 2 卷第 7 期

图 12　刘岘:《祝双十》,《风雨》1937 年第 5 期

为了更有效地借助双十节图像动员民族抗战的昂扬热情,战争背景下的中国文人重点描绘了两条具体路径。其一是正面称扬国共两党合作杀敌的强大力量,蔡若虹的《今年的双十节》(图 13)就显示出,携手对外的国共两党可以轻而易举地让凶残的敌人举手投降,江栋良更是将国共两党和中苏两国类比为一龙一虎,龙虎不再斗,东洋敌寇才能被真正扑灭(图 14)。

图 13　蔡若虹:《今年的双十节》,《救亡漫画》1937 年第 5 号

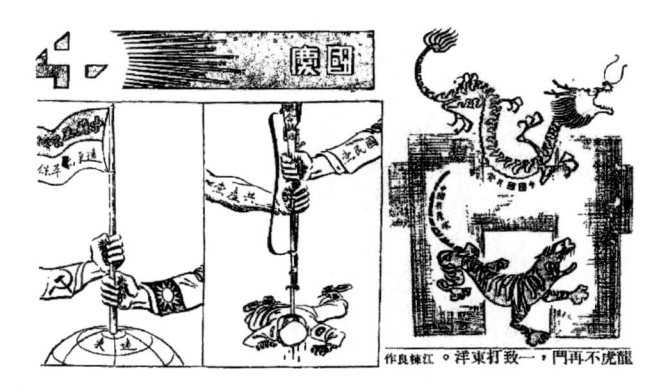

图 14　江栋良:《龙虎不再斗,一致打东洋》,《救亡漫画》1937 年第 5 号

其二,为了激发鼓舞民众抗敌的信心和勇气,战争背景下的双十节图像还经常揭露敌人色厉内荏的本质,张国严《日本军阀的面影》(图15)就讥讽日本军阀表面上戴着"偷奸抢盗"的"勋章",面目狰狞,实际上在他们心里却潜伏着恐慌的、形如骷髅的黑影。同理,丁聪也在双十节纪念漫画《文明的"金刚"》(图16)中戳穿了敌人打着"文明"的旗号,实则大行残杀之举的丑相。

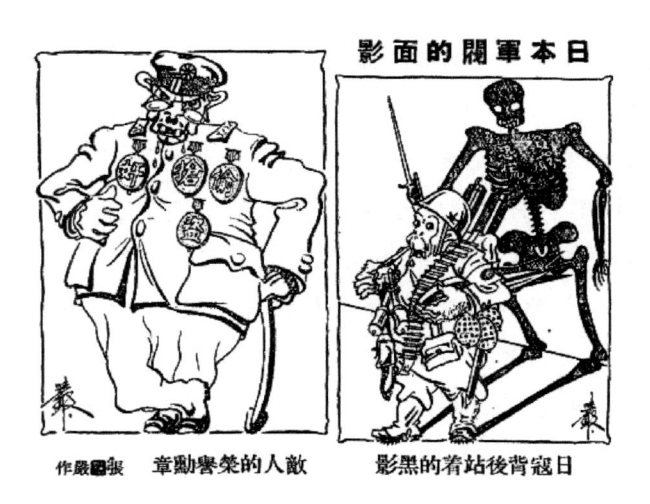

图 15　张国严:《日本军阀的面影》,《救亡漫画》1937 年第 5 号

图 16　丁聪:《文明的"金刚"》,《救亡漫画》1937 年第 5 号

　　民族主义可以建立在所谓"一致认可的对外扩张（a proven capacity for conquest）之上。没有什么比成为一个帝国的人民更能激发一个民族有关集体存在的意识了"①。抗战恰恰强势激发了中国民众的民族主义意识,作为中华民国奠基和象征的双十节则是凝聚这股民族主义意识的绝佳时机。这一方面揭破了外敌的丑恶嘴脸,另一方面张扬了内部团结御侮的强大力量,由此一来,战争背景下的双十节图像自然会导向对敌斗争胜利的美好祈望。一尊巨型双十雕塑底下埋葬着众多敌人的白骨,万阡陌笔下的双十由此成为"敌人的墓碑"（图 17）。张坚安的《今年新点缀》（图 18）中,一头猛兽尸身上安插着两个双十架,"附逆汉奸之墓"和"侵略主义之墓"的字样清晰可见,一只乌鸦正站立其上向世界报送敌人的丧闻。房公秩的《明年双十》（图 19）,也以双十架成功镇压汉奸与侵略者的画面显露着抗敌制胜的美好未来。

---

① 理查德·拉克曼:《国家与权力》,郦菁、张昕译,上海:上海人民出版社,2013 年,第 66 页。

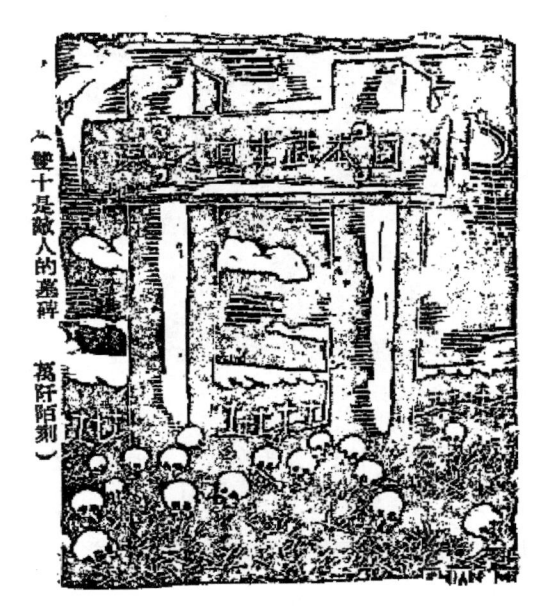

图 17　万阡陌：《双十是敌人的墓碑》，《政治前线》1941 年第 4 卷第 2、3 期合刊

图 18　张坚安：《今年新点缀》，《胜利》1945 年第 7 期

图 19　房公秩:《明年双十》,《抗建通俗
　　　　画刊》1940 年第 7 期

　　阎重楼在九一八事变后不久曾说双十节可分成三个时期:"革命成功,民国肇造,欢声振耳,国旗飘扬",是过去的国庆;"三省失陷,淞沪蒙劫,国难方殷,普天同愤",是现在的国庆;"驱退倭寇,还我河山,国基巩固,华胄复兴",则是未来的国庆。① 九一八事变到七七事变,作家文人们热衷于回忆"过去的国庆"的光荣、怨怒着"现在的国庆"的耻辱;七七事变后,鼓舞人们创造"未来的国庆"的图景则大量呈现于文人笔端。如果说,"过去的国庆"是以热泪来回眸,"现在的国庆"是以呻吟来纪念的话,"未来的国庆"则是以血肉来铺就的。回望过去的双十节是为了继承先辈的革命精神,审视现在的双十节是为了凸显民众的国族耻辱感受,鼓吹未来的双十节是为了强化国民的反抗力量,在三股力量的合力作用之下,战争背景下的双十节图像有效地将人们的民族主义意识积聚成了民族革命抗争的洪流,借用郑振铎的话来形容,即为:"发动抗战的意志;整齐抗战的步骤;激起抗战的情绪。"② 大力强化、动员民族革命精神的目的,是洗刷国耻、解救国难,救难的最终目的

---

① 阎重楼:《国庆的三时期》,《新闻报》1932 年 10 月 10 日。
② 郑振铎:《战时的文艺政策》,载《郑振铎全集》第 3 卷,石家庄:花山文艺出版社,1998年,第 120 页。

更是重造民国,完成第一个双十节所设想却久久未能实现的目标。这即是江栋良的图画《筑成我们新的碉堡》(图20)的"新"之所指,也是比得画作《抗战熔炉中的新双十》(图21)之意蕴所在。

图20　江栋良:《筑成我们新的碉堡》,《现世报》1938年第23期

图21　比得:《抗战熔炉中的新双十》,《译报周刊》1938年第1卷第1期

总之,战争背景下的民族国家遭遇着深沉的创伤,置身于这种环境中的双十节自然给人以"水深火热"的伤痛之感,《水深火热中的双十节》(图22)一再放大并提示着民族国家的屈辱,以民族革命精神洗掉"国耻"则是应对之策,在各党派、各群体同心合力的过程中,必将迎来"新双十"的远景(图23)。正是基于这样的考量,时人曾以企盼"新双十节"的语气

图22　蔡若虹:《水深火热中的双十节》,《现世界》1936年第1卷第5期

图23　《同心合力建起新双十》(封面漫画),《职业生活》1939年第1卷第25期

来定位战时中国的双十节纪念之意旨:"所谓'创造新双十节',大意是:双十节是民族革命初步成功的纪念日,现在,中华民族革命尚未成功,需要来一次比辛亥革命更伟大更热烈的大革命。辛亥革命仅仅推翻了满清政府,仍没有挣脱掉帝国主义的重重束缚;尤其是最近几年来,国土日蹙,外患日深,民生痛苦不特未曾解除,并且日有增加,目前急切需要实现民族解放大革命,也就是复兴中华民族运动的开始,这样的一天,便是新的国庆纪念,换言之,也可说是'新双十节'。"①以民族革命精神洗掉国耻的双十节图像,就这样被赋予了"创造新双十节"即"重造民国"的深意。

二、针砭"奴才式双十节":危险的愉悦与国族身份守护

国庆是一个国家的重要象征:"一个国家永远有国庆纪念日,就是表示这个国家建国精神的永远不坠,不仅纪念过去的光荣,尤在振奋未来的兴盛。有国庆日,就是有国家。纪念国庆,就是不忘国家。"②国庆纪念的有无及冷热情况、国庆纪念日场景的正面与否与国家观念、国族身份认同息息相关,因此战争背景下的图像艺术会选择描摹诸多国庆冷落场景和被扭曲的双十节形象,以之传递出深沉的国族身份感怀。

战争背景下的双十节本该是统合国民意识、强化民族精神的国家节日,可许多图像艺术却描绘了民众借双十节庆之机大肆享乐的情景。《国庆在上海》(图24)中的上海街头洋房矗立、汽车络绎,大肚便便的父亲牵着打扮摩登的妻子和衣着光鲜的儿子正向某个游乐场所行进。即便四周早就遍布着危险的荆棘,人们却依然在双十节这天欢歌纵舞(图25),甚且有人冠冕堂皇地"提倡恋爱与咖啡救国"(图26)。廖冰兄笔下的《广州市国庆日狂欢节特写》(图27)更是遍布着令人唏嘘的场景:广东是古

---

① 豹:《双十过后话双十》,《力报》1938年10月12日。
② 陈彬和:《国庆与国家》,《文友》1943年第10期。

味最浓的地方,国庆自然也不忘复古,所以一班文人雅士高唱着"复兴诗歌",在双十节以"国庆杂咏"为题特设诗坛,彼此赏玩;聪明的商人眼见双十节庆祝游行有利可图,所以便在巡行队伍中穿插大量商业广告。双十节狂欢盛举耗费颇大,市面繁荣,商业中人莫不欣然于色,但能否就此把垂死的国家挽救过来呢,只能答复一句"天晓得!"

图24 《国庆在上海》,《青年良友》1940年10月号

图25 陈浩雄:《荆棘中的歌舞升平》,
《上海漫画》1936第6期

图 26　何之硕:《我们来提倡恋爱与咖啡救国吧》,《晨报国庆画报》1932 年 10 月 10 日

图 27　廖冰兄:《广州市国庆日狂欢节特写》,《独立漫画》1935 年第 4 期

纵情享乐的双十节,充斥着"悲凉阴影"和"狂乱享乐",给人以浓郁的哀伤之感:"我们缓步在街上,有十月的海风轻飘,此身所沾的垢污,仿佛已淡忘。当年田野战痕,依稀犹在,幸有大厦处处,散放着霓虹的光,播送着爵士的音响。到今天,再也看不见一些血光,听不见一些火药的音响,景况是十分升平,十分酣畅。而江之口海之滨,将有更多的怪舰泊起,更多的异帜飞扬——'东亚和平'的糖衣,消触了刻骨铭心的恨深。时间是悠长悠长的荫道,庞大的古国,草草趋向沉沦?……街上,风趣了各色各样的眼:舞场的色情的眼,百货公司的饕餮的蝇眼,酒楼的乐天的醉眼,大公馆势利的俗眼,壁角落里乞怜的倦眼。"①

面对国土沦丧、尸骨遍野的现实,战争背景下的双十节实际上难以让人兴起"庆祝"的热情(图28),触目可见皆是"不堪庆祝的人们",纵情狂欢也无法显示双十节庆祝的意义,因此《双十漫感》一图才力倡从"惨痛中站起来,再创新的国庆日"(图29)。然而理论上的希望是一回事,现实中的事实却是另一回事,本意在提醒人们"造成民国休忘却"②的双十节成了沉溺享乐的普通节日,身处其中的人们早已遗忘了纪念双十节所要求的战斗精神,年复一年的双十节都在反复上演着要人演说忙、青年跳舞忙、学生看戏忙、女人雀战忙的场景(图30)。每逢双十节,报纸总是大卖特刊,有关人士照例发布一篇救国救民论,娱乐场所总能从庆祝中得利获益,小国民则被驱使得东奔西跑,灾民和沦陷区民众只能苦苦挣扎求生(图31)……这样的双十节纪念无疑是一种自甘为奴的表现,严重之时便会葬送自己的国家。在陈静生的画作《国难与国庆》(图32)中,手持国庆字号的身材窈窕的摩登女郎正被代表国难的恶狗穷追猛赶,此图无疑暗示了安于消费享受的双十节纪念会带来自掘坟墓的危险。

---

① 白云:《孤岛即景》,《社会日报》1938年10月10日。
② 杨星南:《双十节竹枝词》,载林孔翼辑录:《成都竹枝词》,成都:四川人民出版社,1982年,第175页。

战争背景下的双十节图像与政治话语交锋(1931—1949)　　201

图 28　江栋良:《应当庆祝一番?!》,《礼拜六》1933 年第 524 期

图 29　草歧:《双十漫感》,《新东方杂志》1940 年第 2 卷第 2 期。画旁文字说明分别是:"① 普天同庆;② 不堪庆祝的人们;③ 狂欢焉能尽庆祝意义?! ④ 惨痛中站起来,再创新的国庆日"

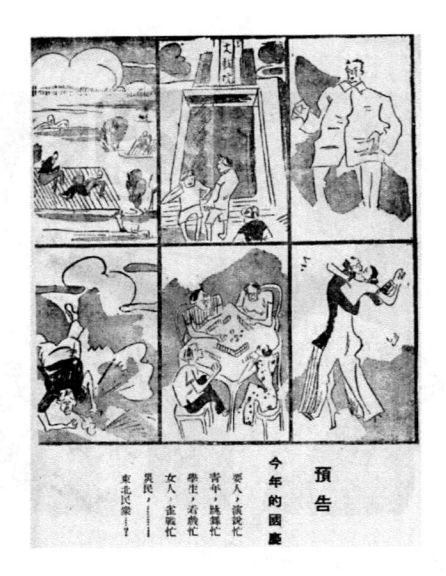

图 30 《预告今年的国庆》,《社会新闻》1935 年第 13 卷第 1 期

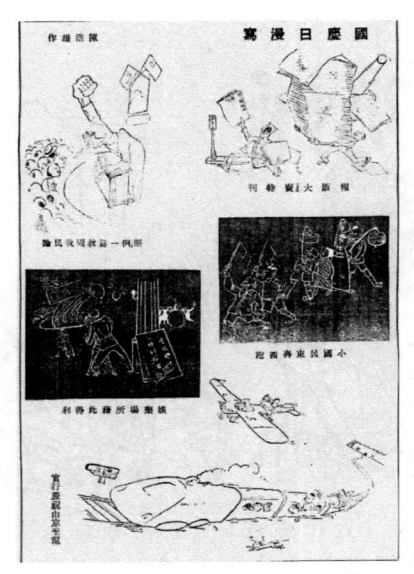

图 31 陈浩雄:《国庆日漫写》,《上海漫画》1936 年第 1 期。画旁说明文字为:"报纸大卖特刊;照例一篇救国救民论;小国民东奔西跑;娱乐场所借此得利;实行庆祝由京至沪"

图32　陈静生:《国难与国庆》,《大众漫画》1935年第1期

上述那类在双十节沉迷享乐并轻易淡忘敌人暴行的人群,进一步便会沦为殖民者的臣民乃至帮凶,这些人的双十节自然成为了"奴才的双十节"。在胡之疆看来,沦陷时期的双十节就是最为典型的"奴才的双十节":当汪精卫还没有向日本屈膝,即沦陷区还飘荡着"五色旗"的时候,"奴才"们纷纷对"双十节"表示着冷淡,因为他们深知"日本人怕提中国革命,因此尽可能躲避这个节日的风景"。汪精卫反叛后,便在"五色旗"上端"添上一块三角型的小黄布",双十节也在"小黄旗"底下"被公开了",可这面"小黄旗"不过是"舞台上的幌子",满街飘的"小黄旗"像是"七月半道士在打醮";汪伪"要人"们更是每逢双十节便会发表谈话,报纸就会把"要人谈话"用大标题登出,加上纪念仪式来应景,谈话的内容无非鼓吹"和平""亲善",附带"说一些感谢日本的话"。结果,大声小音充斥的"双十节"处处显

露出滑稽的姿态,无时无刻不在给以中国人的尊严"一种嘲弄"。① 丁聪的《危险的庆祝》(图33)中一对时髦男女正站在"十字架"上纵情欢愉,而他们脚下的"十字架"却被洪水环绕着,即将沉没,这幅画形象地描绘出了沉醉于双十节享乐可能导向葬送民族国家的危险之地的未来。吴家骏笔下那个衣角被敌人的椅子压住却谄媚地表示对方无须站起来,只需要剪掉那个衣角就好了的形象(图34),是忘却双十节的革命真谛,心甘情愿投靠并进入殖民者精心策划的"强迫性忘记的时代"②,成为合乎规格却完全不自知的典型"顺民"。经由对纵情享乐的双十节庆祝背后隐含的"奴才式双十节"陷阱的批驳与警醒,战争背景下的双十节图像得以在敌人的顺民制造声浪中坚定地守护着自身的国族身份立场。

图33　丁聪:《危险的庆祝!》,《礼拜六》1933年第524期

---

① 胡之疆:《沦陷的"双十"》,《中华时报》1946年10月10日。
② 保罗·康纳顿:《社会如何记忆》,纳日碧力戈译,上海:上海人民出版社,2000年,第8页。

图34 Chia Chun(家骏):《友邦的兵士,何必要我站起来,你剪掉那个衣角就好了》,《上海漫画》1936年第6期

三、走向"人民的双十节":从怨言喷涌到民主革命

抗战时期,民族主义思想处于十分强盛乃至统领性的地位,受此影响,作为国家象征的双十节被诸多文人构设成强化民族意识、激发抗战能量的重要时域。不过,随着时势的发展变化,尤其是当种种负面现象在现实语境中大量涌现出来后,战争背景下的双十节图像便日渐被不满、哀怨和失望情绪所笼罩,这些批判性的言论在左翼作家和中国共产党文人那里更是被发展成了进行民主革命的迫切呼唤。

如前所述,战争背景下的一些人在双十节不仅常常遗忘国耻悲痛,而且还大肆利用双十节的机会来享乐和牟利,这种"奴才式双十节"是人们着重揭批的对象。双十节映照下的国土沦丧、国民消沉令人伤感万端,战争的影响更使不少人漂泊流离、居无定所、生活境遇极为艰辛贫苦,节庆纪念时期,穷苦的人们还得在阔人有味儿的"节关"对照下,"把他们平日所受的苦楚,总结起来,重复的受一次折磨"①。多重因素的叠加,使得普通民众的双十节体验弥漫着浓浓的悲苦心酸,这同样是战争背景下双十节图像暴露的重点。城里的有钱阶级在双十节胡吃海喝,农村的贫苦民众为了生存只得卖儿鬻女,这幅"苦乐不同的双十"在在撼人心魄(图35)。抗日战争期间,普通民众本就生存艰难,抗战结束后,"物价飞涨""内乱不休"更致使民众的生活陷入"满目疮痍"的苦楚境地(图36);背负着"外货"与"捐税"双重负压的民众,已经濒临绝境(图37)。

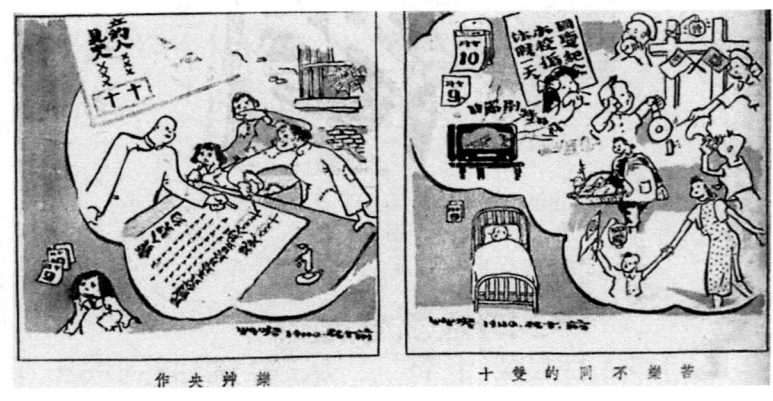

图35 乐帅央:《苦乐不同的双十》,《永安月刊》1940年第18期

除了现实生活的艰难,双十节纪念还反照出政府官方的种种弊病,面对这些问题,不少文人一改低沉的伤感之情而为激动的伤愤之情,眼光向内施行针砭。如陶思澄的漫画《双十节》(图38)所显示的那样,普通民众在双十节要么吃喝享乐,要么徒叹奈何,政府要员则在这天召开种种纪念会议,发表不切实际的高谈阔论。潘醉生的《国庆日的礼炮》(图39)精辟地讽刺道,当敌人用大炮轰炸中国国土时,一班官员却热衷于在双十节用巨型扩音器宣讲大道理,高呼空洞的口号,两者都可视为双十节纪念日的"礼炮",可一个猛烈,一个虚浮。敌人真刀真枪全武行,政府却阴阳怪气"开会如仪",这样的双十节纪念实乃"徒具形式无补实际的空纪念"②。

---

① 白丁:《说"节"》,《天津益世报·语林》1934年6月16日。
② 灵犀:《何必纪念九一八》,《社会日报》1932年9月18日。

图36　西压:《满目疮痍》,《甬潮》1947年第24期

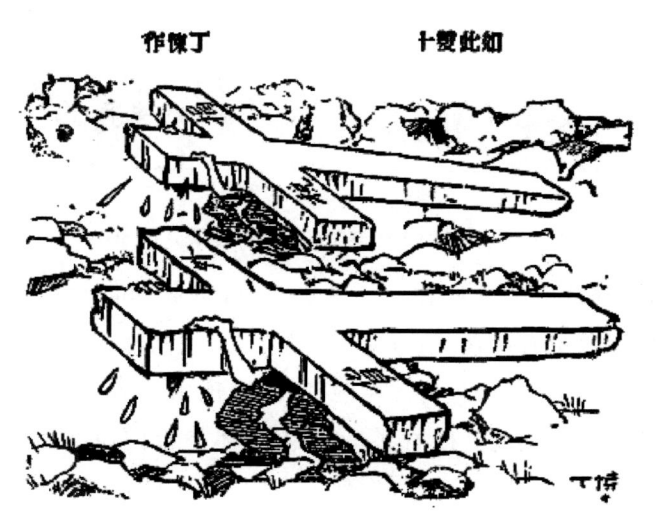

图37　丁悚:《如此双十》,《礼拜六》1946年第46期

图 38　陶思澄:《双十节》,《礼拜六》1933 年第 524 期。画中说明文字分别如下:
① 今天双十节,休假一天,我请你看电影、吃大餐、坐汽车
② 今天双十节,是中华民国的国庆,东北……政府……不出兵……青年……跳舞……恋爱……军人……贩卖日货……快觉悟吧,起来救国吧!
③ 今天又是双十节,一年一年过得真快,不知明年如何,恐怕,已经
④ 今天双十节,学堂里放假,哥哥送我一只灯笼,爸爸带我看影戏,妈妈买糖给我吃

图 39　潘醉生:《国庆日的礼炮》,《上海漫画》1936 年第 1 期

政府当局的双十节纪念不仅只是在"做文章"和"呼口号"等形式层面大做文章,更有甚者,还与敌人沆瀣一气,主动加入到破坏双十节,即摧毁自己民族国家的行列。在漫画《恶魔围困着的双十节》(图 40)中,试图推倒双十架的就既有恶鸟毒蛇,也不乏卑躬屈膝的官员名卿。《解放日报》登载的张谔漫画《有何不同?!》(图 41),指斥国民政府在抗战结束后给日本人提供慰劳金,邀请对方与自己一道反抗共产党,认为这与抗战时期汪伪汉奸的卖国求荣之举别无二致。

图 40　S. Y. Wang:《恶魔围困着的双十节》,《漫画世界》1936 年第 2 期

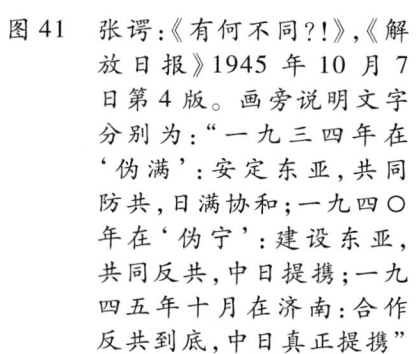

图 41　张谔:《有何不同?!》,《解放日报》1945 年 10 月 7 日第 4 版。画旁说明文字分别为:"一九三四年在'伪满':安定东亚,共同防共,日满协和;一九四〇年在'伪宁':建设东亚,共同反共,中日提携;一九四五年十月在济南:合作反共到底,中日真正提携"

对外进行民族抗争、谋求自由独立是双十节的一大要义,同时,对内反抗压迫、追求自由民主也是双十节的重要意涵。胡适就将"种族的革命和政治的革命"并称为双十节的两层重大意义,"政治的革命"指推翻帝制、使中国变成了"一个民主共和国"的进程,它"造成了一个大解放的空气",因而被胡适揄扬为是"五千年中国历史上的一件最大的改革"①。既然民主自由是双十节拥护的思想观念,因此当现实语境之中出现不民主、反自由的现象时,双十节自然会被人们拿来作为反驳的支撑,这正是战争背景下双十节图像的常见笔墨。丁悚的漫画《自由的耳朵》(图42)便以一个人眼睛和嘴巴被贴上两个"十字形"封条形象地讽刺了政府对人民自由的钳制。鲁迅在纪念1933年的双十节时,别出心裁地抄录了双十节前后报纸上的新闻目录,其中既有如"蒋主席电国府请大赦政治犯"这样的官样报道,又有"冤魂为厉,未婚夫索命"一类的无聊新闻,更有"加派师旅入赣剿匪"类的内争消息,最后鲁迅以双十节当日一报纸"今年之双十节,可欣可贺,尤甚从前"一语作为抄录的结语,光怪陆离、糟乱不已的新闻报道与这句"可欣可贺"的双十节赞语形成了极大的反差。更重要的是,这篇辑录新闻目录的双十节纪念文章居然没能刊出,鲁迅慨叹道:"盖双十盛典,'伤今'固难,'怀古'也不易了。"②丁聪的《预测×年后之双十节》(图43)描绘的"亲善的友国军兵,为了中国的国庆而狂欢?! 三步一警五步一兵,为了防止谋捣乱国庆者?!"是对鲁迅抨击的双十节的形象化演绎。在丁聪的另一幅图画《你要庆祝,别人却和你捣乱》(图44)里,一众军人正在以拉拽、砍伐的方式,破坏民众自发的国庆纪念活动。

---

① 胡适:《双十节的感想》,《独立评论》1934年第122号。
② 鲁迅:《准风月谈·双十怀古——民国二十二年看十九年秋》,载《鲁迅全集》第5卷,北京:人民文学出版社,2005年,第341页。

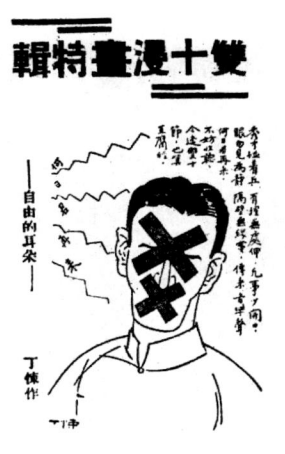

图 42 丁悚:《自由的耳朵》,《现世报》1938 年第 23 期

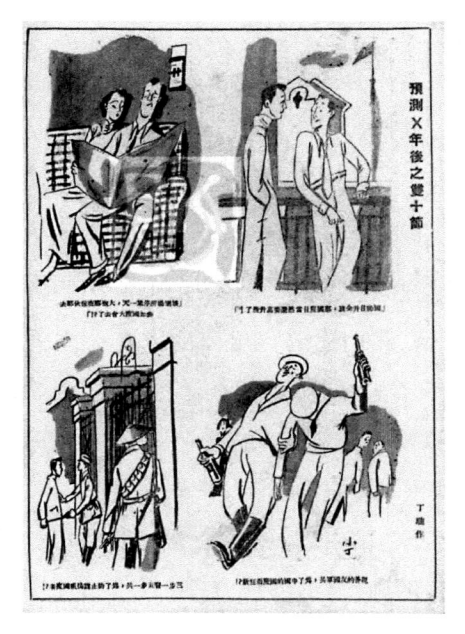

图 43 丁聪:《预测×年后之双十节》,《上海漫画》1936 年第 6 期。画面说明文字为:"国耻日升全旗,那国庆日当然还要高升些了! 娱乐场所停业一天,大概那班家伙都去参加国庆大会去了?! 亲善的友国军兵,为了中国的国庆而狂欢?! 三步一警五步一兵,为了防止谋捣乱国庆者?!"

图 44　丁聪:《你要庆祝,别人却和你捣乱》,
《上海漫画》1936 年第 1 期

国民党的所作所为在左派文人看来已经与双十节彰显的民主自由精神相悖,接着,左派文人更以双十节纪念为契机诉诸人民的名义向政府索要自由民主:"学生早毕业一天,是老师的本领强。学生迟毕业一天,是老师的本领弱。人民是迫不及待了,国家的现势是迫不及待了。强盗已经快要打进我们的后堂,我们还要让全家的人在旁拱手受训;只听老师讲书,不准学生开口;只看老师执鞭,不准学生动手;那是多么危险的事呵!'民主不好拿来囤积',新故威尔基的这句话好象是在讥诮我们。不管它吧,我们不囤积也算囤积了三十三年。——三十三个双十,是二十二倍的'十万火急'了,在今天'民主'的销场最畅的时候,我们何不也来它一个大量倾销呢!"① 张谔的画作《继续努力——纪念双十节》(图 45),突出表现了"中国人民"抡着大锤砸向"民族的敌人"和"民主的敌人"两条毒蛇,"独立自由民主统一富强的新中国"闪耀着灿烂光芒的前景,张谔笔下的

---

① 郭沫若:《写在双十节》,载《郭沫若全集·文学编》第 19 卷,北京:人民文学出版社,1992 年,第 497 页。

双十节显然与"奴才式双十节"和"反自由民主的双十节"判然有别,呈现出某种"人民双十节"的面影,这一点在老辛的漫画《走过了"双十"》(图46)中有着更明确的显现。画中一名壮硕的青年手擎火把大踏步地向前奔跑,在他身旁的延长线上耸立着印有1948年之前各个年号的十字碑。此画的表面意思是勇毅的青年告别了无数悲辛的"旧双十",正奔向一个光明灿烂的"新双十";而"旧双十"无疑是指国民党掌控的"双十","新双十"则代表着人民享有自由民主的"双十",因此漫画的深层寓意便是对"走向人民的双十节"的礼赞。对自由民主的"人民双十节"的吁求,正是战争背景下的双十节图像随着时间推移而显现出来的重要面影,更是中国共产党和左翼文人面对双十节这一记忆资源的一种有意识的争夺行为。而"对旧政权的行径作审判是构建新秩序的行动"①,中共和左翼文人的此类双十节图像是为了建构新秩序对旧政权施行的审判,战争背景下的双十节图像由此成了政党话语交锋的一个有力注脚。

图45　张谔:《继续努力——纪念双十节》,《解放日报》1945年10月10日第4版

---

① 保罗·康纳顿:《社会如何记忆》,纳日碧力戈译,上海:上海人民出版社,2000年,第3页。

图 46　老辛:《走过了"双十"》,《新人》1948 年第 2 卷第 3 期

结语

　　国庆是一个国家最为重要的节日,它既是国家精神的结晶,也是聚合国民认同的渠道,恰如陈训慈所说:"近世民族的国家,大抵靡不于一年中选定一日为其国之国庆纪念日,其所取大抵为与其现代建国有特殊关系之一史迹。意在昭往策来,且益以激发其国民之团结向上报国之精神。"①双十节便是具备此种深意的民国国庆日。当一个国家遭遇外敌入侵时,国庆纪念必定会成为凝聚国民精神、动员抗敌力量的重要庆典,九一八事变之后,有关双十节纪念的言说的猛增便与此有关。

　　1931—1949 年战争背景下中国文人的双十节图像刻画,属于一种对过往记忆的回望和言说,不同派别的文人对双十节的回望和言说必然是各有侧重的。作为与民国肇建有特殊关系的国庆纪念日,双十节包含着"民族革命精神"和"民主自由追求"两个层面的意涵。一方面,抗日战争时期,由于外敌入侵,人们纷纷通过双十纪念来"昭往策来",

---

① 陈训慈:《国命与国庆》,《国命旬刊》1937 年第 1 期。

进而激发国民"团结向上报国之精神",这是双十节"民族革命精神"层面的弘扬。与之相应,双十节图像也成为凝聚民族主义精神、增强民族国家力量的重要渠道,此时的双十节面影与中国文人的"国族身份"表达密切勾连。另一方面,战争背景下的中国文人还热衷于通过双十节图像来表露对生活艰辛的感慨和精神受限的愤怒,"民主自由追求"的双十节面影逐渐彰显开来,此种话语方式到解放战争时期更是发展成了自由民主革命的有效支撑。战争背景下的双十节图像艺术,就这样显现出政治话语交锋的繁复面影。

Images of the Double Ten Day in the Context of War and the Debate with Political Discourse

Gao Qiang

Abstract: The Double Ten Day is a very meaningful element in the graphic arts of the War Against Japanese Aggression and the War of Liberation. After the September 18 Incident, the national revolutionary spirit of the Double Ten Day was repeatedly extracted and publicized by painters, to " cheer and encourage" the progress of the War Against Japanese Aggression. In the context of war, the images of the Double Ten Day, which wash away national humiliation with the spirit of national revolution, are imbued with the profound meaning of "creating a new Double Ten Day," that is, "rebuilding the Republic of China." The presence or absence of National Day celebrations, and whether they are positive or not, are closely related to national identity. Therefore, Chinese intellectuals in the wartime context also expressed their firm stance on national identity through the many scenes of National Day celebrations indulging in pleasure and distorted depictions of the "servile Double Ten Day". As various negative phenomena that were undemocratic and anti-freedom emerged in large numbers, images of the Double Ten Day were gradually overshadowed by feelings of discontent, sorrow, and disappointment. In the writings of left-wing intellectuals, images of the Double Ten Day further evolved into an excellent occasion to call for freedom and democracy and to criticize society. In the process, the positive image of the "People's Double Ten Day" became clearer, and the debate of political discourse was clearly discernible.

Keywords: the Context of War, the Images of the Double Ten Day, the Debate with Political Discourse

边缘军阀与中国革命

——以驻粤滇军为中心的考察(1922—1925)*

黄丰富**

摘要:1923年初,一支来自云南的军队为孙中山南下广州建立革命政权奠定了基础。这支军队源自滇系军阀,通过"被动革命"与"妥协革命",实现了自身的"革命化";通过"有限革命"与身份塑造,在与大本营的互动中双向构建了较低层次的认同关系。孙中山则依托财政问题,通过均势格局的塑造维持着大本营内部的"有限统一"。孙中山逝世后,随着均势格局的瓦解与认同关系的崩塌,大本营着手重塑广东的统一格局,以期实现"完全统一"。驻粤滇军则在与大本营的军事、政治与财政博弈中,以一场失败的反革命叛乱走向终结。驻粤滇军从军阀军队向革命军队再向反革命军队的演变历程,不仅为我们揭示了边缘军阀参与中国革命的多元路径,更为我们展现了孙中山依托军阀军队推动革命的成败得失。

关键词:驻粤滇军　孙中山　边缘军阀　"革命—反革命"

在近代中国历史上,军阀往往站在"革命"的对立面。在军阀混战时期,各军阀根据自身实力制定相应的发展战略,正如蔡和森所言,"力

---

* 本文系国家社科基金重大项目"中国历史上边疆与内地交往交流交融历程及其比较研究"(20&ZD215)、中国社会科学院博士后创新项目"民国时期'边疆—内地'的军政互动与国家整合研究"的阶段性成果。
** 黄丰富,中国社会科学院中国边疆研究所博士后。

能进取的军阀,便倡武力统一,或主张强有力的中央政府(如曹吴),仅能自保或希图自保的军阀,便倡联省自治或筹备制省宪,举省长(如川滇)"①。因此,无论是控制中央的大军阀,还是割据地方的小军阀,他们作为既得利益者都很难直接参与革命。但军阀的身份也并非一成不变,当军阀因战败失去地盘之时,军阀的发展策略就不再受到地方主义的羁绊,投靠革命成为这些军阀的选择之一。驻粤滇军即是这样一支源于顾品珍败军,流离于黔桂边缘,最终投靠革命的武装部队。

在民国历史上,滇军于1916—1920年与1923—1925年两次驻防广东,均对中国革命产生了深远影响。第二次驻防广东的滇军一共有两支。一支为朱培德部滇军,这支军队源于第一次驻粤滇军。孙中山建立大本营后对这支军队委以重任,先后将其改编为大本营拱卫军、中央直辖第一军、建国军第一军等,极力淡化这支军队的"云南"色彩,因此这支滇军更大程度上是作为大本营"中央军"的角色而存在的。另一支为杨希闵部滇军,其先后被孙中山改编为讨贼滇军、中央直辖滇军、建国滇军等,具有极强的客军色彩。本文所述之驻粤滇军,专指杨希闵部滇军。现有关于驻粤滇军的研究,在民国广东、云南的政治、军事史中多有涉及,专题研究则集中于驻粤滇军军史、驻粤滇军与孙中山关系史、驻粤滇军反革命史等领域。② 本文力图突破对驻粤滇军"军阀"与"反革命"的单一叙事,聚焦于驻粤滇军"军阀"与"革命"的一体两面,在革命视角下对驻粤滇军进行长时段、系统性、整体性的研究。

---

① 和森:《武力统一与联省自治——军阀专政与军阀割据》,《向导》1922年第2期。
② 余炎光、陈福霖主编的《南粤割据——从龙济光到陈济棠》(广州:广东人民出版社,1989年)第五章中,以滇、桂为主线论述了广东政局的发展,但基本将滇、桂军置于革命的对立面。丁旭光的《变革与激荡——民国初期广东省政府(1912—1925)研究》(广州:世界图书出版公司,2010年)第五章中,则着重论述了滇桂等客军对省政府运作的负面影响。谢本书的《民国劲旅 滇军风云》(昆明:云南人民出版社,2013年)第七章中,完整地简述了驻粤滇军的兴衰史,并将其称为"民国史上的奇观"。相关专题论文有胡以钦的《护法时期的驻粤滇军》(《云南文史丛刊》1985年第3期),孙代兴的《论驻粤滇军》(《西南军阀史研究丛刊》第5辑,广州:广东人民出版社,1986年),王显成的《略论孙中山与驻粤滇军的关系——以陈炯明叛变后为例》(《广东海洋大学学报》2010年第2期)等等。

一、"被动-妥协"的政治抉择与驻粤滇军的革命缘起

(一)"被动革命"与滇军的"自请北伐"①

1921年初,驻川滇军在川惨败,唐继尧的西南政策②彻底破产。军长顾品珍不满于唐继尧的穷兵黩武,率残部回滇倒唐。2月,滇系军阀首领唐继尧下野,顾品珍被云南各界拥为滇军总司令,后又兼任省长,总揽军政大权。同年7月,陆荣廷在孙中山发动的讨桂之役中战败下野。至此,纵横西南近十年的两大军阀势力倒台,西南政局得以重塑。顾品珍主滇之初,仍因袭唐继尧下台前的闭关自治政策,分别致电北洋政府与广州军政府,通报了云南政变后的省情,欲在南北之争中暂取中立态度,同时与南北各方均保持一定程度的联络,即所谓"欲谓其附北,则彼尚派代表黄毓成至广州接洽,广州政府亦尚有代表张佐丞等在滇。欲谓其向南,则北方派来之使,尚络绎于途,如李曰垓、李鸿祥等,顾氏均聘为参赞,任以要职。近北方复派陈啸湖至滇,聊北方之密令,携有委任状多件,暗委滇中军政要人为顾问、参军等。彼亦有代表张子贞在京"③。

顾品珍入主滇政后,随着云南内忧外患的出现与中华民国正式政

---

① 孙中山在当选非常大总统后,明确放弃"护法"旗号宣扬"革命"。1921年4月24日,孙中山在演说中,称第一次护法运动时期"带海军还粤,大家不敢承认是革命,定要说是护法。名不正,则言不顺,因此误了事",明确将第二次护法运动称为"革命"。参见《在广州欢宴海陆军警军官的演说》(1921年4月24日),载《孙中山全集》第5卷,北京:中华书局,1985年,第525—526页。滇军从"自请北伐"到"拥孙讨陈",虽然始终没有打出"革命"的旗号,但其军事行动符合孙中山的革命方略与军事部署,因此本文将这些军事行动均视为广义的"革命"。
② "西南政策"是以云南为中心,联合川、黔,扩展到桂、粤五省联合,又与孙中山护法运动相结合,成为与"北洋"对立的南方政治主张的统称。参见潘先林、肖春梅、白义俊:《构造统一国家与建设现代边防:民国前期"西南政策"考论》,《中国边疆史地研究》2021年第3期。
③ 《云南通信》,《时报》1921年6月15日。

府的建立，最终选择放弃中立政策倒向孙中山。就内忧而言，顾品珍所发动的政变并不彻底，其对于滇省人事"并不轻事更动，唐之僚属，仍多在位"①，大量唐继尧的拥护者保留了原职，为顾氏的统治埋下了隐患。待云南局势稳定后，顾氏为进一步巩固统治，开始大量调整军政人员，安插军人参政，这一行为不仅引起了舆论的不满，而且使地方行政陷入混乱，顾氏的统治也随之陷入危机。就外患而言，唐继尧下野后，孙中山邀其赴穗共商国是，但唐却一心返滇，对孙之革命事业虚与委蛇。而在顾品珍的纵容下，拥护唐继尧的滇军李友勋、胡若愚、龙云等部也安然撤至广西，成为此后唐继尧返滇所恃的基本武力与顾氏统治的最大威胁。孙中山自知唐不可恃，转而将顾品珍作为争取对象，派吕天民、张佐丞等赴滇与顾氏接洽。② 顾氏面对统治的内忧外患，在接到孙中山抛出的橄榄枝后，毅然选择"自请率师北伐"③，将滇军编组为北伐军，实现了滇军的"革命化"。

顾品珍虽然做出了"自请北伐"的决定，但"名为北伐，其实拒唐之回滇"④，一方面堵塞唐继尧返滇的合法性，迫使其主动放弃返滇；另一方面依靠孙中山，通过政治手段阻止唐继尧返滇。11月5日，顾品珍致电孙中山，表示"滇省出师北伐，本可早日出发，惟因某氏蓄谋图滇。……如某氏一意孤行，是彼弁髦政府，阻碍大计，究竟如何先布国人，明正其内乱之罪，想我政府自有权衡"⑤。后又以云南省议会及各团体的名义电请孙中山，"消遏祸萌，力维大局，如唐氏果有此议，尚乞力加劝告，以公谊为重，私利为轻，勿事内争，一致向外发展。俾滇省内

---

① 孙几伊：《民国十年间之唐继尧》，《时事月刊》1921年第1卷第3期。
② 参见《滇军总司令官顾品珍关于发扬民治精神的函》，云南省档案馆藏，档号：1119-001-00007-051。
③ 《褒扬顾品珍令》(1923年4月9日)，载《孙中山全集》第7卷，北京：中华书局，1985年，第302页。
④ 《益州通信》，《益世报(天津)》1922年2月27日。
⑤ 《滇省军民反对滇军回滇》，《时报》1921年11月21日。

顾无忧,得以克日出师,专力北伐"①。在唐军行抵广西西林后,代理滇军总司令金汉鼎更是致电孙中山,指责唐继尧"阻北伐之大计",并询问"究应如何对付之处,务恳迅赐方针,俾便遵守"。② 三份电文充分显示了顾品珍欲以滇军北伐为筹码,依靠孙中山阻止唐继尧返滇的意图。虽然顾品珍将滇军塑造为了北伐军,但这一革命动向显然只是为应对内忧外患而进行的"被动革命"。

为保障滇军北伐的顺利进行,孙中山多次劝阻唐继尧率部返滇,但唐一意孤行,对孙之建议置之不理,并于1922年1月5日在柳州发通电就任滇黔联军总司令,以"扫除障碍,筹备北伐"③为名返滇。顾品珍依靠孙中山拒唐的目的虽未达成,但"自请北伐"却使唐丧失了返滇的合法性,赢得了革命舆论的支持。1月8日,孙中山特任顾品珍为云南讨贼军总司令,金汉鼎代理滇军总司令,顾军正式从军阀军队转变为革命军队。但是,孙中山的军事实力有限,对顾品珍的支持大多仅是名义上的,仅能为顾军披上革命的外衣,并不能使其在战斗中取得实际优势。2月28日,唐顾之战正式爆发,3月25日,顾品珍因轻敌、内讧与战略误判,被投靠唐继尧的滇南土匪吴学显部伏击身亡。顾军群龙无首,迅速溃败。4月8日,唐继尧被省议会推选为省长,再次主政云南。唐顾之战虽然名为革命与反革命之战,但双方意图均在争夺省政,其本质上仍是军阀混战。

(二)"妥协革命"与滇军的"拥孙讨陈"

唐继尧再次主政云南后,顾品珍所部军队被迫离滇,流离失所,在云南政局中被边缘化,这为其打破军阀割地自雄的藩篱,从军阀军队转变为革命军队开辟了道路。顾军一部在副总司令张开儒的率领下由云

---

① 《绅界劝告唐冀赓电》,《滇中各界劝告唐氏函电录》,1922年排印本,云南省图书馆藏,第7页。
② 《致大总统报告唐氏军到西林请示对待电》,《滇中各界劝告唐氏函电录》,1922年排印本,云南省图书馆藏,第16页。
③ 《督军唐继尧关于靖国军方略》,云南省档案馆藏,档号:1106-003-00145-002。

南曲靖退入贵州,这部分滇军后来成了驻粤滇军的基础。虽然顾军内部矛盾颇深,但各军长官"亟思举一稍有名望者为领袖,以资号召。张开儒在滇军中尚有微名,一时无他人可推"①,遂共推张开儒为代总司令。但是,张开儒并没有直属军队与强大号召力,在顾军中也并无根基,其被推选实乃各军之间相互妥协的结果,各部长官"表面一致拥张,实际上仍系同床各梦"②。顾军退入贵州镇宁后,张开儒对各部进行整编,总计编为一、三、四、七、八旅,杨池生、杨希闵、杨如轩、蒋光亮、范石生分任旅长。整编完成后,顾军从编制上看似已实现统一,但其内部仍纷繁复杂,异议颇多。

张开儒是坚定的拥孙派,在第一次护法运动时期曾出任军政府陆军总长,其麾下的驻粤滇军也成为军政府的基本武力。张开儒就任代总司令后,虽然致电孙中山表示了"志在北伐"③的决心,但其所辖的五个旅长却一致计划在贵州夺取地盘,以待反攻云南。时黔军将领袁祖铭在北京政府的支持下组织"定黔军"返黔,打算驱逐黔军总司令兼贵州省省长卢焘,驻扎镇宁的顾军致电卢焘,"表示愿以实力相助,抵抗袁、王,巩固黔政"④。但卢焘不愿黔省糜烂,以省参议会的名义欢迎袁祖铭返黔,并主动交出权力,使顾军驻防贵州的计划落空。

在贵州发展遇阻后,流离失所的顾军计划南下柳州寻找出路,一路由张开儒、杨希闵指挥,统率一、三、四旅;一路由范石生指挥,统率七、八两旅。⑤ 在此期间,陈炯明于6月16日在广州发动叛乱,使西南局势发生剧变。顾军抵达柳州后,虽然暂时取得栖身之所,但广西自治军的

---

① 《驻桂滇军之过去与将来》,《益世报(天津)》1922年10月26日。
② 张猛:《奉孙中山命赴柳梧策动滇桂军讨陈经过》,载广东省政协文化和文史资料委员会编:《从辛亥革命到国民革命——孙中山文史资料精编》上册,广州:广东人民出版社,2017年,第524页。
③ 《云南讨贼军总司令张开儒电》,载鲁直之、谢盛之、李睡仙:《陈炯明叛国史》,北京:中华书局,2007年,第255页,"附录"。
④ 黄梦年:《关于卢焘率滇军入桂的回忆》,载广东省政协学习和文史资料委员会编:《广东文史资料存稿选编》第2卷,广州:广东人民出版社,2005年,第387页。
⑤ 参见那博夫:《滇军入粤讨伐陈炯明始末》,载云南省政协文史资料委员会编:《云南文史资料选辑》第58辑,昆明:云南人民出版社,2001年,第290页。

不断袭扰仍使顾军困苦不堪,顾军内部对军队的发展方向开始产生分歧。范石生计划以广西为基地西征返滇,其早已与卢焘私下达成范助卢统一广西,卢委范为广西省省长的交易。① 张开儒则坚持拥孙讨陈,杨希闵亦倾向于向广东发展,两派各执己见,互不相让。

  孙中山流落上海后,即遣参军寸性奇入桂联络滇军朱培德部。寸行至柳州巧遇驻柳顾军,"即将中山先生意图告知杨、范等,指示滇军东下讨伐陈逆炯明"②。此后,孙中山代表叶夏声及副官张猛又相继至柳州策动顾军讨陈。③ 在孙中山的动员下,杨希闵等更加坚定了东征讨陈的决心。在其看来,军队的发展前途比反攻云南更为重要,广东的富饶与孙中山强大的号召力,能够为军队的发展壮大提供保障。在广西自治军的压迫下,为谋发展,顾军主动退出柳州,分两路向广西石龙挺进。顾军抵达石龙后,范石生仍抱返滇之志,杨希闵则对范部团长进行策动。范石生在"主力第十五、十六团负责人已同意东进"④的情况下,最终不得不与杨希闵妥协。顾军内部意见统一后,即在桂平召开军事会议,剥夺了张开儒的代总司令职,五旅长公推杨希闵为总指挥。张开儒之去职,虽有"培植私信,在所属各部中厚此薄彼"⑤之嫌,但以兵力最弱而人缘最好的杨希闵为总司令,实际上显示了此次权力更迭同样是顾军内部矛盾调和下的产物。

  桂平会议后,顾军内部虽然基本倾向于东征,但因饷费无着,迟迟没有行动。孙中山代表也唯恐顾军因经济问题被陈炯明等策反,频频

---

① 参见杨右丞:《滇军经桂东下讨陈的经过》,载广东省政协学习和文史资料委员会编:《广东文史资料存稿选编》第2卷,广州:广东人民出版社,2005年,第389页。
② 杨右丞:《滇军经桂东下讨陈的经过》,载广东省政协学习和文史资料委员会编:《广东文史资料存稿选编》第2卷,广州:广东人民出版社,2005年,第390页。
③ 参见朱世贵:《滇军革命史之片断追忆与个人感想》,《南强月刊》1937年第6期;张猛:《奉孙中山命赴柳梧策动滇桂军讨陈经过》,载广东省政协文化和文史资料委员会编:《从辛亥革命到国民革命——孙中山文史资料精编》上册,广州:广东人民出版社,2017年。
④ 杨右丞:《回忆滇军讨伐陈炯明史实》,载云南省政协文史委员会编:《云南文史资料选辑》第58辑,昆明:云南人民出版社,2001年,第273页。
⑤ 杨右丞:《回忆滇军讨伐陈炯明史实》,载云南省政协文史委员会编:《云南文史资料选辑》第58辑,昆明:云南人民出版社,2001年,第271页。

催促孙中山拨款。10月20日,孙中山特派邹鲁等赴香港,"密纠滇桂各军,由梧州东下讨陈"①。杨希闵一面遣那博夫赴沪,向孙中山请示机宜,一面派代表赴香港会见邹鲁,向其表示顾军拥孙讨陈的决心。②11月8日,孙中山再次致电张开儒,希望其与朱培德等合作,并强调饷费"已电嘱港中机关接济,纵不能即副所期,亦必不令我军困苦也"③。在孙中山的联络下,顾军虽已确定东征计划,但对开拔时间仍存在分歧,"一主张待许军回师,然后开动;一力求接济开拔费一宗(约一团一万元),款到即行拨队"④。11月28日,杨希闵代表夏声在香港与邹鲁具体磋商讨陈事宜,双方基本达成共识,⑤滇军内部也最终决定不待许军发动,讨陈"款到即可进行"⑥。

  1922年12月6日,顾军与桂军刘震寰、沈鸿英等部在广西平南县白马圩举行会议,共推杨希闵为讨贼军滇桂联军总司令,高举护法旗帜宣誓讨陈。12月30日,孙中山为巩固顾军讨陈决心,再次致电顾军将领,以"为国家建立宏功也"⑦劝之,以"粤省地方雄厚,足资根据,得此毋虑不发展也"⑧诱之。12月31日,滇、桂、粤诸军组成滇桂粤联军西路讨贼军,与许崇智的东路讨贼军遥相呼应。1923年1月1日,杨希闵正式就任孙中山所任命的讨贼滇军总司令。1月4日,孙中山正式通电讨伐陈炯明。至1月15日,陈炯明战败下野,次日,滇桂各军陆续进入

---

① 毛思诚编:《民国十五年以前之蒋介石先生》第4册,1936年,第52页。
② 参见胡彦:《护国滇军第一军后期史略》,载中国人民政治协商会议云南省委员会文史资料研究委员会编:《云南文史资料选辑》第26辑,昆明:云南人民出版社,1986年,第233页。
③ 《复张开儒函》(1922年11月8日),载《孙中山全集》第6卷,北京:中华书局,1985年,第607页。
④ 《张启荣上总理函》,(台北)中国国民党党史馆藏,档号:环02482。
⑤ 参见"中华民国"各界纪念国父百年诞辰筹备委员会学术论著编纂委员会主编:《国父年谱》下册,台北:"中华民国"各界纪念国父百年诞辰筹备委员会,1965年,第872页。
⑥ 《张启荣上总理函》,(台北)中国国民党党史馆藏,档号:环02654。
⑦ 《致蒋光亮函》(1922年12月30日),载《孙中山全集》第6卷,北京:中华书局,1985年,第656页。
⑧ 《致杨希闵函》(1922年12月30日),载《孙中山全集》第6卷,北京:中华书局,1985年,第657页。

广州,革命取得阶段性胜利。

顾军主动向孙中山靠拢,从一支流离失所的军阀军队转变为以"讨贼"为名的革命军队,这一转变仍是顾军为自身谋发展的战略选择,正如张启荣所言,"滇军现在上级将领,除张开儒一人外,余皆可东可西者"①。虽然顾军的"革命化"是"妥协革命"的产物,但顾军在选择东征讨陈后,尤其是在白马会盟后,对孙中山的支持也不可谓不坚定。杨希闵在派员赴港联络邹鲁之时,亦同时以范石生、蒋光亮为代表赴穗与陈炯明周旋,表示顾军志在回滇的战略选择。陈炯明为实现"西和东拒之计"②,允诺赠与顾军广东毫洋十万元、军服一万二千套、干菜若干船,甚至向军官赠送白兰地酒。③ 而吴佩孚秘书长张其煌则主动联络那博夫,劝顾军"开往湖南,先事整顿,吴大帅可以补助两师军械,回转云南,恢复地盘;……可先拨 30 万元作为开拔费,待军队到达湖南,还可源源接济"④。与孙中山的接济相比,陈炯明与吴佩孚开出的条件显然更为丰厚,但顾军在"军服均已腐烂不堪,且该地贫瘠,军饷无法搜括,饥寒所迫"⑤的条件下,仍坚持拥孙讨陈的路线,显示了其不仅重视饷械等眼前利益,更有长远的战略考量,着眼于军队的长远发展,即所谓"驻桂系暂局,图粤乃庙谟,而复滇则须图粤以后,俟有补充,方能举行"⑥。顾军占领广州后,不仅实现了就食广州的战略目标,更实现了从军阀部队向"革命中坚"的身份转变,成为了名副其实的"革命军"。

---

① 《张启荣上总理函》,(台北)中国国民党党史馆藏,档号:环 11954。
② 《张启荣上总理函》,(台北)中国国民党党史馆藏,档号:环 11979。
③ 参见胡彦:《护国滇军第一军后期史略》,载中国人民政治协商会议云南省委员会文史资料研究委员会编:《云南文史资料选辑》第 26 辑,昆明:云南人民出版社,1986 年,第 232 页。
④ 那博夫:《滇军入粤讨伐陈炯明始末》,载云南省政协文史委员会编:《云南文史资料选辑》第 58 辑,昆明:云南人民出版社,2001 年,第 291 页。
⑤ 《张启荣上总理函》,(台北)中国国民党党史馆藏,档号:环 11979。
⑥ 《杨希闵范石生等上总理呈》,(台北)中国国民党党史馆藏,档号:环 11948。

二、"革命-军阀"的动态平衡与认同关系的双向构建

（一）"有限革命"与革命政权的巩固

自白马会盟后，滇军即高举护法旗帜，将自身完全塑造为一支为革命事业奋斗的军队。早在1922年12月29日，杨希闵在致电陈炯明时即指出，"奉命出师，护持法统"①，为滇军讨陈树立起护法旗帜。联军占领广州后，对于退守惠阳一带的陈军，杨希闵甚至提出"不从根本扑灭，深恐死灰复燃"②，大有将革命进行到底的态势。此后，杨希闵"历次宣言不干国政"③，并表示"奉孙命而来，他日当然奉命而去"④，批驳了陈炯明所谓的主客矛盾，将滇军塑造为了孙中山的忠诚拥护者。同时其明确指出，"今日必先巩固粤局，然后团结西南。既能团结西南，再图进定寰宇"⑤，为滇军驻粤树立起了合法性。孙中山也高度赞扬滇军"为倡义之首"⑥，在战斗中"攻陈最力"⑦。孙中山对滇军的赞誉，进一步巩固了滇军的"革命"身份。

1923年1月20日，孙中山任命胡汉民为广东省省长，魏邦平为广州市卫戍司令，以践行粤人治粤的治理原则。1月23日，驻粤各军将领

---

① 《杨总指挥讨陈炯明通电》（1922年12月29日），载廖百芳：《濛江余影》上卷，1928年，第9页。
② 《杨总司令训诫全军官兵之通令》（1923年1月23日），载廖百芳：《濛江余影》上卷，1928年，第22页。
③ 《一年来之广东》，《前锋》1923年第2期。
④ 《杨总司令敬告粤中父老兄弟书》（1923年1月22日），载廖百芳：《濛江余影》上卷，1928年，第18页。
⑤ 《杨总司令复李协和参谋总长电·又电》，载廖百芳：《濛江余影》上卷，1928年，第27页。
⑥ 《致杨希闵函》（1923年1月31日），载《孙中山全集》第7卷，北京：中华书局，1985年，第73页。
⑦ 《与某西报记者的谈话》（1923年1月中旬），载林家有编：《孙中山全集续编》第3卷，北京：中华书局，2017年，第321页。

共同电邀孙中山速回广州主持大局。1月26日,沈鸿英以魏邦平"联合粤军,将驱逐滇桂军,非诱擒之不可"①为由,煽惑杨希闵在滇军江防司令部召开联军会议,并在会议中指使部下枪击粤、桂军政要员,以图挟制滇军控制广州。但滇军并不与谋,反而保护性地将魏邦平扣押,使胡汉民出逃,避免了事态的进一步恶化。事变发生后,外间多有"滇、桂军皆党于沈"②之说,孙中山赴穗的计划亦被迫中止。基于广州当局的报告与对滇军的信任,孙中山认为此次事变滇军"仅激于主客歧视之见",而沈鸿英则"蓄谋叵测,甘受洛吴指使,妄思盘踞广州,以遂其宰割之欲"。③孙中山于1月31日致电杨希闵,一面提醒其"万不可稍受其惑",一面又对其表示,"坚信兄等始终无二"。④杨希闵则派代表夏声赴沪,向孙中山解释一切,表示绝无二心。2月15日,孙中山在接受日本东方通讯社采访时,自信地说:"广东方面,现极平稳,滇军誓为余效命。"⑤

在江防事变中,杨希闵不仅未与沈鸿英同流合污,反而在事变后积极参与调停,极力控制事态的发展。与粤军、桂军公开抨击沈鸿英不同,杨希闵与沈鸿英私交甚笃,因此始终以中间人的身份调解孙中山与沈鸿英之矛盾,极力缩小事变影响。杨希闵宣称事变与主客矛盾无关,"纯因第三师发生冲突,并无别意"⑥,并成功劝说沈鸿英向孙中山认罪忏悔,同时向孙中山解释一切,为沈鸿英"力为辩护","以信希闵者信冠南"。⑦ 在杨希闵的调解下,事变最终得以和平解决。

---

① 邓泽如:《中国国民党二十年史迹》,上海:正中书局,1948年,第275页。
② 《复刘震寰函》(1923年1月31日),载《孙中山全集》第7卷,北京:中华书局,1985年,第73页。
③ 《致张作霖函》(1923年1月28日),载《孙中山全集》第7卷,北京:中华书局,1985年,第57页。
④ 《致杨希闵函》(1923年1月31日),载《孙中山全集》第7卷,北京:中华书局,1985年,第73页。
⑤ 《与日本东方通讯社记者的谈话》(1923年2月15日),载林家有编:《孙中山全集续编》第3卷,北京:中华书局,2017年,第347—348页。
⑥ 《滇军关于江防会议之布告》,《香港华字日报》1923年7月31日。
⑦ 《杨希闵忠告沈鸿英》,《民国日报》1923年5月20日。

江防事变迅速恶化了孙中山与沈鸿英的关系,激化了广州的主客矛盾,但滇军在事变后的表现使孙中山与杨希闵的关系更为密切。2月21日,孙中山抵达广州,23日即令沈军"全部移驻肇庆,并西江北岸;所遗江北一带防地,由滇军总司令杨希闵派队接守"①。自沈军退出省城后,"所有赌馆亦移归滇军接防,故省城已全入滇军势力范围"②,滇军成为了江防事变的最大受益者。3月2日,广州陆海军大元帅大本营成立,孙中山不仅任命杨希闵为中央直辖滇军总司令,还令其兼任广州卫戍司令,滇军成了拱卫大本营的基本军事力量,杨希闵也成为左右广东政局的中心人物。在滇军的拥护下,即使面对内忧外患,孙中山仍然认为"大局前途,至可乐观"③。

4月16日,沈鸿英发动叛乱,杨希闵闻讯甚是诧异,力劝其"勒马临崖,回头是岸",并以私谊质问沈,"自问对于吾兄,纵不仁至义尽"。④孙中山当即罢免沈鸿英桂军总司令职,命各军参与平叛。杨希闵见劝阻无效,亦选择竭力拱卫大本营,"亲率卫队与敌搏斗,军长蒋光亮、范石生等也亲自督战,躬冒矢石,士兵亦肯用命"⑤。驻穗各军于"三日之间,尽破叛军,克复白云山、兵工厂等处,省城附近一带,已告肃清"⑥,沈军败退新街。平沈之役后,孙中山褒扬杨希闵,"督率所部,力遏敌氛",而粤、桂等军"迅速赴援,同心杀贼",⑦明确了滇军在平沈之役中的核心地位。驻粤滇军不仅得到了孙中山的嘉奖,而且也赢得了"中山

---

① 《孙大元帅饬令指定在粤各军防地》,载"中华民国"史事纪要编辑委员会编:《中华民国史事纪要》,台北:"中华民国"史料研究中心印行,1979年,第261页。
② 《滇军收入之丰》,《香港华字日报》1923年4月3日。
③ 《致某人函》(1923年4月上旬),载《孙中山全集》第7卷,北京:中华书局,1985年,第309页。
④ 《杨总司令致沈鸿英电》,载廖百芳:《濛江余影》上卷,1928年,第36—38页。
⑤ 余炎光、陈福霖主编:《南粤割据——从龙济光到陈济棠》,广州:广东人民出版社,1989年,第180页。
⑥ 《广州市市长孙科关于沈鸿英发动叛变一事该逆军已被击溃现迅速扫除逆敌以竟全功的训令》(1923年4月26日),广州市档案馆藏,档号:资-政-000175-0075-029。
⑦ 《广州市市长孙科关于沈鸿英发动叛变一事该逆军已被击溃现迅速扫除逆敌以竟全功的训令》(1923年4月26日),广州市档案馆藏,档号:资-政-000175-0075-029。

重组大元帅府,拱卫基本,专恃朱、杨"①的美名。此后,孙中山"对滇军异常器重,视同禁卫之托"②。也正因如此,北洋政府在策反驻粤各军时亦认为"杨希闵、范石生系孙氏党,原不在接洽之列"③。通过江防事变与平沈之役,驻粤滇军成为了孙中山最为倚重的客军,其在广州的军事地位也得到进一步巩固。

1923年5月10日,大本营发动东征之役,滇、桂、粤等军联合讨伐陈炯明。滇军在击退沈鸿英联合北军的入侵后,即被调往东江前线。至8月,许崇智部粤军与刘震寰、刘玉山等部桂军接连战败,"战斗能力经已大减,不复能独当一面",此后的作战"几以滇军为主力",因此,滇军"不免以骄子自视,对于其他各部,几若无物"。④ 正因如此,滇军第一军第二师廖行超部与第三军蒋光亮部"骄不受命"⑤,屡因索饷为名,不听调遣,擅自移动,严重阻碍了东江作战的进行,孙中山亦无可奈何。滇军第二军范石生部虽然在东征作战初期迁延不进,但在中后期相继取得了博罗、石龙作战的胜利,达到了预期的战略目标。据苏籍军人严伯威所言,"余每亲见滇军作战,其勇敢之处,为余从未曾见者云"⑥。

虽然滇军在东江作战中的表现毁誉参半,但其在广州保卫战中发挥了至关重要的作用。自10月起,东征各军相继溃败。11月12日,陈军洪兆麟部进攻石龙,滇军范石生部"不待炊,即率队来赴,卒破洪逆于石龙,几溺毙之,使敌挫折,不能穷追我军"⑦。虽然范石生取得了石龙大捷,但也仅是迟滞了陈军的步伐,未能扭转东征各军在战场上的颓

---

① 《致袁鼎卿东电》(1923年),载周素园:《周素园文集》,贵阳:贵州人民出版社,1994年,第679页。
② 林祥:《孙中山先生肃平沈鸿英叛变的经过》,载广东省政协学习和文化史资料委员会编:《广东文史资料存稿选编》第1卷,广州:广东人民出版社,2005年,第230页。
③ 《军事处致吴佩孚哿申电》(1923年11月20日),载中国史学会、中国社会科学院近代史研究所编:《北洋军阀(1912—1928)》第4卷,武汉:武汉出版社,1990年,第352页。
④ 《孙中山令筹款接济滇军》,《香港华字日报》1923年9月6日。
⑤ 文公直:《最近三十年中国军事史》下册,郑州:河南人民出版社,2016年,第155页。
⑥ 《严伯威粤战观察谈》,《民国日报》1923年11月6日。
⑦ 《古应芬纪录之民国十二年大元帅东征日记》,载太平洋书店编:《中山丛书(增补特种)·附录》,上海:太平洋书店,1927年,第46页。

势,各军纷纷撤退至广州近郊,东江作战转变为了广州保卫战。面对危局,孙中山命杨希闵兼滇粤桂联军前敌总指挥,"咸尊重之作战指挥于以统一,枕戈待命三军"①。11月20日,豫军樊钟秀部来援,配合滇桂粤军进攻陈军,陈军各部则因配合失当被联军击溃,广州之围遂解,陈炯明复退据东江。驻粤滇军在广州保卫战中挽救了危如累卵的革命政权,"粤局之中兴,实系乎此"②。孙中山在战后对杨希闵、范石生等滇军将领大加褒奖,甚至连直系军阀齐燮元也指出,"孙之所以不灭,恃有滇军,不速解决滇军,则粤局终不能定"③。

东征之役中的滇军,充分体现了其"有限革命"与军阀军队的基本特征。一方面,军事行动建立在军队自身利益基础之上,这是滇军索饷不进的重要原因。尤其是滇军在东征中蓄意侵占粤军在香山、顺德的防地,挑起香顺事件,引起了孙中山的极大不满,香顺事件也由此成为"孙滇两军冲突之嚆矢"④。而滇军第二军在博罗、石龙的勇猛作战,很大程度上也存在扩充防地与开拓饷源的考量。另一方面,军队组织涣散,因此出现各师作战态度截然不同,各自为战,不能有效配合的情况。滇军在广州保卫战中的全力以赴,也是因滇军就食广东的前提是大本营的存在,滇军对大本营的保卫,实际上即是对自身的保卫。孙中山虽然对滇军保卫广州给予了褒奖,但经此一役,也深刻地认识到,"今之手握一万数千兵者,以利结合,鲜有以主义感化其部下者"⑤。

(二) 革命塑造与认同关系的双向构建

从北伐滇军到讨贼滇军再到驻粤滇军,驻粤滇军的发展脉络有一

---

① 国民革命军参谋本部编纂:《孙大元帅戡乱记》,广州:广东测量局,1924年,第70页。
② A. R. Burt, John Benjamin Powell, Carl Crow, *Biographies of Prominent Chinese*(中华今代名人传), Shanghai: Biographical Publishing Co., 1925, p.190.
③ 《齐燮元致陆锦电》(1923年12月21日),载中国史学会、中国社会科学院近代史研究所编:《北洋军阀(1912—1928)》第4卷,武汉:武汉出版社,1990年,第354页。
④ 《广东特约通讯》,《时事新报(上海)》1923年8月28日。
⑤ 《在广州大本营对国民党员的演说》(1923年12月9日),载《孙中山全集》第8卷,北京:中华书局,1986年,第502页。

条清晰的主线,仿佛这支军队是一个以地域为特征的牢固整体。但事实上,这支军队从未形成真正的统一。顾品珍主政云南后,滇军在表面上再度形成统一,然而其内核仍是云南各派系松散的军事联盟。唐顾之战后,顾军余部辗转黔桂,虽共推张开儒为代总司令,但其内部仍各自为政。桂平会议后,滇军虽然确立了拥孙讨陈的统一方略,但这也仅仅是"妥协革命"的结果。当滇军辗转黔桂,流离失所之时,其内部尚能维持统一,而当滇军入驻广州,成为既得利益集团之时,其军阀性再次暴露无遗,"组织松懈,又不团结,一切人事、行政、筹饷、补给均脱离了总部掌握,只有编制上的名称,而无纪律上的节制"①。

表1 中央直辖(驻粤)滇军编制表

	番号	长官	番号	长官	驻地
中央直辖滇军 总司令杨希闵	第一军	杨希闵	第一师	杨池生→赵成樑	韶关
			第二师	杨如轩→廖行超	陈塘
	第二军	范石生	第三师	杨廷培→徐德	江防司令部
	第三军	蒋光亮 ↓ 胡思舜	第四师	王秉钧→王汝为→朱世贵	清远
			第五师	胡思舜→曾曰唯	石围塘
			第六师	胡思清	石围塘
			第七师	李根沄(后废)	濠畔街

资料来源:范石生,《滇军第二军战史附图》,香港:商务印书馆代印,1924年,广东省立中山图书馆藏。

在驻粤滇军中,杨希闵"向受制于蒋、范,实力本极薄弱"②,其被推为总司令,实乃滇军内部妥协下的产物。不仅各军之间的冲突"时发时止,未易解决,杨、范、蒋三军各自为谋"③,而且各军内部亦矛盾颇深,均爆发过直接冲突。滇军内部之情形,正如时人所言,"不特三军长积不相能,即七个师长亦长要你死我活"④。自大本营建立后,北洋政府

---

① 廖行超:《第二次滇军入粤始末》,载广东省政协学习和文史资料委员会编:《广东文史资料存稿选编》第2卷,广州:广东人民出版社,2005年,第481页。
②《今后之滇军》,《香港华字日报》1923年8月24日。
③《滇军内讧未易解决》,《香港华字日报》1924年2月12日。
④《滇军某要人关于滇军问题之谈话(续)》,《香港华字日报》1924年1月19日。

与陈炯明就从未停止过对驻粤滇军的策反,而驻粤滇军的投敌又往往与内讧交织在一起,二者相辅相成,共同塑造了滇军的"反革命"形象。如杨池生、杨如轩被排挤并最终投敌,"实为范、蒋所主持,杨希闵为范、蒋所迫,不敢立异"①。在1923年至1924年间,驻粤滇军军参谋长禄国藩、师长杨池生、杨如轩、王秉钧、王汝为等先后叛逃,师长以下军官叛逃者亦不少。驻粤滇军的内讧与叛逃,不仅消耗了滇军的有生力量,而且加深了滇军的军阀性,为此后的反革命埋下了伏笔。但当滇军"遇军事紧急时,尚有急则相救之义"②,因此仍能稳固其在广州的军事地位。

驻粤滇军虽然具有明显的军阀特征,但从"被动革命"到"妥协革命"再到"有限革命",始终努力将自身塑造为一支为革命事业而奋斗的军队,以实现军队内部"革命性"与"军阀性"之间的动态平衡。早在入粤之初,杨希闵就公开表示,希望孙中山"勿行军阀主义,要厉行民治主义"③,明确将"军阀"置于革命的对立面,并与之彻底划清界线。江防事变后,驻粤滇军与孙中山的关系更为密切,滇军在广东的地位也更为稳固。在孙中山的信任与重用下,杨希闵对孙中山的拥护也更为坚定,曾公开训诫所部军人,"斤斤以服从总统命令,誓不向北为言"④,并坚持滇军"每日三操两讲,无日或闲者也"⑤。1923年3月20日,北京政府为挑拨双方关系,公开任命杨希闵帮办广东军务善后事宜,杨希闵"闻讯痛愤,向予声辩至再,并率其军官十余人,尽数入国民党,指天誓日,永不相背"⑥,同时通电全国,再次表达了滇军驻粤旨在"保障共和,

---

① 《云南省长唐继尧关于驻港交通员周安元函报孙文调范石生部赴惠助战等南北战况情形的批》,云南省档案馆藏,档号:1106-003-01025-002。
② 《粤省滇军最近之变化》,《时事新报(上海)》1924年4月25日。
③ 《云南省公署关于唐继尧、陆荣廷联合的作用、孙中山处置滇桂军计划等政情新闻的剪报》,云南省档案馆藏,档号:1106-003-01025-025。
④ 《杨司令训诫滇军》,《民国日报》1923年3月15日。
⑤ 《在广州大本营对国民党员的演说》(1923年12月9日),载《孙中山全集》第8卷,北京:中华书局,1986年,第506页。
⑥ 《致某人函》(1923年4月上旬),载《孙中山全集》第7卷,北京:中华书局,1985年,第309页。

护持此国命所托之法统于不坠耳"①。在此背景下,不仅国民党人认为驻粤滇军"拥护钧座之心尤极诚"②,中国共产党亦对驻粤滇军颇多赞誉,并给予期许。③

国民党一大后,在浓厚的革命氛围下,驻粤滇军更是高举"党"与"三民主义"的旗帜,不断形塑并巩固自身的"革命"身份。1924年5月,杨希闵以"滇军系为服膺中山主义而来,无论为军官为士兵,均应含有党的观念,然后可养成完全的党军"④,在滇军中设立党团最高执行委员会。6月,范石生邀请孙中山赴滇军第二军演讲三民主义,孙因政务繁忙而无暇顾及,范石生特向国民党中执委申请发给孙中山演讲册一千二百份,以分发所部官兵学习。⑤

孙中山深知,"主义与武力二者,终须相辅而行"⑥,因此同样致力于通过"主义"改造滇军,以彻底实现滇军的"革命化"与"党化"。孙中山时常亲临前线训勉驻粤滇军,如在讨沈之役中指出,"此次战争,为拥护约法而战,更为争人格而战。……吾辈革命军人则志在拥护民国,铲除破坏和平之北方军阀,宗旨与寻常军人完全相反"⑦。在东征之役中指出,东征乃"以义讨贼也,为国也"⑧。1924年4月4日,孙中山在检阅滇军时明确指出:"现在决定将滇军组织党军,俾全军皆具革命思想,努力以干革命事业。"⑨孙中山不仅时常训勉滇军官兵,更计划通过军

---

① 《杨希闵等滇军全体官兵致全国的通电(快邮代电)》,载李家璘、郭鸿林、郑华编:《北洋军阀史料(吴景濂卷四)》,天津:天津古籍出版社,1996年,第285页。
② 《张士仁上总理函》,(台北)中国国民党党史馆藏,档号:环02661。
③ 参见《中国共产党告滇军兵士》,《向导》1923年4月18日第21期。
④ 《滇军党团已成立》,《广州民国日报》1924年5月19日。
⑤ 参见《滇军范部读三民主义》,《广州民国日报》1924年6月21日。
⑥ 《在欢宴各将领会上的演说》(1923年3月5日),载《孙中山全集》第7卷,北京:中华书局,1985年,第160页。
⑦ 《在河口对滇军的演说》(1923年5月6日),载《孙中山全集》第7卷,北京:中华书局,1985年,第429页。
⑧ 《在石龙前线对滇军军官的演说》(1923年11月4日),载《孙中山全集》第8卷,北京:中华书局,1986年,第366页。
⑨ 《在广州石围塘检阅滇军的演说》(1924年4月4日),载《孙中山全集》第10卷,北京:中华书局,1986年,第33页。

校使国民党势力深入滇军内部,以期逐步实现滇军基层军官的党化,从而实现整个滇军的党化。

  1924年4月29日,在孙中山的支持下,滇军干部学校成立,杨希闵"令各师旅选青年将校之军事学识未甚娴者入之,而学生之有志从军及他省投效者亦兼收焉"①,以滇军总参谋长周自得为校长,廖仲恺为党代表。虽然干校的训练与教育完全采用云南讲武堂的模式,但与之不同的是,干校非常重视党性教育,孙中山"每周三次到校讲授《三民主义》和革命主张"②,廖仲恺与俄国顾问"每过一两星期,就来讲一次话"③。8月,为支持干校发展,孙中山特令财政厅每月从糖捐正饷中拨五千元作为干校经费。④ 在孙中山、廖仲恺等人的努力下,至11月,干校学生560余人中,已入党者有400余人,其余已填入党表而未领党证者又居多数,干校学生已基本实现国民党化。⑤ 也正因如此,干校未再组织党团,而是依黄埔军校成例,于11月12日组织特别区党部。1925年初,廖仲恺宣称,滇军干部学校"热心研究党之主义"⑥。杨刘之乱爆发前夕,在中国青年军人联合会的策动下,滇军干部学校学生24人公开宣言脱离驻粤滇军,并批判杨希闵、周自得等"叛党殃民"。⑦ 而在杨刘之乱爆发后,大部分干校学生也没有参加叛乱,还在此后协助党军收容俘虏。⑧

  虽然孙中山与驻粤滇军均致力于塑造滇军的革命身份,但在"革命

---

① 廖行超署:《中央直辖滇军干部学校同学录·杨希闵序》,1924年。
② 周应媛:《辛亥革命老人周开勋简记》,载中国人民政治协商会议云南省昆明市委员会文史资料委员会编:《昆明文史资料选辑》第17辑,内部发行,1991年,第77页。
③ 邬少兰:《从参加五四运动到入广州农民运动讲习所》,载中共禄丰县委党史征集研究室编:《龙乡火种:中共禄丰县党史资料》第1辑,内部发行,1996年,第38页。
④ 参见江苏省中华民国工商税收史编写组、中国第二历史档案馆编:《中华民国工商税收史料选编》第5辑上册,南京:南京大学出版社,1999年,第1879页。
⑤ 参见《滇军干部学校组织区党部》,《广州民国日报》1924年11月12日。
⑥ 廖仲恺:《研究民族主义之必要——一月十日在黄埔军校演讲》,载《廖仲恺集》,上海:上海书店,1990年,第59页。
⑦ 周逸群:《总理逝世后之中国青年军人运动》,《中国军人》1925年第9期;《滇军干部生高煊林绍伯等离校宣言》,《广州民国日报》1925年6月12日第2版。
⑧ 参见王性初、何定华主编:《中共一大的湖北人》,武汉:湖北人民出版社,2001年,第286—288页。

性"与"军阀性"的动态平衡中,滇军始终未能实现最终的革命化,大本营内部"兵为将有""财为军有"的基本格局未曾改变。杨希闵晚年曾承认,"口头表示服从先生,但内心并未接受",其对孙中山的支持"未脱'挟天子以令诸侯'那种封建野心家的窠臼"①。而孙中山致力于建设的滇军干部学校,虽然是驻粤滇军中最为革命化的地方,但干校始终被杨希闵等滇军将领牢牢掌控,毕业生也仅跻身下级军官,对滇军上层影响有限,甚至廖仲恺在1925年提议"干校与黄埔合并"②的建议也被杨希闵否决。因此,维系驻粤滇军与大本营关系的并非主义,而是孙中山的私人关系与军队的切身利益。一方面,滇军臣服于孙中山的个人权威与人格魅力,即所谓"孙中山之对付武人,亦自有本领。无论若辈对孙感情若何,一经见面,即如被催眠者之受术,无复抵抗能力";另一方面,滇军备受主客之见的困扰,"迭经作战,不特恐不为粤军所容,即对粤人,亦知无复好感。故此际,滇军自审只有与广州帅府同其命运"。③ 因此,驻粤滇军与大本营双向构建的仅仅是较低层次的认同关系,即所谓"派系的或是私人的"④关系。

三、"均势-统一"的军政重塑与驻粤滇军的革命终局

(一)权力博弈与"有限统一"的形成

客军入粤之初,广州面临着严峻的主客问题。对此,孙中山计划通

---

① 杨希闵:《回忆与反省》,载尚明轩、王学庄、陈崧编:《孙中山生平事业追忆录》,北京:人民出版社,1986年,第372页。
② 代勉:《驻粤滇军的一些情况》,载政协云南省文山壮族苗族自治州委员会文史资料研究委员会编:《文山壮族苗族自治州文史资料选辑》第2辑,内部发行,1984年,第62页。
③ 《滇军最近态度续闻》,《香港华字日报》1923年7月4日。
④ 李怀印:《现代中国的形成(1600—1949)》,桂林:广西师范大学出版社,2022年,第19页。

过资遣客军回籍,一方面解决广东的主客矛盾,另一方面"合粤桂湘滇闽赣等省与北方各派实谋真正和平统一"①。但是,大本营建立后内有沈鸿英蠢蠢欲动,外有陈炯明虎视眈眈,主客矛盾暂时让位于敌我矛盾,孙中山不得不继续依靠滇、桂等客军拱卫新生的革命政权,大本营的中心任务在于领导各军"开展保护广州革命基地的军事斗争"②,由此,孙中山不得不与客军的胡作非为相妥协,"以军事力量为支撑、而不是宪政法理,成为现实政治中政权存在的根基"③。

孙中山的革命任务在于实现统一,对外而言,即是广东的统一,对内而言,即是军事、财政的统一,并以此为基础实现中华民国的统一。客军入粤之始,便纷纷把持财政,"举凡职厅直辖省内外各属厘税饷捐收入,悉为各驻防军队收办,饷款概行截留,省库几同守府"④。客军的胡作非为,严重影响了大本营的财政收入,而大本营财政收入的匮乏,则进一步限制了其权力的有效性,造成恶性循环。大本营早在建立之初,即尝试收回部分由军队把持的财权。如1923年3月16日,为整顿警政、维持教育等事,广州市市长孙科致电杨希闵,指出"市库奇拙,挪垫俱穷,若再事耽延,警政教育,皆将有停顿之虑"⑤,提议将滇军控制的花筵捐拨还财政厅。但滇军不愿交出,仅"准于花筵捐项下,共附征四角,以资弥补"⑥。

孙中山在组建大本营之初,将广东的统一视为大本营军事、财政统一的前提条件。1923年7月,孙中山在催促滇军增兵东江时就明确指

---

① 孟德居士编:《孙大元帅回粤记》,民权进步社,1923年,第48—49页。
② 曾庆榴、王友农:《孙中山大元帅大本营述论》,《近代史研究》1991年第3期。
③ 丁旭光:《变革与激荡——民国初期广东省政府(1912—1925)研究》,北京:世界图书出版公司,2010年,第151页。
④ 《给各军长官的训令》(1923年6月27日),载《孙中山全集》第7卷,北京:中华书局,1985年,第570页。
⑤ 《广州市市长孙科关于请滇军总司令杨绍基迅将花筵捐拨还管理的函》(1923年3月16日),广州市档案馆藏,档号:资-政-000175-0070-017。
⑥ 《花筵捐附加之支配法》,《广州民国日报》1923年9月24日。

出,"于十日内战事平,则财政即可整理"①。在第一次东征失败后,孙中山转而将内部财政的整理置于优先地位,于1924年2月1日正式发布统一财政令,饬令各军于当月6日前将所占之财政机关交还政府,计划以财政之统一促广东之统一。命令下达后,驻粤各军"行之者甚寡"②,孙中山不得不邀请各军将领开统一财政会议,各军将领中"惟范石生不到",杨希闵则"反对财政统一甚力"。③ 此后,在各方协商下,最终达成"原来各军所得数目,仍照拨各军","整顿所得盈余,由军政部会同财政委员遵照帅令处理"④的决议。但是,滇军不仅对这一决议不予执行,反而变本加厉。如滇军第三军虽奉令撤销军部财政处,却设立军饷筹备处,"所有办法,皆与从前财政处名异实同"⑤。对于广三铁路及佛山一带收入,滇军不仅不肯交出,反而扩充其收入范围。⑥ 滇军甚至在7月以"统一财政,总筹全军"为名设立军需总局,"无异创立第二之财厅,以扩张其侵吞财政之计划",因而粤人有"粤有滇军,粤之财政,将永无统一之日"之言。⑦

孙中山虽然最终未能实现大本营的财政统一,但却依靠财政问题实现了驻粤各军之间的权力均势,直接动摇了滇军在粤的"中心"地位。因驻粤客军的军阀性与广东财政的有限性,驻粤各军之间对于饷费的争夺实际上是零和博弈。第一次东征失败后,随着湘、豫等军入粤与粤军、党军的崛起,滇军在粤的军事"中心"地位开始受到冲击。湘军在客军中实力仅次于滇军,因此滇湘军之矛盾贯穿始终。孙中山则依托财政问题,通过在滇湘军的争饷中"每袒湘军"⑧,形成对滇军的有效牵

---

① 《命滇军速增兵平定东江叛军令》(1923年7月19日),载《孙中山全集》第8卷,北京:中华书局,1986年,第39页。
② 《复范石生电》(1924年10月3日),载周兴樑编:《孙中山全集续编》第5卷,北京:中华书局,2017年,第180页。
③ 《财政问题与东江战局》,《香港华字日报》1924年2月20日。
④ 《粤财政问题与湘滇军意见》,《新闻报》1924年2月26日。
⑤ 《滇军对于统一财政之态度》,《香港华字日报》1924年2月26日。
⑥ 参见《统一财政与南路军事》,《香港华字日报》1924年3月10日。
⑦ 《滇军设立军需局耶》,《香港华字日报》1924年7月31日。
⑧ 丁文江:《民国军事近纪·广东军事纪》,北京:中华书局,2007年,第173页。

制,并逐步扩展大本营权力。

在1924年2月的东征会议中,孙中山直接警告不愿作战的滇军将领:"倘滇军不觉悟,我完全交湘军办理。"①湘军则乘机要求"滇军将所占各征收机关交还政府,方能入东江作战"。在孙中山的支持下,滇军不得不做出让步,撤销广三路附近之征收机关。② 3月,又因湘军主动担负东江作战,孙中山下令将滇军控制的制弹厂"全行移交湘军,派员接管。滇军虽欲反对,然迫于中山之令,又劫于湘军大队之势,不得不服从,随将该厂即日交出"③,杨希闵愤而辞去东江总指挥之职。④ 湘军又复以索要开拔费为名,借故控制禁烟督办署,并"宣言嗣后该署收入烟费,须一律拨充湘军军饷,其他军队不得染指"。此事发生后,孙中山将督办杨西岩免职,以邓泽如继任,并下令"嗣后禁烟督办署收入一切公款,军人一概不得干预,政府自有权衡"。⑤ 湘军虽未能如愿控制禁烟督办署收入,但也让滇军丧失了此项收入,并使大本营得以扩充财政权。虽然孙中山利用湘军对滇军形成了有效制约,但孙中山与湘军之关系,在本质上与滇军相同,湘军之支持财政统一,在于税收为滇军把持,而又无所办法;湘军之支持东征,则在解决军队饷械问题,即"非借军事问题,无以为要挟之□"⑥。当利益受到损害时,湘军同样会拒不听令,如1924年初,湘军在东征中因"与滇军互争防地,又向孙中山索饷未发,不愿作战"⑦。又如1924年7月,湘军联合滇、桂军设立战时军需筹备处,公然与统一财政令背道而驰。

不仅孙中山依靠客军制约滇军,粤军与湘、豫等客军也互相联合以

---

① 《在大本营军事会议上的讲话》(1924年2月20日),载林家有、周兴樑编:《孙中山全集续编》第4卷,北京:中华书局,2017年,第203页。
② 参见韩信夫、姜克夫主编:《中华民国大事记》第2册,北京:中国文史出版社,1997年,第133页。
③ 《驻粤湘滇两军暗斗之结果》,《益世报(天津)》1924年3月31日。
④ 参见韩信夫、姜克夫主编:《中华民国大事记》第2册,北京:中国文史出版社,1997年,第143页。
⑤ 《驻粤湘滇两军暗斗之结果》,《益世报(天津)》1924年3月31日。
⑥ 《东江战事开始后之湘滇军》,《香港华字日报》1924年3月14日。
⑦ 《滇湘两军之争潮》,《时报》1924年2月14日。

制衡滇军,在主客、客客矛盾中进一步巩固了大本营内部的均势格局。第一次东征结束后,湘、豫等军不满于滇军把持税收,遂"暗与孙部粤军,合制滇军"①,使广东的主客矛盾逐渐演变为派系矛盾。粤军也"恶客军之骄横也,迎许崇智回粤"②,许崇智于1924年5月正式就任粤军总司令,并积极与滇军争夺权力,大本营内部的权力格局开始发生转变。许崇智回粤之初,对于滇军之跋扈颇为无奈,一方面,"滇军实力充裕,且挟驱陈逐沈大功",另一方面,"粤籍各军不能与其取同一步骤",③因此,许崇智转而联合湘、豫等军对抗滇军。至1924年底,许崇智与滇军"闹至意见极深,大有火拼之势"④。但是,许崇智"以客制客"的主要目标并非滇军,其最终的落脚点仍是广东的主客问题,其在军事会议上甚至"公然提倡粤人治粤、财政统一两问题"⑤。

虽然在孙中山的掌控下,主客、客客矛盾维持在一定的限度内,并呈现出权力均势的形态,有效避免了任何一方的尾大不掉,暂时维持了革命政权内部的稳定,但孙中山依靠个人权威与权力均势实现的内部统一与稳定,仅是各方妥协与牵制下低层次的"有限统一",反而动摇了大本营内部团结的根基,加速了主客、客客矛盾的激化,为此后革命阵营的分裂埋下了伏笔,并最终阻碍了孙中山革命事业的推进。

(二) 均势失衡与统一格局的重塑

孙中山依靠低层次的认同关系维持着大本营内部的"有限统一",其背景是大本营内忧外患的环境,其前提是孙中山统治权威的树立,其方式是依托财政问题,通过主客各军矛盾的调控以维持大本营内部的

---

① 《吴佩孚拟乘驻粤滇军内哄电促驻赣粤各军合力图粤致陆锦等电》(1924年1月15日),载中国第二历史档案馆编:《中华民国史档案资料汇编》第3辑,南京:江苏古籍出版社,1991年,第649页。
② 丁文江:《民国军事近纪·广东军事纪》,北京:中华书局,2007年,第173页。
③ 《滇军图御许崇智之进行》,《香港华字日报》1924年5月24日。
④ 《剑拔弩张之许滇两军》,《时事新报(上海)》1924年12月10日。
⑤ 《孙军内部龃龉与东江战讯》,《时事新报(上海)》1924年5月28日。

均势格局。自1924年下半年起,随着驻粤各军军事力量的消长,广东的均势格局开始逐渐瓦解。

驻粤滇军的军阀性,使其内部频繁发生内讧、投敌等事件,直接削弱了滇军的战斗力与内聚力。1925年2月23日,唐继尧以"团结友军、分道北伐","制止范氏,遏其乱萌,以免后顾之虑"①为由入侵广西,范石生欲趁此联合新桂军讨唐以实现返滇之志,遂自请援桂。大本营也欲利用驻粤滇军对抗唐继尧,并借机使其"内部分裂,势力削弱"②,随即批准并给予饷械支持。范石生在临行前宣言"无论胜败,誓不返师,以粤省还粤人"③,表明此次出师已造成驻粤滇军的根本分裂。虽然范军防地仍由驻粤滇军接防,驻粤滇军亦能够"将范之财源自由分配"④,但实已使"滇军实力大为削弱"⑤。

与滇军的逐渐衰落相比,粤军与党军则逐渐崛起,这最终打破了大本营内部的均势格局,使滇军的军事地位逐渐"边缘化"。陈炯明被逐出广州后,驻穗粤军本就军力不济,江防事变后又进一步遭到削弱,不复构成客军威胁。在广州财权被客军把持的情况下,粤军实力始终未有大的发展。1924年4月,许崇智再次回到广州,次月就任粤军总司令,积极推动粤军统一,以摆脱客军之羁绊,并主动联合湘军以制约滇军。在许崇智的努力下,粤军实力逐渐壮大。同年6月,黄埔军校正式建立。至年底,黄埔军校教导第一、二团先后成立。党军异军突起于广东,成为革命的中坚力量。1925年1月7日,陈炯明乘孙中山北上之机对大本营发动进攻,大本营则于1月15日颁布东征令,组建东征联军,

---

① 《滇军侵桂声讨唐逆案》,"国史馆"藏,典藏号:001-072430-001。
② 廖行超:《第二次滇军入粤始末》,载广东省政协学习和文史资料委员会编:《广东文史资料存稿选编》第2卷,广州:广东人民出版社,2005年,第483页。
③ 《范石生、邓本殷、申葆藩联盟》,《清华周刊》1925年第341期。
④ 《马为麟关于分配军饷及枪械的报告》,云南省档案馆藏,档号:1119-001-00074-032。
⑤ 代勉:《驻粤滇军的一些情况》,载中国人民政治协商会议云南省文山壮族苗族自治州委员会文史资料研究委员会编:《文山州文史资料选辑》第2辑,内部发行,1984年,第63页。

以杨希闵为东征联军总司令。滇军对此次东征并不积极,虽然战事进展顺利,但完全以粤军、党军为主力。至 4 月 20 日,东征之役胜利结束。粤军在东征中"一战而有潮梅,胡许挟其战胜之威,益以为解决滇桂军,如烹小鲜,故其回师广州,直不过迟早问题,并非有无问题"①。

随着广东均势格局的瓦解,大本营内部的"有限统一"也难以维持,粤军、党军追求大本营内部的"完全统一",滇军、桂军则期望维持并巩固大本营内部的"有限统一"。与此同时,驻粤滇军与大本营认同关系的逐渐瓦解,则使广东的局面更为动荡。驻粤滇军与大本营认同关系的构建以孙中山为核心,因而时人有言,孙中山逝世前驻粤滇军之所以"不反动","是为了中山先生活着,受他威望所致"②。1924 年 11 月,孙中山北上,临行前虽然任命胡汉民代行大元帅职权,但胡并不具备掌控全局的实力,广东的局势很快陷入混乱与动荡。1925 年 3 月 12 日孙中山的逝世,使大本营与驻粤滇军之间建基于孙中山私人关系基础之上的认同关系最终瓦解。

东征胜利后,驻粤滇军失去了长期驻粤的合法性,湘军倡言援湘,桂军也宣言援桂,驻粤滇军意识到"以客军地位,终不能久据粤省,苟一日粤局大定之后,外无强敌,许必更为排挤"③,广东的统一已是大势所趋。在均势格局瓦解与认同关系瓦解的背景下,大本营统一格局的重塑几乎成为必然,驻粤滇军不得不为自身之发展寻找出路。

一方面,杨希闵与各方势力均有接洽。早在 3 月 20 日,黄埔军校教导团攻占兴宁时,在林虎司令部"搜获杨希闵等与敌军往来密电"④,使杨、林之勾结公之于众。东征结束后,杨希闵为在军事上占据优势,劝说刘震寰"宜统一滇桂军,以对粤局,再图外展"⑤,使其放弃联唐图桂的计划,选择与滇军一致动作。与此同时,段祺瑞与唐继尧亦派代表秘

---

① 《粤省政争中各军近状》,《时报》1925 年 4 月 28 日。
② 高尔柏、高尔松:《孙中山先生与中国》,上海:民智书局,1925 年,第 30 页。
③ 《许崇智与滇军益成水火》,《香港华字日报》1925 年 3 月 18 日。
④ 《政府严重处分叛军之通电》,《陆海军大元帅大本营公报》1925 年第 14 号。
⑤ 《刘震寰决计留粤》,《清华周刊》1925 年第 345 期。

密策动杨希闵。对于段祺瑞,杨希闵于5月上旬"派员赴赣,与方本仁接洽北附问题"①,同时亲赴香港与段祺瑞代表接洽。5月15日,杨希闵致电段祺瑞,对其极力恭维,称"时局纠纷,西南为重,安危所系,全在我公",并表示对于粤事之处理,"闵当惟命是从"。② 对于唐继尧,杨希闵虽然在公开场合均持反对态度,但在暗中颇有联唐之意向,甚至"特制银鼎一个,瓶一对,上刻蓂赓老师赏鉴等字,交伯安带呈"③,以增进与唐之私人关系。

杨希闵对联络对象的选择均有极为明确的目的性:联合林虎、刘震寰旨在增强军力,以对抗粤军、党军的军事威胁;与段祺瑞、唐继尧的接洽则有更为长远的考量。唐继尧将孙中山的逝世视为"向粤发展之良机"④,并积极拉拢驻粤滇军作为内应。对此,杨希闵计划,若唐军在广西进展顺利,即公开与唐继尧联合,在唐的饷械支援下合谋夺取广州政府;若唐军在广西进展不利,则以维持广州均势现状为要。若要维持广州均势现状,则需在与国民党的权力博弈中取得优势,这就必须重建认同关系,为滇军的长期驻粤提供合法性。孙中山逝世后,驻粤滇军与大本营的认同关系未能建立起来。与孙中山相比,胡汉民并不具备"卡里斯玛"式权威,胡不仅未得到驻粤各军的一致认同,甚至未得到党内的一致认可,柏文蔚、于右任等党员"均不满于胡汉民"⑤。胡汉民与许崇智"素以排客军著称"⑥,这更加激化了双方矛盾,杨希闵"不愿胡之挟其大元帅资格以相临"⑦。与之相比,自段祺瑞主政北京后,即以"超党

---

① 《杨希闵倾附中央》,《东方时报》1925年5月13日。
② 《杨希闵致段电》,《晨报》1925年5月20日。
③ 《马为麟关于告知广州滇军将领均派人来香港欢迎入云南的函》,云南省档案馆藏,档号:1119-001-00075-006。
④ 《建国联军总司令部唐继尧关于告知孙中山逝世商议会议必将受阻的电》,云南省档案馆藏,档号:1119-001-00004-098。
⑤ 《段派谋粤倒胡之所闻》,《香港华字日报》1925年3月20日。
⑥ 《粤政局变化中之面面观》,《晨报》1925年6月1日。
⑦ 《粤省政争中各军近状》,《时报》1925年4月28日。

派政治领袖"的姿态处理政务,对孙中山及其国民党实施安抚政策①,使南北关系得以缓和,以致外间纷传"国民党与段祺瑞合作"②。杨希闵主动联络段祺瑞,即是为了将驻粤滇军与大本营的认同关系转移为驻粤滇军与北京政府的认同关系,并借助北京政府的"正统"地位,取得驻粤的"合法性",同时在与大本营的博弈中得到北京政府的支持。

另一方面,杨希闵等滇军将领始终公开宣扬革命,否认各类反革命传言,将自身塑造为为革命事业奋斗的军队。滇军侵桂后,外间纷传唐继尧"煽惑杨刘作乱"③,杨希闵等不仅多次公开反对唐继尧④,更是在各种公开场合宣扬革命理念。1925年4月30日,杨希闵在滇军干部学校毕业典礼上,训勉滇军遵奉总理遗嘱,贯彻三民主义,对内强调"革命"与"建国",对外强调抵抗帝国主义侵略。⑤ 5月6日,杨希闵潜赴香港,外间纷传其有反革命密谋,杨希闵在返穗后公开表示"滇军系为革命而来,断不致有反革命之行动也"⑥。5月29日,杨希闵晤胡汉民,再次否认联唐投段。⑦ 同时,驻粤滇军将领联名通电全国,明确指出滇军"所服膺者三民主义,所贯彻者革命精神,所拥护者革命政府,所保护者地方人民,除此以外,不知其他,一息尚存,始终奋斗。倘有违反本党主义,防害人民治安,或有意挑拨,希图破坏现政府者,本军认为公敌"⑧。

虽然驻粤滇军与大本营积不相能,但杨希闵并不愿与大本营根本决裂。一方面,杨希闵虽然成功联合刘震寰,但在滇军分裂与湘军附

---

① 杨天宏:《直奉战争之后的北京政治——段祺瑞临时执政府对北洋体系的整合》,《史学月刊》2008年第4期。
② 《国民党与段祺瑞》,《广州民国日报》1925年5月25日。
③ 《滇军侵桂声讨唐逆案》,"国史馆"藏,典藏号:001-072430-001。
④ 参见《在粤滇军将领杨希闵等声讨唐继尧电》,载孙曜编:《中华民国史料》,上海:文明书局,1929年,第91页;《赵成樑辟谣》,《民国日报》1925年4月21日。
⑤ 《滇军干部学校第二期毕业典礼纪》,《广州民国日报》1925年5月4日。
⑥ 《杨希闵赴港原因之表白》,《广州民国日报》1925年5月26日。
⑦ 参见中国人民政治协商会议广东省委员会文史资料研究委员会编:《广东文史资料》第43辑,广州:广东人民出版社,1984年,第219页。
⑧ 《滇军将领拥护革命政府之通电》,《广州民国日报》1925年6月1日。

粤,胡思舜、廖行超等滇军将领"意存观望,没有积极准备"①,"各欲伸张势力,暗与政府通款"②的情况下,在军事上实无多少胜算;另一方面,广州税收丰裕,若能维持广州的均势现状,杨希闵也没有与大本营彻底决裂的必要。正如唐继尧代表马为麟所言:"滇军在粤虽有实力,然无我军补助,实不能对粤省擅用武力。且现时各有防区,收款极丰,若无确实把握,必不忍暂时舍去。"③更为重要的是,广州大本营也是中国革命的大本营,即使滇军致力于形塑自身的革命身份,但与大本营开战最终难免落得反革命的下场。因此,杨希闵对于粤事的处理始终"不慌不忙"④,多次主动请谭延闿、廖仲恺等协调矛盾。然而在大本营军事占优、杨希闵拒不让步的情况下,大本营内部的"有限统一"实已无维持的可能,实现"完全统一"被大本营视为奠定"革命根据地之基础"⑤的最终步骤。在调和无果的情况下,杨希闵则预留了第二手准备,"决定以驱逐共产党为标帜"⑥,以"倒胡"的形式为滇军对抗大本营提供"合法性"。

与之相比,大本营对于收回广东财政、军权的决心已颇为坚定。因滇桂战争的爆发,大本营始终担心驻粤滇军与唐继尧联合,因此决意在滇桂战争的相持阶段,"先行解决广州滇桂军,以免内应"⑦。1925年5月13日,汕头粤军总司令行营举行军事会议,议决了暂弃潮梅地区,分三路回师广州镇压滇、桂军的作战计划。同时以朱培德为核心策动驻

---

① 张适南:《滇桂军杨希闵、刘震寰两部入粤之经过》,载中国人民政治协商会议广东省委员会文史资料研究委员会、广东革命历史博物馆合编:《广东文史资料》第42辑,广州:广东人民出版社,1984年,第240页。
② 毛思诚编:《民国十五年以前之蒋介石先生》第10册,1936年,第78页。
③ 《马为麟关于告知已到广州滇军详述当前局势的函》,云南省档案馆藏,档号:1119 - 001 - 00075 - 013。
④ 《广州滇桂军失败经过》,《晨报》1925年6月28日。
⑤ 吴祺编述:《本党重要政纲及宣言》,南京:中央陆军军官学校政治训练处,1929年,第182页。
⑥ 《粤政局将有大变化》,《晨报》1925年5月14日。
⑦ 《马为麟关于告知廖仲恺将来香港商谈退兵事宜的函》,云南省档案馆藏,档号:1119 - 001 - 00075 - 005。

粤滇军,"许以重大权利,使与绍基①脱离关系,将来事成,即以朱为滇军总司令,凡脱离绍基之将领,则晋级改编"②。5月21日,蒋介石率党军、粤军、警卫军等回师广州,同时调驻北江之湘军、攻鄂军等返穗。在军事部署妥当后,6月3日,胡汉民向滇、桂军下达最后通牒,要求其服从大本营,并交出财政、军权,杨希闵仅表示服从大本营,对交出财政、军权则明确反对。杨希闵等滇军将领联名通电,再次表示支持大本营整理财政、军权,并谴责大本营的军事行动。③ 至此,"非杨刘屈服,则开战,无第三种办法"④。6月4日,滇、桂军先发制人,占领了省长公署、粤军总司令部、财政部等重要机关。次日,胡汉民下令免去杨希闵与刘震寰本兼各职,听候查办。此一事件使双方关系彻底破裂,被视为滇军公开叛乱的信号。在对广州滇桂军完成战略合围后,6月12日,党、粤等军向滇、桂军发起总攻,滇军仓促应战,一触即溃,总指挥赵成樑毙命,党、粤等军于是日占领广州。

从驻粤滇军与大本营最后的博弈可见,杨希闵等滇军将领并没有公开反对大本营的勇气。杨刘之乱的爆发,在一定程度上是大本营军事压迫下的被动应对。从表面上看,双方都高举革命旗帜,其矛盾的焦点始终聚焦于广东的财政、军权,而非革命问题。但就事实而论,大本营财政、军权不统一,革命根据地就难以巩固,革命事业就难以推进。因此,滇军反对大本营统一财政、军权,亦可视为是反革命。6月15日,大本营召开军事会议,议决"(一)将民政、财政、交通等机关交还政府;(二)改建国军为国民军,所有湘、滇、粤、豫等名义,一律废除"⑤。经此一役,大本营最终实现了财政、军权的完全统一,驻粤滇军则由革命

---

① 杨希闵,字绍基。
② 《马为麟关于告知已到广州滇军详述当前局势的函》(1925年5月29日),云南省档案馆藏,档号:1119-001-00075-013。
③ 参见韩信夫、姜克夫主编:《中华民国大事记》第2册,北京:中国文史出版社,1997年,第333页。
④ 《变相之最后通牒》,《时事新报(上海)》1925年6月4日。
⑤ 韩信夫、姜克夫主编:《中华民国大事记》第2册,北京:中国文史出版社,1997年,第342页。

功勋最终落得"叛党群逆"①的污名。驻粤滇军残部一部分被大本营遣散②,一部分则被朱培德、谭延闿等收编③,并以国民革命军的全新的身份,再次投身中国革命。

结语

1922年,滇军总司令顾品珍在内忧外患之下做出了"自请北伐"的政治选择,以"被动革命"的方式实现了滇军从军阀军队向革命军队的转变。唐顾之战后,顾军余部经黔入桂,以"妥协革命"的方式达成"拥孙讨陈"的战略选择。从北伐军到讨贼军,虽是滇军多方考量与博弈下的结果,但却为孙中山第三次南下广州建立革命政权奠定了基础。滇军入驻广州后,成为大本营所恃的基本军事力量。滇军驻粤期间,虽然通过"有限革命"在"军阀性"与"革命性"的动态平衡中,既维持了革命政权,又保障了既得利益,但却使孙中山始终无法实现大本营财政、军权的完全统一,孙中山不得不通过低层次认同关系与均势格局的双向构建来维持大本营内部的稳定。1924年,随着湘、豫等军入粤、粤军的壮大与党军的建立,广东的均势格局被打破,驻粤滇军的军事"中心"地位逐渐动摇。1925年孙中山的逝世,最终瓦解了大本营与滇军的认同关系,东征的胜利也促使大本营开始采取坚决态度以实现内部的"完全统一",在双方互不让步的情况下,对广东财政、军权的争夺最终演化为一场短暂的反革命叛乱。叛乱失败后,大本营最终实现了财政、军权的完全统一,奠定了革命根据地之基础,驻粤滇军则最终留下了"反革命"的污名。

驻粤滇军"军阀—革命—反革命"的流变是革命视域下孙中山与军

---

① 《国民政府大元帅孙中山关于革命政府实行改组的训令》(1925年),广州市档案馆藏,档号:资-政-000179-0186-037。
② 参见《广东省政府饬知市政厅关于公安局遣散滇桂俘虏经费应函请军需处核发的令》(1926年7月15日),广州市档案馆藏,档号:临2-001-002698-009。
③ 参见《驻粤之滇军问题》,《申报》1925年7月8日。

阀军队互动关系的一个缩影,充分展现了军阀军队在革命洪流中的政治抉择、权力博弈与生存逻辑。孙中山利用军阀军队建立并巩固革命政权,推进革命事业,依靠个人权威与纵横捭阖维持大本营内部的"有限统一",使其革命事业终成无源之水,直至逝世也未能实现广东的"完全统一"。驻粤滇军所具有的"军阀性"与"革命性"的一体两面,则加速了孙中山军事理念的转变,推动了黄埔军校与党军的建立,对此后的国民革命产生了深远的影响。

Marginal Warlords and the Chinese Revolution: An Investigation Centered on the Yunnan Army Stationed in Guangdong (1922 - 1925)

Huang Fengfu

Abstract: In early 1923, an army from Yunnan laid the foundation for Sun Yat-sen's southward march to Guangzhou to establish a revolutionary government. This army originated from the Dian clique warlords, achieved its own "revolutionization" through "passive revolution" and "compromise revolution", and during its stay in Guangdong, it built a lower-level identity relationship with its headquarters through "limited revolution" and identity shaping. Sun Yat-sen also relied on fiscal issues to maintain the balance of power and "limited unity" within the headquarters. After the death of Sun Yat-sen, with the disintegration of the balance of power and the collapse of identity relations, the headquarters began to reshape the unified pattern of Guangdong in order to achieve "complete unity". The Yunnan army stationed in Guangdong ultimately ended in a failed counter revolutionary rebellion in a military, political, and financial game with their headquarters. The evolution of the Yunnan army stationed in Guangdong from warlord armies to revolutionary armies and then to counter revolutionary armies, not only has it revealed to us the diverse paths of marginal warlords participating in the Chinese revolution, but also reflects the successes and failures of Sun Yat-sen's reliance on the warlord army to promote revolutionary development.

Keywords: Yunnan Army Stationed in Guangdong, Sun Yat-sen, Marginal Warlords, "Revolution-Counterrevolution"

古希腊铸币与政治权威*

李秀辉**

摘要：货币与政治权威紧密结合的通行规则在古希腊时期就已经形成了，这一过程比较复杂，但是具有历史意义。古希腊的政治权威源于古老的祭祀仪式，铸币正是源于祭祀物品和神庙的罚金，它在权威从宗教献祭转向政治制度的过程中发挥了重要作用。希腊法律制度和货币政策对铸币的规定和管理说明了铸币在城邦构建政治权威和军事联盟中的重要作用，也体现了铸币涉及宗教、法律和政治的不同面向。从僭主政治到公民制度，铸币逐渐成为古希腊政治权威和政治制度的重要基础，也对公民的思考和行为方式产生了重要的影响。只有将其放在特定的政治经济环境中才能理解古希腊铸币的性质，才能理解铸币何以与政治权威相互作用。

关键词：古希腊　铸币　政治权威　法律法规　货币制度

货币与政治权威紧密结合的通行规则在古希腊时期就已经形成了，这一过程比较复杂，但是具有历史意义。货币的多元属性使它与不同的社会整合方式都密切关联，甚至成为其中社会交往和资源交换的重要工具，这使得货币与政治权威存在天然的联系，即便这些秩序由其

---

* 本文系国家社科基金重大项目"世界货币制度史的比较研究"（18ZDA089）、国家社会科学基金重大项目"新时代中国马克思主义经济哲学重大理论问题研究"（22&ZD033）、国家社会科学基金后期资助项目"古希腊货币制度研究"（23FJLA002）的阶段性成果。

** 李秀辉，杭州师范大学经济学院教授。

交换和象征规则分别保存。① 对古希腊而言,政治权威涉及宗教、国王和城邦以及法律制度等。铸币在这些习俗和制度环境中形成了复杂的特性,同时参与并推动了城邦的政治权威和政治制度的发展。正是以这种"嵌入"的方式,古希腊形成了自身独特的货币制度。"货币是变化的现象,个人、社会团体和政府使货币发挥某些功能而发展。货币是由人类制度、标准和组织的社会与政治形式所控制的。"②因此,对货币的研究要从货币制度层面展开,对古希腊货币制度的研究则要从其与政治权威和法律法规等的关系中展开。

一、古希腊的权威更替与铸币作用

古希腊的政治权威继承于古老的祭祀仪式,铸币正是源于祭祀物品和神庙的罚金,它在权威从宗教献祭转向政治制度过程中发挥了重要作用。"不是所有的罚金都是交给神明或寺庙的,但政治立法的相互依存、支付的本质和收集罚金的财宝功能都表明政治制度的权威与货币献祭仪式相关。"③罚金收取和祭品提供的功能从神庙转向了城邦国家,这代表着权威的转移和法律的兴起。"要注意国家在罚金收取过程中的关键作用,一些法律规定既要向受害者一方又要向'公众'(财政部门)支付罚款。前者是历史上较早的支付方式,是赔偿,而后者则是罚款。像寺庙一样,国家收取捐款和罚款,将钱存放在公共国库,并用于支出,特别是购买祭祀动物。"④铸币起源与神庙和祭祀相关,铸币产生以后也对神庙的作用和功能产生了巨大影响。"一旦神庙资源可以

---

① Sitta von Reden, *Exchange in Ancient Greece*, Bristol: Bristol Classical Press, 2003(1995), p. 96.
② Sitta von Reden, *Money in Classical Antiquity*, Cambridge: Cambridge University Press, 2010, p. 3.
③ Sitta von Reden, *Money in Classical Antiquity*, Cambridge: Cambridge University Press, 2010, p. 161.
④ Richard Seaford, *Money and the Early Greek Mind: Homer, Philosophy, Tragedy*, Cambridge: Cambridge University Press, 2004, p. 93.

保持或转化为铸币,那么当权的官方就会面临一种在神圣的、很明显非经济的货币用途和理性的、经济的、用以建立更多的资源的货币用途之间的优先权冲突。"①双重权威或目标是不稳定的,在神圣的与世俗的,非理性的与理性的,非经济的与经济的等二元结构之间,矛盾和对立会逐渐产生。在再分配经济模式下,权威中心往往是神庙和宫殿并存,权威以神庙为主,世俗政治借以获得合法性,之后权威则发生了改变和转移。

作为更广泛的希腊制度从宗教含义向政治含义演变的建构工程的一部分,铸币的宗教起源已经获得了学界的广泛关注。② 无论铸币是作为礼物还是国家的支付工具,可以明确的是社会声望与铸币有密切的关联。"货币单位既用于构建价值关系,也用于衡量以金属块或实物实现的威望支付。"③起初的英雄、贵族和国王的权威对应的是分散的礼物交往和经济交换行为,货币在其中是专用货币的角色和功能。只有在城邦正式化和制度化为中央权威之后,公共的支付和商业贸易才开始常态化,货币逐渐转变为通用货币。"统一这些离散的交换行为的因素并不由官僚所控制,而是由它们在同一个通用货币中的使用,通过货币以铸币的形式实现,而这确实依赖于城邦的中央权威。"④

权威由具体的贵族或国王个人转向更加抽象化和集体化的城邦,铸币所依托的来源也无形化了,这影响了之后货币制度的发展。"铸币使人依赖于匿名的权威:政府、联邦制度和中央银行等。"⑤随着政治形式和制度的发展,铸币所有权从个人转到了整体的城邦。"从变化的显

---

① Andy Meadows, Kirsty Shipton (eds.), *Money and Its Uses in the Ancient Greek World*, Oxford & New York: Oxford University Press, 2002, p. 3, "Introduction".
② Sitta von Reden, *Money in Classical Antiquity*, Cambridge: Cambridge University Press, 2010, p. 157.
③ Sitta von Reden, *Money in Classical Antiquity*, Cambridge: Cambridge University Press, 2010, p. 37.
④ Richard Seaford, *Money and the Early Greek Mind: Homer, Philosophy, Tragedy*, Cambridge: Cambridge University Press, 2004, p. 124.
⑤ Sitta von Reden, *Money in Classical Antiquity*, Cambridge: Cambridge University Press, 2010, p. 1.

著类型到标准的市政标记的转变意味着铸币所有权从个人执政官或僭主转向了作为城邦的雅典。"①铸币参与雅典城邦政治制度和权力实施的代表性方式是雅典的公共支付制度,这是雅典公共政治的重要组成部分。"古典雅典有别于所有其他希腊城邦之处在于公共支付制度:举办小型城邦活动、陪审团服务、在舰队中划船、(从公元前4世纪开始)出席议会等。"②民主政治活动的实施需要城邦公共支付的支持,城邦的货币支付与民主政治的发展是相互促进的。"陪审团酬劳和行政官工资在公元前5世纪中期引入,议会酬劳在公元前4世纪早期引入,军事服务支付也在公元前5世纪制度化。城邦支付和民主的发展是相互联系的现象。"③通过政治制度的参与,货币得以制度化,不仅其信用认可的范围得以拓展,而且其支付和流通都逐渐得到规范。"货币制度化了支付行为,作为一个'交流媒介',它正变成一种明确的能指。"④货币沟通和交流了城邦民主制度和公民的权利与义务,铸币在公民看来是城邦权威的代表和象征。

城邦的公共支付面向公民个人,所形成的铸币流通使得个人层面上的铸币使用开始推广和普及,广场集市的交换活动更多地有铸币参与其中。"雅典铸币变成广泛使用的经济媒介,由政府控制以增加信任,也意味着市场具有更多的保障和更高的交换效率。"⑤雅典在法律制度层面利用政府信用推动市场交易的低成本和高效率运行。"[尼可丰(Nicophon)]法律揭示了很多关于雅典法律制度的设计,表明雅典人

---

① Sitta von Reden, *Exchange in Ancient Greece*, Bristol: Bristol Classical Press, 2003(1995), p. 181.
② Paul Millett, *Lending and Borrowing in Ancient Athens*, Cambridge: Cambridge University Press, 1991, p. 76.
③ Jeremy Trevett, "Coinage and Democracy at Athens", in Andy Meadows, Kirsty Shipton (eds.), *Money and Its Uses in the Ancient Greek World*, Oxford & New York: Oxford University Press, 2002, p. 24.
④ Sitta von Reden, "Demos' Phialê and the Rhetoric of Money in Fourth-century Athens", in Paul Cartledge, Edward E. Cohen, Lin Foxhall(eds.), *Money, Labour and Land: Approaches to the Economics of Ancient Greece*, London & New York: Routledge, 2005(2001), p. 52.
⑤ Sitta von Reden, *Money in Classical Antiquity*, Cambridge: Cambridge University Press, 2010, p. 78.

明确寻求通过利用政府机构促进市场交易来降低交易成本。"①对贸易和售卖的法律界定也经历了从即时支付到信用交易的转变。"法律历史学家认为这是一项基本原则,即销售是以货物换取现金,直到罗马时期,人们才知道销售等同于双方同意的合同,该合同构成了一项可执行的协议,无须立即以货物换取金钱。"②在保证交易顺利进行的前提下,提高效率和降低成本是客观的需要,法律和制度在其中发挥了必不可少的作用。在希腊世界,铸币的兴衰与城邦权威的兴衰紧密关联,当亚历山大大帝采用阿提卡重量标准铸币并使之在其疆域流通时,铸币的运用达到了前所未有的高度,当他的帝国衰落时,铸币不可避免地走向低谷。"公元前2世纪希腊化帝国的碎片化导致了货币的碎片化。"③与铸币相伴随的还有重量标准体系和货币网络等货币制度及其所代表的文化观念。

二、古希腊城邦铸币管理的法律规定

在希腊城邦,铸币依赖于政治权威,同时也参与到城邦的权力结构中,成为希腊政治制度和法律法规构建的重要内容。古希腊城邦政治制度高度依赖于法律,城邦的抽象象征和权威是通过法律法规的制定与实施来实现的。"城邦(nomisma)和法律(nomos)具有同样的词根,都是公正分配的结果,一种习俗的标准,在一个政治共同体中被习俗或习惯所使用的某种东西。"④在希腊城邦中,铸币与法律关系密切,甚至

---

① Sitta von Reden, *Money in Classical Antiquity*, Cambridge: Cambridge University Press, 2010, p.79.
② Sitta von Reden, *Money in Classical Antiquity*, Cambridge: Cambridge University Press, 2010, p.92.
③ Sitta von Reden, *Money in Classical Antiquity*, Cambridge: Cambridge University Press, 2010, p.85.
④ Sitta von Reden, "Demos' Phialê and the Rhetoric of Money in Fourth-century Athens", in Paul Cartledge, Edward E. Cohen, Lin Foxhall (eds.), *Money, Labour and Land: Approaches to the Economics of Ancient Greece*, London & New York: Routledge, 2005(2001), p.53.

可以从法律意义上界定铸币的性质,将其理解为内嵌于城邦法律中的一种制度构成。"货币如法庭一样,是一种发展耗时长久的制度,其影响也是逐渐印在人们的观念中的。"①从法律角度来看货币,早期法律更关注铸币的具体功能和范围界定,而不是从抽象层面界定铸币的一般性质,这与铸币的发展阶段相吻合,也符合法律法规的发展历史。"法律史学家强调,早期书面法律主要关注法律程序和具体犯罪行为的管理,而不是一种新的公正的建立。"②这意味着铸币作用和货币制度是具体而零散的,亦即多元混融的,远比现代观念所理解的复杂。

根据考古发现的证据,希腊法律多有涉及铸币及其职能的规定,其以具体的实际操作事项为主,反映了希腊人对于铸币的看法。"公元前5世纪希腊的铸币法律,从其残片上看涉及强制执行死刑、希腊铸币的使用、雅典同盟市场上的重量和度量等系统。"③雅典是希腊城邦的代表,其民主制度和法律法规在一定程度上代表了希腊的发展水平。"希腊法律的一个重要信息是雅典禁止同盟市场上所有的本地铸币、重量和度量系统。"④雅典以法律形式规定其同盟城邦不得铸造本土铸币是一个非常重要的事件,它反映了法律与铸币的关联,也说明了铸币代表的是城邦主权的政治意志。"根据公元前445至公元前413年之间发布的雅典标准法律,雅典同盟的所有成员,除了使用琥珀金的成员之外,禁止生产自己的银币,必须使用雅典铸币。"⑤在这种军事和政治同盟中,统一的铸币有利于霸主对整个同盟的掌控,从而在一定程度上有利于整个同盟的团结。"进贡的贡品最初是以船只或者任何货币种类

---

① Sitta von Reden, "Money in the Ancient Economy: A Survey of Recent Research", *Klio*, Vol. 84, 2002, p. 166.
② Sitta von Reden, "Money, Law and Exchange: Coinage in the Greek Polis", *The Journal of Hellenic Studies*, Vol. 117, 1997, p. 161.
③ Sitta von Reden, "Money in the Ancient Economy: A survey of recent research", *Klio*, Vol. 84, 2002, p. 154.
④ Sitta von Reden, "Money in the Ancient Economy: A survey of recent research", *Klio*, Vol. 84, 2002, p. 155.
⑤ Sitta von Reden, *Money in Classical Antiquity*, Cambridge: Cambridge University Press, 2010, p. 76.

支付的货币的形式征收的。然而,在第一份贡品配额列表(Tribute-Quota List)发布时,同盟的联合国库已经从提洛(Delos)转移到了雅典。除了少数例外,所有支付都被记录了下来,而且都是用雅典货币支付的。"①获益最多的当然是作为霸主的雅典,其既获得了财政资金的收益,又扩大了军事实力的影响范围。

政治同盟依赖于经济资源和财政资金的支持,雅典正是试图通过掌握联盟的资金来巩固自身的地位的。"公元前454年,雅典将提洛联盟的资金转移到雅典,并在约公元前449年,颁布了一条法令给他们的从属盟国,禁止他们铸造阿提卡之外任何标准的银币。"②这种用法律形式规定某一城邦或区域内的货币形式和重量标准的做法可以说是最早的货币政策,甚至是国际货币政策,但它的目的是政治性和军事性的。"该法令的动机与它的成功一样是不确定的。可以说,雅典人为了他们自己的方便而引入了它,因为帝国的行政管理,特别是舰队的维护,涉及许多的购买和支付。当雅典人在约公元前413至公元前410年之间将进贡支付的义务改为在每个同盟的港口征收港口税时,统一铸币可能有其特别的原因。"③虽然具体的目的与动机难以确定,但这一法律确实实施了,这体现了在统一的政治秩序下追求统一的货币制度与政策的原则。

这一事件实际上分两个步骤进行,先是统一货币重量标准,然后是使货币统一为雅典铸币。"雅典的货币政策有两个:一是公元前449年,克雷阿尔克斯(Klearchos)禁止阿提卡标准以外的货币铸造;二是约公元前415年,第二个法令颁布,禁止所有银币的铸造并强制执行。"④

---

① Sitta von Reden, *Money in Classical Antiquity*, Cambridge: Cambridge University Press, 2010, p.73.
② Charles Seltman, *Greek Coins: A History of Metallic Currency and Coinage down to the Fall of the Hellenistic Kingdoms*, London: Methuen, 1933, p.111.
③ Sitta von Reden, *Money in Classical Antiquity*, Cambridge: Cambridge University Press, 2010, p.76.
④ Charles Seltman, *Greek Coins: A History of Metallic Currency and Coinage down to the Fall of the Hellenistic Kingdoms*, London: Methuen, 1933, p.146.

这种多个国家(城邦)推行一种货币的尝试具有重要的历史意义,这不同于秦朝统一中国之后的单一货币,更类似于现代欧元体系的建立。因为这些城邦在政治上仍然是独立的,只是强制推行统一的货币而已。"这些城邦里的任何人如果打制银币或不采用雅典铸币、重量和衡量标准,而采用外国的铸币、重量和衡量标准的话,将会受到之前由克雷阿尔克斯颁布的法令的惩罚。"[1]这可能是历史上首次超主权货币的实践,"第一次听说古代城邦试图将自身货币作为排他性的法律货币。"[2]将第一个超主权货币与迄今为止最成功的一个超主权货币做对比,对货币制度的研究及其发展非常有帮助。

货币排他性法律实施的具体情况已无从得知,但效果可能并不理想。"无论该法令的日期如何(我们不知道),在公元前5世纪的任何时候,都没有钱币学证据表明当地铸币生产突然中断或非雅典铸币从窖藏中消失。正如我们刚刚看到的,许多独立的造币场在公元前445年就已经停止了铸造。可提供的最好解释是尽管对疏忽大意的治安法官处以重罚,但该法律依旧是不可执行的。"[3]在没有统一的政治权威保证实施或没有统一的经济利益驱使的情况下,单一的超主权货币很难顺利运行似乎是说得通的,其中一个主要原因可能是货币这种制度设计要与社会的交往习俗和交换习惯相结合,政府强力干预难以持续起作用。"事实上,像'雅典标准法令'这样的措施极难实施,或者相反,只有在特殊的政治环境下才能维持领土的'封闭'货币体系,这表明了交换模式对自上而下干预的抵制。"[4]这也体现在某些铸币及其代表的货币网络的繁荣与衰落上。"某些特定货币的主导地位,一方面受到发

---

[1] Charles Seltman, *Greek Coins: A History of Metallic Currency and Coinage down to the Fall of the Hellenistic Kingdoms*, London: Methuen, 1933, p.112.
[2] Sitta von Reden, *Money in Classical Antiquity*, Cambridge: Cambridge University Press, 2010, p.76.
[3] Sitta von Reden, *Money in Classical Antiquity*, Cambridge: Cambridge University Press, 2010, p.76.
[4] Sitta von Reden, *Money in Classical Antiquity*, Cambridge: Cambridge University Press, 2010, p.85.

行当局的权力和威望的刺激,另一方面受到财政压力、军事需求以及首都和法院的要求的刺激。然而,区域间的货币网络并没有独立于支撑它们的帝国结构而延续。特别是,它们似乎没有能力长期改变经济行为,正如希腊化时期提洛的地区经济所显示的那样。"①正如我们所看到的,铸币的使用和货币制度的形成是基于历史习惯和社会习俗的,仅仅依靠政治强制的法律法规很难达到持久的效果。

还有其他针对铸币及其管理的法律规定:"尼可丰的法律规定,货币检验者要坐在广场集市银行家桌子的边上,比雷埃夫斯(Piraeus)应检验带到这里存储或交换的所有铸币。"②至迟到公元前5世纪中后期,小额零碎银币已在古希腊市场交易中广泛流通。即使是这些小额零钱的流通和使用也是与法律法规和货币制度密不可分的。"公元前5世纪中期和后期,铸币使用的文件证据开始增加,在市场上的日常交易中作为货币使用的零碎银铸币更加经常地出现。这些铸币可被称为小额零钱。"③无论是将货币与法律法规密切关联,还是强制推行多国一币的货币政策,希腊的货币制度很大程度上都类似于现代社会。菲盖拉(Figueira)认为:"在公元前5世纪,雅典货币已经非常流行,因此'标准法令'巩固了雅典货币的统治地位,而不是强制推动雅典货币的支配地位,这对同盟的各个城邦本身也大有裨益。通过将雅典铸币规定为当地市场的法定货币,这些市场对贸易商更具吸引力,因此也会被更频繁地光顾。"④

希腊法律制度和货币政策对铸币的规定和管理说明铸币在城邦的

---

① Sitta von Reden, *Money in Classical Antiquity*, Cambridge: Cambridge University Press, 2010, p.85.
② Sitta von Reden, *Money in Classical Antiquity*, Cambridge: Cambridge University Press, 2010, p.78.
③ Henry S. Kim, "Archaic Coinage as Evidence for the Use of Money", in Andy Meadows, Kirsty Shipton(eds.), *Money and Its Uses in the Ancient Greek World*, Oxford & New York: Oxford University Press, 2002, p.12.
④ 转引自 Sitta von Reden, *Money in Classical Antiquity*, Cambridge: Cambridge University Press, 2010, pp.77-78。

政治权威和军事联盟中具有重要作用,也体现了铸币涉及宗教、法律和政治的不同面向。"宗教和政治,以及神性和市民的法律使得铸币在这些语境中具有一个争议性的背景。"①不过,理解希腊铸币和货币制度的一条主线是结合城邦公共政治的发展需要,梳理货币在多元背景下的属性和功能。"我们可以看到,在荷马和赫西俄德时期,交易并不那么深入;我们仍然可以看到,通过支持雅典民主政体的礼拜仪式,以及在整个希腊化时期用于持续繁荣的公共福利的支出,私人创造的财富甚至被用于实现社会地位。"②为共同体和寺庙的利益花费大量的货币能够有效地获得和加强一个政治家的社会影响力和政治权力,花费的货币的数量与作用也说明了货币的高贵地位。"铸币是在公共政治经济中发展的,它们在古代城邦中掌握权力。"③从礼拜仪式到公共福利,私人财富的公共支出可以赢得社会声望和政治地位,铸币在公共政治中的花费使其有了与政治权威结合的机会。

三、铸币对古希腊政治权威的构建和影响

铸币影响城邦政治权威的著名事件是以白银为财政基础打造雅典舰队,自此货币开始成为政治权威的重要基础。"自从地米斯托克利劝告雅典人用劳里厄姆的白银资源支付舰队建造的银币后,银币在雅典已成为权力基本条件的代表。"④这虽然只是一个起始,但它的标志性效果是显著而重大的。货币开始在古希腊,尤其是雅典,发挥其支持政

---

① Sitta von Reden, *Money in Classical Antiquity*, Cambridge: Cambridge University Press, 2010, p. 157.
② David Schaps, *The Invention of Coinage and the Monetization of Ancient Greece*, Ann Arbor: The University of Michigan Press, 2003, p. 33.
③ W. V. Harris (ed.), *The Monetary Systems of the Greeks and Romans*, Oxford: Oxford University Press, 2008, p. 3, "Introduction".
④ Sitta von Reden, "Demos' Phialê and the Rhetoric of Money in Fourth-century Athens", in Paul Cartledge, Edward E. Cohen, Lin Foxhall (eds.), *Money, Labour and Land: Approaches to the Economics of Ancient Greece*, London & New York: Routledge, 2005 (2001), p. 53.

治权威构建的作用。"根据公元前 5 世纪末或前 4 世纪初的雅典文本,货币因其在政治权力斗争中的用途而受到重视。"①当时的一些权力理论开始从货币和贸易的角度加以阐释,使货币深刻影响政治权力的正当性得到了理论上的支持。"雅典帝国时期有大量的权力理论,在这些理论中,我们发现贸易和商业交换是对权力和人类进步的一种解释。"②雅典人对权力的解释不在于社会和经济事实,而在于人与自然之间的优越关系。"雅典人认为权力基于交换而非农业的意识形态的解释仍然没有受到挑战,但它在这里巧妙地适应了传统伦理,根据传统伦理,家庭的权力建立在自给自足和自由之上。"③货币因而在形而上的层面上获得了人与自然关系上的解释权。"由人类秩序控制而不是危害人类秩序的自然产生正义,无视自然增长的规则就等于不公正和破坏性的自然力量。货币被象征在一个形而上学的假设体系中,这一体系解释了人类和自然如何和谐相处。"④货币的象征意义因而延展到了思想和观念的领域,这在其被当时社会广泛接受的过程中是非常关键的一步。

铸币既可用于打造舰队进行海外扩张,又可用于操纵国内政治以获取权力。"修昔底德观察到,僭主与后来的海上帝国之间的区别在于,前者利用收入稳定其在国内的统治,而后者则利用其扩大外部势力。"⑤铸币与政治权威的结合越来越密切,因而对城邦的个人执政官,特别是僭主来说,发行铸币并掌握铸币厂至关重要。"铸币是僭主颠覆君主制或者说希腊的贵族统治的工具。"⑥作为僭主获取政治权力的有效工具,铸币是理解希腊僭主政治的关键。铸币可以"降低农民对本地

---

① Richard Seaford, *Money and the Early Greek Mind: Homer, Philosophy, Tragedy*, Cambridge: Cambridge University Press, 2004, p.164.
② Sitta von Reden, *Exchange in Ancient Greece*, Bristol: Bristol Classical Press, 2003 (1995), p.127.
③ Sitta von Reden, *Exchange in Ancient Greece*, Bristol: Bristol Classical Press, 2003 (1995), p.130.
④ Sitta von Reden, *Exchange in Ancient Greece*, Bristol: Bristol Classical Press, 2003 (1995), p.187.
⑤ Sitta von Reden, *Exchange in Ancient Greece*, Bristol: Bristol Classical Press, 2003 (1995), p.130.
⑥ Sitta von Reden, "Money, Law and Exchange: Coinage in the Greek Polis", *Journal of Hellenic Studies*, Vol.117, 1997, p.171.

富有地主的依赖而使其效忠于僭主,从而中心化地资助他们而支持暴政。"①这似乎是金权政治的早期实践,即通过货币的力量收买支持者而获取政治权力和社会影响力。"在雅典和其他地方,利用个人财富获取政治权力已经达到了暴政的极端形式。"②这一做法似乎源自更早的财富与权力相结合的传统。"用财富建立个人权力并不是新事物。古典希腊贵族会通过仪式化友谊的礼物赠予系统,以及联盟得以建立和维持的互惠义务进行日常操作。"③但在僭主政治这里,这种做法得到了进一步的发展。在具体操作中,"'贿赂'的通常表达是'礼物',给出收到的任何货币不会导致有违城邦利益的行为,这一操作因而被纵容。"④铸币既是礼物,又可作为再分配工具,这种多元属性便利和加剧了利益交换行为,使其能够在政治、经济和社会各领域互通有无,跨界交换。在具体的城邦共同体情境中,这种行为是在互惠团结的名义下获得合法性的,货币和权力据此得以结合。"性、政治和货币关系的交错对理解僭主和铸币的关系非常关键。"⑤铸币一直是社会等级秩序和政治权威构建的参与者,只是在僭主政治上铸币的作用更显著也更重要了。

货币与政治权威的这种勾连已经体现在希腊悲剧中,成为货币化的希腊世界独有的特点,并与之前的时代形成鲜明的对比。"在埃斯库罗斯(Aeschylus)作品中,王室的权力并非来自神话的护身符,而是一个神圣赋予的独特对象,在其中只是体现了统治的权力,王室的权力来自

---

① Sitta von Reden, *Exchange in Ancient Greece*, Bristol: Bristol Classical Press, 2003 (1995), p. 179.
② Richard Seaford, *Money and the Early Greek Mind: Homer, Philosophy, Tragedy*, Cambridge: Cambridge University Press, 2004, p. 99.
③ David Schaps, *The Invention of Coinage and the Monetization of Ancient Greece*, Ann Arbor: The University of Michigan Press, 2003, p. 126.
④ Paul Millett, *Lending and Borrowing in Ancient Athens*, Cambridge: Cambridge University Press, 1991, p. 86.
⑤ Sitta von Reden, "Money, Law and Exchange: Coinage in the Greek Polis", *Journal of Hellenic Studies*, Vol. 117, 1997, p. 171.

其反面——相对新颖的货币权力,以及获取和实现货币的同质权力。"①货币权力、政治权威与政治体制的变革也是雅典悲剧的重要主题。货币是僭主获得权力的工具,也是推翻僭主统治并建立民主制度的重要手段。"在雅典悲剧中,货币和暴政总是相伴而生的。雅典人也意识到,货币在推翻他们的僭主以及建立他们的民主制度中起着至关重要的作用:他们认为,流亡在德尔斐的阿尔克马尼特家族(Alcmaeonids),尤其是克里斯提尼(Cleisthenes)本人,贿赂了皮提亚(Pythia),告诉任何向神谕咨询的斯巴达人解放雅典是他们的责任,这最终导致了克利奥米尼斯(Cleomenes)国王的成功远征。"②希腊悲剧是当时社会现实的反映,货币成为一种独立的权力来源,深刻地影响甚至左右了政治权威的延续和更替。

铸币在希腊城邦公民制度的形成过程中同样发挥了重要作用。"一般来说,公共资金,尤其是铸币,与民主、民主政治认同和公共空间中的权力修辞有关。"③从公共支付到广场集市,都是城邦的政治制度和公民参与的主要部分,尤其是广场集市,它比起商业交易更多的是一种公共空间。"集市作为公共交换空间的发展,增加了在邻里、友谊和亲属关系的紧密联系的社会网络之外进行政治和经济活动的可能性。这意味着,在城市中心进行的任何交换都不再受以单个家庭为主的社会网络的控制,而是受'群体'的控制,无论这个集体代理人多么虚构。"④虽然不是以家庭为主,但在"群体"的内部,互惠和再分配仍然是主要的资源配置和社会组织手段。"只要人民作为一个整体能够处于

---

① Richard Seaford, *Money and the Early Greek Mind: Homer, Philosophy, Tragedy*, Cambridge: Cambridge University Press, 2004, p. 150.
② Richard Seaford, *Money and the Early Greek Mind: Homer, Philosophy, Tragedy*, Cambridge: Cambridge University Press, 2004, p. 163.
③ Kallet Marx, 1993, 1994, 转引自 Sitta von Reden, "Demos' Phialê and the Rhetoric of Money in Fourth-century Athens", in Paul Cartledge, Edward E. Cohen, Lin Foxhall (eds.), *Money, Labour and Land: Approaches to the Economics of Ancient Greece*, London & New York: Routledge, 2005 (2001), p. 54。
④ Sitta von Reden, *Exchange in Ancient Greece*, Bristol: Bristol Classical Press, 2003 (1995), p. 106.

任何不对称交换的接收端,互惠和再分配规则仍然是集市上重要的政治和经济工具。集市并没有促进一种非嵌入的经济,而是用另一种嵌入的交换取代了现在这种。因此,集市在所有不同的领域都是象征性的交换场所:摊位周围、政治集会和法庭。"①集市并非形成了脱嵌的经济,也不是单纯的市场交易场所,它囊括了政治、经济和法律等各个方面的活动。

集市和家庭的政治作用代表着民主支持者与贵族在城邦的政治基本问题上的认知差异。"支持民主的人和他们的对手之间的一次重大冲突的爆发是因为在公共和私人忠诚之间划清界限的问题。虽然双方都坚定地承认城邦的首要地位,但贵族们仍然将家庭(oikos)视为权力和繁荣的形而上学和政治的来源。"②因此"集市"的内涵也是多元复杂的,公共的和私人的关系相互作用和交叉。"集市是一个具有'混合概念'的地方,因为它阐明了民主意识形态与其实践之间的差距。这种差距涉及政治、社会和经济等方面。在经济上和社会上,这意味着私人交换和信贷转移到由公共法律和官员控制的地方,而不再受到社会利益考虑的激励。在政治上,这意味着作为权力来源的公共意识形态的至上地位仍然受到私人忠诚和私人关系的破坏。"③集市和铸币的性质和作用有着天然的契合,并在公共参与方面推动了政治制度的发展。"铸币在这些交换环境发展成为公民制度过程中发挥了重要作用。"④集市提供的公共空间是古希腊公民参与的缩影,铸币在其中发挥了沟通不同领域的利益关系的作用。

铸币不仅在公民制度形成过程中发挥了重要作用,而且还通过货

---

① Sitta von Reden, *Exchange in Ancient Greece*, Bristol: Bristol Classical Press, 2003 (1995), p. 106.
② Sitta von Reden, *Exchange in Ancient Greece*, Bristol: Bristol Classical Press, 2003 (1995), p. 131.
③ Sitta von Reden, *Exchange in Ancient Greece*, Bristol: Bristol Classical Press, 2003 (1995), pp. 110 – 111.
④ Sitta von Reden, "Money, Law and Exchange: Coinage in the Greek Polis", *Journal of Hellenic Studies*, Vol. 117, 1997, p. 168.

币制度和法律法规成为公民制度的重要组成部分。"由公共权威发行，掌控早期城邦制度的精英分配，铸币越发成为其所处制度的公共政治特点的象征。"①铸币的使用和推广在无形之中增强了公民制度的影响力，对公民的思考和行为方式产生重要影响。"银铸币本身就提供了一种模式，为思考集体公民体提供了语言，一旦它被确立为实践，其持续的生产和流通不仅反映了，而且在某种意义上构成了公民共同体。"②在公民共同体中，铸币与公民人格存在精神上的契合，且二者在价值伦理上关系密切。"特别体现在如何用货币来解释公民人格，以及如何在货币形象中象征性地将其纳入或排除在公民主体及其主导的价值之中。"③铸币和公民制度逐渐成为了统一体。铸币作为深度参与和构建城邦公共秩序的制度性因素，具有浓厚的政治色彩，究其原因在于铸币与城邦的深度关联，它是"嵌入"在具体历史发展阶段的政治经济环境中的。

四、结合政治经济环境理解铸币的性质

对于古希腊铸币，只有将其放在特定的历史发展背景和政治经济环境中才是正确的研究方法，才能理解铸币何以与政治权威相互作用，这正是波兰尼的"嵌入"理论所强调的。"波兰尼认为19世纪前的所有经济都嵌入在社会中，依赖社会结构指导个人对社会地位的欲望，通过为整个集体谋取利益的渠道实现。"④每个时代的经济在某种程度上都

---

① Sitta von Reden, "Money, Law and Exchange: Coinage in the Greek Polis", *Journal of Hellenic Studies*, Vol. 117, 1997, p. 168.
② Kurke, 1999:301 – 327, 转引自 Sitta von Reden, "Demos' Phialê and the Rhetoric of Money in Fourth-century Athens", in Paul Cartledge, Edward E. Cohen, Lin Foxhall (eds.), *Money, Labour and Land: Approaches to the Economics of Ancient Greece*, London & New York: Routledge, 2005 (2001), p. 56。
③ Sitta von Reden, "Demos' Phialê and the Rhetoric of Money in Fourth-century Athens", in Paul Cartledge, Edward E. Cohen, Lin Foxhall (eds.), *Money, Labour and Land: Approaches to the Economics of Ancient Greece*, London & New York: Routledge, 2005 (2001), p. 56.
④ David Schaps, *The Invention of Coinage and the Monetization of Ancient Greece*, Ann Arbor: The University of Michigan Press, 2003, p. 31.

嵌入在政治和社会环境中,但是现代社会比古代世界的分工和分化程度更大。"嵌入问题不是一个非此即彼的问题,而是程度问题。"①古希腊的经济同样是嵌入在政治制度和社会习俗中的,涉及生产和交换等领域的各个方面。"交换和信用并非只是货币关系,而是嵌入在互惠和友谊关系中的,并拥有与邻里和朋友互动的社会影响。"②甚至交换和信用原本并非货币关系,而是互惠和互助关系。

货币关系是交换和信用关系的延伸,因而,货币历史地"嵌入"在当时的习俗和制度中,一个重要的表现就是古希腊以及古罗马都没有真正对应我们所指"货币"的用词。"古希腊没有词汇对应着货币,有个词'nomisma'是指通货,但既非铸币也非货币。"③可能只在某些方面具有流通功能,其所指的通货也与现代的理解有所不同,仅仅是大致的对应关系。"nomisma(通货)到目前是内在有用的,亚里士多德发现,它只是习俗性的。"④这种习俗性同样可以追溯至与神灵的沟通,这是共同体团结的最早来源,用以获取集体的信心。"nomisma(通货/货币)在这里神秘到足以受到神的启发,有一种基于习俗的集体信心,它可以团结一支军队。"⑤它的原初意义可能是一种沟通和协调的工具,其用于开展集体行动,并在此过程中形成了共同的习俗和集体的信心。"习惯性集体实践(nomisma),无论是在铸币还是在战斗中,都取决于并客观化了共同体的集体信心,对共同体来说,它将秩序引入了潜在的混乱。"⑥同时,货币对既有的传统共同体秩序和政治稳定而言又是一种威胁。

---

① David Schaps, *The Invention of Coinage and the Monetization of Ancient Greece*, Ann Arbor: The University of Michigan Press, 2003, p.33.
② Sitta von Reden, *Money in Classical Antiquity*, Cambridge: Cambridge University Press, 2010, p.8.
③ Sitta von Reden, *Exchange in Ancient Greece*, Bristol: Bristol Classical Press, 2003 (1995), p.173.
④ Richard Seaford, *Money and the Early Greek Mind: Homer, Philosophy, Tragedy*, Cambridge: Cambridge University Press, 2004, p.5.
⑤ Richard Seaford, *Money and the Early Greek Mind: Homer, Philosophy, Tragedy*, Cambridge: Cambridge University Press, 2004, p.143.
⑥ Richard Seaford, *Money and the Early Greek Mind: Homer, Philosophy, Tragedy*, Cambridge: Cambridge University Press, 2004, p.143.

"货币对政治交换是一种危险,这一观点基于一种传统,即获得 chrēmata(财富,而不是金钱)与违反政治秩序相关联。"①这些贵重物品或铸币本是宗教和政治活动的工具,但货币逐渐获得了影响和改变政治权力和政治结构的能力。它既是对既有秩序的违反,又试图形成一种新的秩序。

铸币和货币制度是嵌入在习俗性和制度性的政治和社会环境中的,"波兰尼的格言是正确的,古代世界的经济嵌入在社会之中"②。古希腊人对"货币"的认知也是结合当时的社会环境的,古希腊没有对应"货币"的用词,因此将发挥部分货币职能的物品或术语对应为"货币"也无可厚非,这可通过专用货币与通用货币的区别加以解释。同时,从波兰尼的视角而言,不同的社会发展形态有其不同的"货币"。"当悲剧将贵族出身与 chrēmata 或 ploutos(财富)或 nomisma(货币)或 arguros(白银,雅典货币的材料)或 chrusos(黄金,最有价值的商品,与英雄时代的财富相关)相比较时,这些术语都指同一事物的方面或形式,即雅典观众熟悉的财富/货币。尽管希腊语中没有与'货币'精确对应的术语,但当贵金属的利益(在我们这个时代经常如此)主要或完全取决于其货币功能时,将此类术语翻译为'货币'是合法的。"③要研究古希腊的货币制度就是要试图理解当时的人和社会如何认知和使用在他们经济社会运行中发挥货币作用的物品和制度。

对应"嵌入",波兰尼还提出了随着商业贸易和市场交换的发展,经济从政治和社会环境中"脱嵌"的分化独立过程,这在现代社会中表现得尤为明显,希腊社会广场集市的发展和货币交易的普及中也出现了类似的现象。"这种市场原则入侵到一个主要靠互惠和再分配交换的

---

① Sitta von Reden, *Exchange in Ancient Greece*, Bristol: Bristol Classical Press, 2003 (1995), p. 175.
② Paul Millett, *Lending and Borrowing in Ancient Athens*, Cambridge: Cambridge University Press, 1991, p. 221.
③ Richard Seaford, *Money and the Early Greek Mind: Homer, Philosophy, Tragedy*, Cambridge: Cambridge University Press, 2004, p. 148.

经济中导致了一个不可避免的价值危机,正如亚里士多德对自然的和非自然的规范区分所反映的那样。"[1]其中暗含着铸币的主要功能从礼物交往和城邦再分配向市场交易的转变,后者倾向于将市场交换和经济运行从城邦共同体中分化出来。"很明显,在古代交换的意义非常不同于它之后的意义,铸币的出现改变了一些事情。"[2]铸币出现以后,交换的意义开始向商业贸易的方向发展,而这些复杂变化都是在铸币这一简单表象和名称下发生的。"矛盾很明显,货币原始形式的存在通常是与社会复杂性相关的。"[3]越是早期,货币的功能越复杂,集合了各种交往和交换方式于一体,身处其中的人们并不能对其进行准确的认知和判断。"货币有可能在未被意识到是'货币'的情况下进入巨大投射的无意识过程中,因为希腊人并没有确切的词表示'货币'。"[4]这也意味着古希腊人对货币和货币制度的理解是不同于我们的,例如我们对器物货币的理解在他们看来很可能是不可思议的。由于这种差异性,且诸多情境难以还原,我们很难完全呈现古希腊货币制度和货币观念的真实状态。

货币在不断地社会交往和经济交换的实践过程中形成自身的属性和功能,人们也在这一进程中对这一新生事物进行熟悉和认知。"当不同支付类型经常使用同一媒介时,它就成了交换所需要的物品,并承担额外的货币职能。如果义务没有得到履行,则会由特定媒介表现为待解决的债务,这一媒介也就具有了一种货币功能。当进行支付或交换时,不同物品的价值需要由同一标准衡量以达到支付或交换的对

---

[1] Paul Millett, "Sale, Credit and Exchange in Athenian Law and Society", in Paul Cartledge, Paul Millett, Stephen Todd(eds.), *Nomos: Essays in Athenian Law, Politics and Society*, Cambridge: Cambridge University Press, 1990, p.170.
[2] David Schaps, *The Invention of Coinage and the Monetization of Ancient Greece*, Ann Arbor: The University of Michigan Press, 2003, p. vi.
[3] David Schaps, *The Invention of Coinage and the Monetization of Ancient Greece*, Ann Arbor: The University of Michigan Press, 2003, p.71.
[4] Richard Seaford, *Money and the Early Greek Mind: Homer, Philosophy, Tragedy*, Cambridge: Cambridge University Press, 2004, p.11.

等。"①正是在使用过程中,货币的属性和功能逐渐形成并稳定,进而融入政治和社会制度之中。"当任一支付形式制度化,即很多人用同样方式使用它们时,货币就形成了,货币可被定义为四种基本但独立的职能。"②四种基本职能都出现才是完整意义上的货币。货币的形成过程就是货币融入社会制度的过程,相应的货币制度同时形成和发展,这是一个不断进行的动态过程。"卓越社会制度的无意识巨大投射并不会因为作为卓越社会制度的货币的出现而突然停止。"③社会制度的不断发展变化决定着货币和货币制度的不断变化,这不是一个拥有终极目标的线性演进过程。"制度化交易不断地变化,货币的概念也随着集体行动不断变化的形式而变动。"④货币因而不是固定的概念,并不具有静止的内涵和属性,而是嵌入于特定的政治经济环境中。"只有理解货币的这些制度、标准和社会政治背景,才能理解货币的历史。"⑤货币制度是货币形成的环境和历史,货币制度的历史能够更加全面地说明货币的由来和变化,呈现货币的属性和功能。

---

① Sitta von Reden, *Money in Classical Antiquity*, Cambridge: Cambridge University Press, 2010, p. 3.
② Sitta von Reden, *Money in Classical Antiquity*, Cambridge: Cambridge University Press, 2010, p. 3.
③ Richard Seaford, *Money and the Early Greek Mind: Homer, Philosophy, Tragedy*, Cambridge: Cambridge University Press, 2004, p. 11.
④ Sitta von Reden, *Money in Classical Antiquity*, Cambridge: Cambridge University Press, 2010, p. 4.
⑤ Sitta von Reden, *Money in Classical Antiquity*, Cambridge: Cambridge University Press, 2010, p. 3.

The Coinage and Political Authority of Ancient Greece

Li Xiuhui

Abstract: The common rule of closely combining money and political authority had already been formed in ancient Greece, which is a complex process and has historical significance. The political authority of ancient Greece inherited from ancient sacrificial rituals, and coinage originated from the fines of sacrificial items and temples. It played an important role in the transition of authority from religious sacrifice to political system. The regulation and management of coinage in the Greek legal system and monetary policy illustrate the important role of coinage in building political authority and military alliances in policies, and reflect the different aspects of religion, law, and politics involved in coinage. From tyrannical politics to the civil system, coinage gradually became an important foundation for the political authority and political system of ancient Greece, and also had a significant impact on the thinking and behavior of citizens. Only by placing it in a specific political and economic environment can we understand the nature of ancient Greek coinage and understand how coinage interacts with political authority.

Keywords: Ancient Greece, Coinage, Political Authority, Law, Monetary Institution

国际安全中的威慑研究:演进与评析

康田 佘纲正[*]

摘要: 在国际安全领域,"威慑"一般是指一方以潜在或有限使用武力的方式来阻止另一方采取特定行动的一种国家行为。长期以来,威慑议题一直受到国外决策者和学者们的广泛关注。在冷战期间,与威慑相关的研究曾在西方掀起三次主要潮流,分别确立了威慑的范式概念、作用机制和实证检验,从而构建了相对科学和完整的威慑理论体系。进入21世纪以来,面临日趋复杂的战略安全态势,国际关系学界在前期成果基础上就威慑行为的目标、对象和理解方式产生了新的认识,特别是尝试将威慑理论用于应对非国家行为体和网络空间等非传统安全领域的新威胁,以及更好地解释特定中小国家的威慑行为规律。同时,学者们还就一体化威慑等概念展开探讨,试图使这一传统的国际安全理论更好地适应和解释当前的新型大国竞争。通过梳理威慑研究的发展脉络与趋势,本研究旨在为我国国家安全体系构建中与威慑相关的思想和能力建设提供有益参考。

关键词: 威慑理论 军事力量 安全战略 国际关系 大国竞争

在国际安全领域,"威慑"一般是指以潜在或有限使用武力的方式,以阻止另一方采取特定行动的一种国家行为。威慑是维护国家既有安

---

[*] 康田,清华大学社会科学学院国际关系学系博士研究生;佘纲正,清华大学社会科学学院国际关系学系副教授。

全利益的重要手段,甚至已经成为现代军事力量的一项主要职能。①随着世界进入"百年未有之大变局"的新时期,国际安全形势日益紧张,国家间竞争失控风险趋于加剧,大国军事冲突不再不可想象,各国对使用威慑手段来应对和解决国际问题的需求也显著上升。在习近平强军思想的指引下,《中国的军事战略》白皮书明确指出:"整体运筹备战与止战、维权与维稳、威慑与实战、战争行动与和平时期军事力量运用,注重深远经略,塑造有利态势,综合管控危机,坚决遏制和打赢战争。"②《新时代的中国国防》则将"慑止与抵抗侵略"明确为新时代中国国防的首要职能使命和国防政策的基本出发点。③

近年来,美西方军政界亦重新开始重视威慑战略的作用,愈加频繁地谈及威慑,并针对中国炮制了所谓的"一体化威慑"概念。2022年3月9日,美军印太司令部司令、美海军上将约翰·艾奎利诺(John C. Aquilino)在国会众议院表示:印太司令部的职责是"推行一体化威慑阻止冲突",以及"在威慑失败时准备作战和战胜"。④ 2022年10月发布的美《国家安全战略》中明确要求军队"立即采取行动维持和增强威慑效力",尤其是针对"中国这一迫近的挑战"。⑤ 2023年7月,北约组织发布《威慑与防卫》文件,其中声称"威慑是北约组织总体战略中的核

---

① Marc J. Berkowitz, "Dominance or Deterrence: The Role of Military Power in Addressing Challenges to U. S. National Security Interests", *Comparative Strategy*, Vol. 41, No. 6, 2022, pp. 513 - 525; 另见 Andrew Krepinevich Jr., *The Decline of Deterrence*, Washington D. C. : Hudson Institute, 2019, p. 6。
② 中华人民共和国中央人民政府:《中国的军事战略》,2015年5月26日:https://www.gov.cn/zhengce/2015-05/26/content_2868988.htm,访问日期:2023年9月5日。
③ 中华人民共和国国防部:"《新时代的中国国防》白皮书全文",2019年7月24日:http://www.mod.gov.cn/gfbw/fgwx/bps/4846424.html,访问日期:2023年9月5日。
④ United States House of Representatives, *Statement of Admiral John C. Aquilino, U. S. Navy Commander, U. S. Indo-Pacific Command before the House Armed Services Committee on U. S. Indo-Pacific Command Posture*, March 9, 2022: https://docs.house.gov/meetings/AS/AS00/20220309/114487/HHRG-117-AS00-Wstate-AquilinoJ-20220309.pdf, 访问日期:2023年9月5日。
⑤ The White House, *National Security Strategy*, October 12, 2022: https://www.whitehouse.gov/wp-content/uploads/2022/11/8-November-Combined-PDF-for-Upload.pdf, 访问日期:2023年9月4日。

心(core element):这包括阻止冲突与战争、保护盟友、维持决策与行动自由和捍卫组织所支持的原则与价值观。"① 可见身处世界当前大变局之中,我国面临的安全环境越发严峻,外部压力急剧升高,而安全威胁的种类、领域和来源也日趋多元,这些都为国家安全与战略学界提出了重要课题。作为国际关系研究的关键组成部分,深入分析威慑的能力建设与成败机制对于理解国家行为和武力使用规律意义重大。只有深刻理解威慑的本质和作用原理,把威慑与实战、备战与止战作为一个整体加以运筹,方能为我国和平发展构建良好环境。

纵览威慑理论的发展过程,其以三次潮流的形式贯穿冷战前后,吸纳、兼容了新理论内涵,并在冷战结束后拓展了与国际安全新威胁、新领域、新课题的关联,兴起了一些西方学者观念中威慑研究的"第四次潮流"。② 本文梳理冷战期间美西方威慑研究的三次潮流发展脉络,概述"第四次潮流"中的一些鲜明特点和研究方向并加以反思批评,同时展望未来威慑领域的探索空间。通过提炼总结外国,特别是美西方几波威慑理论研究潮流的内容,本研究旨在为加快形成行之有效的中国特色威慑观和加强我国威慑相关能力建设提供参考,从而更好地服务于保卫国家安全与世界和平的历史使命。

一、威慑研究的前三次潮流

现代的威慑研究始于美苏冷战,但威慑思想及其战略运用古已有之。《孙子兵法》有云:"百战百胜,非善之善者也;不战而屈人之兵,善之善者也。故上兵伐谋,其次伐交,其次伐兵,其下攻城。"(《孙子兵

---

① North Atlantic Treaty Organization, *Deterrence and Defense*, July 19, 2023: https://www.nato.int/cps/en/natohq/topics_133127.htm, 访问日期:2023 年 9 月 4 日。
② Lawrence Freedman, "The Evolution of Deterrence Strategy and Research", in Frans Osinga, Tim Sweijs(eds.), *NL ARMS Netherlands Annual Review of Military Studies 2020: Deterrence in the 21ˢᵗ Century - Insights from Theory and Practice*, Hague: T. M. C. Asser Press, 2021, pp. 1 – 10.

法·谋攻篇》)其中,"战"与"不战而屈人之兵"、"伐兵"与"伐谋"的区分展现了武力使用目的和逻辑的多元性,构成了威慑理论的雏形。在西方,《圣经》中所述"上帝禁止亚当和夏娃吃禁果"就是威慑思想的早期体现,也可以被视为威慑失败的典型案例。而在古罗马古典战略文化中,军事家弗莱维厄斯·维盖提乌斯·雷纳特斯(Flavius Vegetius Renatus)在《罗马军制》中写道,"若想要和平,就准备战争"(Si vis pacem, para bellum),直白阐释了只有通过备战才能使敌人不敢发起战争,以此维护和平和安全的思想。到了20世纪中叶的冷战初期,现代威慑研究开始出现。威慑理论受到了战略学界特别是美国学者们的高度重视,其科学化、理论化和实践应用对美国国防政策与国际关系学理论研究都产生了深远影响。冷战时期美西方威慑研究总共出现了三次主要潮流,先后在威慑的范式转变、作用机制和实证检验等方面取得进展。①

(一)核武器出现与第一次潮流

威慑理论的诞生与核武器的发明有着密不可分的联系。1945年,美国成功研制人类第一颗原子弹并投入作战使用;1949年,苏联首次试爆原子弹,双方逐渐形成核均势。核力量的大规模杀伤属性显著提高了现代国际关系中有核国家间武力直接使用的成本和风险,很大程度上约束了国家军事力量的使用方式。

核威慑理论的鼻祖伯纳德·布罗迪于1946年在其《绝对武器》一书中写道:"直至目前,我们军队的主要目标是赢得战争。从现在起,其目标要变成阻止战争。除此之外,军队几乎不存在其他用处。"②其一,核武器的出现及其在军事目的上的运用将从根本上改变现代战争的面貌和性质。其威力使得为数很少的核武器便具备极大地摧毁,甚至完

---

① 参见 Robert Jervis, "Deterrence Theory Revisited", *World Politics*, Vol. 31, No. 2, 1979, pp. 289 – 324。
② Bernard Brodie, *The Absolute Weapon: Atomic Power and World Order*, New York: Harcourt Brace Jovanovich, Inc., 1972, pp. 48, 70 – 76。

全地灭绝为数可观的人类社会组织的能力,这导致传统的战争组织手段("进攻"与"防守",特别是后者)价值不大。其二,对战争的威慑是核时代里任何一国唯一理性的军事战略,在与有核国家的对抗中谋求"战胜对手"已不再现实。一旦战争爆发,最终两败俱伤甚至俱亡的局面不可避免,而理性的战略不允许以暂时的军事胜利去换取"自杀"。①

同样地,在 1945 年的原子能管控会议(Conference on Atomic Energy Control)上,雅各布·维纳提出"原子弹是最廉价的杀人工具……原子弹有助于维护和平"的观点,被认为是核威慑思想的另一根源。② 维纳也较早表述了对"核反击""核报复"等概念的理解,指出了核武器的防御性质:"人们普遍认为核战争中先发制人具有巨大优势,从而核武器的出现鼓励了侵略者,而我并不认同。有核国家不会愚蠢到把其核武器产能、库存与发射阵地密集部署在几个区域,因而难以被一次消灭。因此,在受到侵略者打击的几小时内,遭受攻击的一方就能以核武器反击——早上 9 点被毁灭和中午 12 点被毁灭有什么不同呢?"③阿诺德·沃尔福斯则考虑了威慑与军事使用有效性之间的辩证矛盾关系:"隐蔽性掩藏了己方的军事实力,但与威慑生效的要求背道而驰。因此,在隐蔽性之外,理性理论的发展也应当关注己方力量与意图的公开性。"④

威慑研究第一次潮流标志着国际社会对于军事力量主要作用的理解从以往的"在战争中取胜"向"阻止战争发生"变化,从"战"向"止战"转移,威慑从此成为国际关系学视野中的一个重要话题,并以 NSC - 68 号文件、"大规模报复战略"(Massive Retaliation Doctrine)等形式体现

---

① 张曙光:《威慑理论:美国国际战略学的一个重要领域》,《美国研究》1990 年第 4 期。
② Richard Rhodes, *The Making of the Atomic Bomb*, New York: Simon & Schuster, 1986, p. 753.
③ Jacob Viner, "The Implications of the Atomic Bomb for International Relations", *Proceedings of the American Philosophical Society*, Vol. 90, No. 1, 1946, pp. 53 - 54.
④ Arnold O. Wolfers, "Superiority in Nuclear Weapons: Advantages and Limitations", *The Annals of the American Academy of Political and Social Science*, Vol. 290, No. 1, 1953, p. 15.

在美国冷战早期国家战略实践中。① 威慑理论随着核时代的降临横空出世。然而,受学科发展局限,当时的学者在科学方法使用和理论系统化上均有所欠缺,尚不具备将威慑上升成为一种可重复、一般性的国际关系理论的条件,从作战向威慑的范式转移在当时更多的是提供了一种关于"如何与核武器共处"的宏观思考。

(二) 威慑理论科学化与第二次潮流

随着社会科学研究方法在国际关系研究中的普及应用,威慑研究在50年代末与60年代迎来了第二次潮流。其主要关注威慑的行为原理和有效性,促使威慑理论得到大发展。战略界通过第二次柏林危机、古巴导弹危机等实践发现,威慑并不是自然成立的,而是具有可重复、可解释的作用机制,这产生了对威慑理论科学化的现实需求。② 这首先体现在威慑概念的科学化上:托马斯·谢林在《武力及其影响》一书中区别了军事力量使用中的"纯粹武力"(brute force)和基于"造成伤害的权力"来操纵风险达成目的的"强制行为"(coercion)。③ 这一区分明确了威慑行为作为一种随时"伤害他人"的权力这一核心本质与其他形式暴力的根本不同。

在这一时期,威慑属性和形式的分类学取得了关键进展。1961年,格林·斯奈德依据威慑生效的不同途径,在《威慑与防御》一书中分辨了"拒止性威慑"(deterrence by denial)与"惩罚性威慑"(deterrence by punishment):前者主要强调使进攻方难以达成其期望目的,防止其通过

---

① Samuel F. Wells, Jr., "The Origins of Massive Retaliation", *Political Science Quarterly*, Vol. 96, No. 1, 1981, p. 34;另见 David A. Rosenberg, "The Origins of Overkill: Nuclear Weapons and American Strategy, 1945–1960", *International Security*, Vol. 7, No. 4, 1983, pp. 40–42; Tao Browne, "The Impact of NSC–68 on American Foreign Policy During the Cold War", *The Ascendant Historian*, Vol. 5, No. 1, 2018, p. 5。
② 参见 Alexander L. George and Richard Smoke, *Deterrence in American Foreign Policy: Theory and Practice*, New York: Columbia University Press, 1974, pp. 392–397。
③ Thomas C. Schelling, *Arms and Influence*, New Haven: Yale University Press, 2008, pp. 2–3。

侵犯行为取得收益;后者主要强调对进攻方造成可能的重大损失,施加侵犯行为的代价,以此阻止其既定行动。① 此外,战略学家赫尔曼·康恩探究了威慑对象的区别,将"阻止直接攻击的威慑"定义为"一类威慑",将"阻止极端挑衅的威慑"定义为"二类威慑",将"阻止一般挑衅的威慑"定义为"三类威慑"。② 细化分类后的威慑研究逐渐形成了一个成熟的理论体系。后世的国际关系学者愈发热衷于将威慑行为分类讨论,选定某一特定种类的威慑作为研究对象。

第二次浪潮中威慑研究的科学化尝试还体现为:一些学者继承和发扬了布罗迪引入的"理性选择假设"(rational choice),在研究中引入收益-成本分析(cost-benefit analysis)方法和非数理博弈论,特别是"胆小鬼博弈"(chicken game)模型的推演论证,就核威慑生成机制中瞄准目标的反力量(counter-force)与反价值(counter-value)属性、博弈中"一次打击"和"二次打击"先后手策略选择展开辩论。③

同期威慑理论的研究成果也体现在60年代美国国家安全战略的变化中。美国先后于1961年和1965年出台"灵活反应战略""逐步升级战略",其精神在北约1967年发布的MC-14/3号文件中也得到充分体现。④ 灵活反应、逐步升级,根据情况采取不同反击措施的构想等表达了相比于简单的大规模报复更复杂、可操作的威慑观,使"最终解释

---

① Glenn H. Snyder, *Deterrence and Defense: Toward a Theory of National Security*, Princeton: Princeton University Press, 1961, pp. 14-15;另见Snyder, *Deterrence by Denial and Punishment*, Princeton: Center of International Studies, 1959, pp. 4-6; Lawrence Freedman, *Nuclear Deterrence*, London: Penguin, 2018, p. 26。
② Herman Kahn, *The Nature and Feasibility of War and Deterrence*, Santa Monica: The Rand Cooperation, 1960, pp. 39-40。
③ Bertrand W. Russell, *Common Sense and Nuclear Warfare*, London: George Allen & Unwin Ltd., 1959, p. 30;另见Albert Wohlstetter, "The Delicate Balance of Terror", *Foreign Affairs*, Vol. 37, No. 2, 1959, pp. 212-213; William Kaufmann, "The Requirements of Deterrence", in William Kaufmann(ed.), *Military Policy and National Security*, Princeton: Princeton University Press, 1956。
④ Gregory W. Pedlow(ed.), *NATO Strategy Documents: 1949-1969*, Brussels: NATO Graphics Studio, 1969, pp. 345-370.

权归我所有"的威慑更可信。①

（三）安全研究复兴与第三次潮流

美西方战略学界的威慑研究随着60年代中期美国扩大越南战争，社会舆论表现出强烈"厌战反战"情绪而进入停滞，威慑研究相关学者也开始反思其理论的合理性和解释力。② 在威慑理论研究从越南战争影响中恢复期间，学者们就过去的威慑研究缺乏实证、过于依赖演绎推理和"理性人假说"等问题进行了全面和系统的反思。在70年代末至80年代初美苏之间的所谓"缓和"（détente）结束，两个超级大国之间的力量此消彼长，美国借助武力重新谋求相对实力优势的大背景下，威慑研究被重新提上日程，开始朝向更完整、完善的理论体系发展，是为威慑研究的第三次潮流。

历史方法和实证主义的引入极大推动了威慑研究的进步，威慑研究摒弃了此前大量应用模型推演、严重依赖演绎、轻视实证的习惯，强调"史论结合"，要求从大量事例的比较研究中找出带规律性的论点，将案例分析作为理论设计、检验和改进的必要一环。③ 实证主义研究以对历史现实的解释力作为理论评价的主要标准和最高追求。④ 正是在这

---

① 参见 John L. Gaddis, *Strategies of Containment: A Critical Appraisal of Postwar American National Security Policy*, Oxford: Oxford University Press, 1982, pp. 198 – 237。另见 Herman Kahn, *On Escalation: Metaphors and Scenarios*, New York: Routledge, 2009, pp. 37 – 49；William W. Kaufmann, *Military Policy and National Security*, Princeton: Princeton University Press, 1956, pp. 168 – 169。
② 参见 Fred Kaplan, *The Wizards of Armageddon*, Stanford: Stanford University Press, 1991, pp. 334 – 335。
③ John L. Gaddis, "Expanding the Data Base: Historians, Political Scientists, and the Enrichment of Security Studies", *International Security*, Vol. 12, No. 1, 1987, pp. 3 – 21；另见 John L. Gaddis, "History, Theory and Common Ground", *International Security*, Vol. 22, No. 1, 1997, pp. 75 – 85。
④ Alexander L. George, "Case Studies and Theory Development: The Method of Structured, Focused Comparison", in Paul Lauren(ed.), *Diplomacy: New Approaches in Theory, History and Policy*, New York: The Free Press, 1979, pp. 43 – 68；另见 Stephen M. Walt, "The Renaissance of Security Studies", *International Studies Quarterly*, Vol. 35, No. 2, 1991, p. 217。

一时期,学者们开始更多地考虑"威慑为何失败"这一问题——更具体地说,为何威慑在一些历史条件下得以成功,而在另一些情况下最终失败。

结合历史案例,学者们发现决定威慑互动的因素不完全是物质的,由此威慑心理学的流派在第三次潮流中得以诞生。尹继武就指出:"心理学路径往往挑战理性威慑理论的前提,认为行为主体要么不可能是完全理性的,要么威慑的效果不是纯粹的理性效用分析,要么心理因素成为理性威慑的基本构成成分。"① 认知心理学视角下,国际政治是由人为决策引导的复杂互动系统,作为具有认知局限的决策者难免会出现错误知觉(misperception)。因此,威慑的成效和对威慑行为的理解取决于他人看待世界的方式,价值判断、威慑可信性的误读都可能导致威慑失败。②

威慑理论在这一时期的另一个主要突破是常规威慑概念的融入。冷战期间的局部战争案例表明,"稳定-不稳定悖论"(stability-instability paradox)促使核层面上平衡的稳定导致"更低水平暴力的平衡不那么稳定",核武器的"终极威慑"并非绝对可靠,单纯依赖核武器建立的威慑是较为片面的。③ 在美苏双方核威慑基本稳定后追求常规力量层面优势的情境下,时任美国国防部长的唐纳德·拉姆斯菲尔德(Donald Rumsfield)在《1978 年态势报告》(1978 Posture Statement)中提出:"威慑的重任又一次交给了常规力量,即使其威慑的有效性得到了核力量

---

① 尹继武:《国际政治心理学研究的新进展:基本评估》,《国外理论动态》2015 年第 1 期;也有学者认为情感和认知局限对选择偏好的影响同样是理性的,见 Wagner R. Harrison, "Rationality and Misperception in Deterrence Theory", *Journal of Theoretical Politics*, Vol. 4, No. 2, 1992, pp. 115 – 141。
② Robert Jervis, "Deterrence and Perception", *International Security*, Vol. 7, No. 3, 1982, pp. 4 – 5.
③ Robert Jervis, *The Illogic of American Nuclear Strategy*, Ithaca: Cornell University Press, 1985, p. 31;另见 Glenn H. Snyder, "The Balance of Power and the Balance of Terror", in Paul Seabury, *The Balance of Power*, Scranton: Chandler, 1965, pp. 185 – 201; Robert Jervis, "Why Nuclear Superiority Doesn't Matter", *Political Science Quarterly*, Vol. 94, No. 4, 1979, p. 619。

的坚实支持。"①一时间,美国战略界热衷于讨论苏东集团在欧洲,特别是中欧方向发动军事冒险的可能性与潜在常规侵略的前景。决定潜在侵略者是否选择发动战争的因素是什么?哪些军事考虑可能导致苏联对北约发动常规攻击?常规威慑理论鼻祖约翰·米尔斯海默提出,威慑的生效程序是国家政治与军事考虑的一个函数,威慑在进攻行动的军事风险、成本较高时最可能成功,战前进攻方对于速胜的预期在很大程度上决定了防御方所发起的威慑是否生效。② 常规威慑从此成为威慑领域研究中独立于核威慑的另一焦点。③ 至此,现代威慑研究的面貌已基本完整。

(四)对冷战期间威慑理论的质疑与批判

威慑理论并非一个完美的定律。在现代威慑研究发展的不同阶段,学界都对威慑理论的一些假设与特性进行过质疑和批评,这也反过来促进了威慑研究在三次潮流中推陈出新、与时俱进。长期以来,威慑面临的困难归结起来是无法准确解释和反映国际现实,或者不能较理想地保证国家安全。在冷战期间,学者们主要提出了以下几点缺陷和不足。

第一,威慑概念被认为是一种被动的、消极的国家战略选择,其仅仅是以恐吓的方式阻止对方的侵犯行为,并不能改变对方的侵犯意图,更遑论促进和平和解,无法从根源上解决国家面临的安全挑战。因此,

---

① United States Senate, *Department of Defense Appropriations for Fiscal Year 1978*, Washington D. C.: U. S. Government Printing Office, 1977, p. 85.
② John J. Mearsheimer, *Conventional Deterrence*, Ithaca: Cornell University Press, 1983, pp. 60 – 66, 208 – 212;另见 Mearsheimer, "Prospects for Conventional Deterrence in Europe", *Bulletin of the Atomic Scientists*, Vol. 41, No. 7, 1985: p. 158; Richard N. Rosecrance, "Deterrence and Vulnerability in the Pre-Nuclear Era", in Christoph Bertram (ed.), *The Future of Strategic Deterrence*, London: Macmillan, 1981, pp. 24 – 30; Rosecrance, *Strategic Deterrence Reconsidered*, London: International Institute of Strategic Studies, 1975, pp. 35 – 36。
③ 参见 Augusto C. Dall'Agnol and Erico É. Duarte, "Military Power and Conventional Deterrence: A Literature Review", *Revista de Relaciones Internacionales, Estrategia y Seguridad*, Vol. 17, No. 1, 2022, pp. 103 – 105。

靠威慑维持的"和平"仅能使紧张的双边关系免于滑向战争,而对于改善关系、改变动机和化敌为友无能为力。以恐吓为本质的相互威慑更有可能使双方陷入僵持,长期怀有敌意和不信任。①

第二,威慑理论被认为具有浓烈的以美西方为中心的"民族优越论"(ethnocentrism)色彩,需要具体化使用场景,因事而异。正如近现代大多数国际关系理论一样,现代威慑理论研究肇始于欧美,因此其内涵或多或少基于西方人的经历、文化、价值观和行为方式。威慑理论研究常常视各个国家为趋同的行为体,假定不同文化对国际关系的认识均与欧美一致;其余国家也许相较于欧美有着更落后的战略观,但最终会向西方中心的威慑理论看齐、效仿。一些学者认为这种假设不符合现实,也严重制约了威慑理论对现实的解释力:不同文化背景的国家对于安全战略,乃至相关概念的理解完全不同。举例而言,冷战时期东方阵营的苏联更多重视核武器在实战应用中的"防御用途"而非将其作为阻止战争的"威慑手段",并不认同西方眼中"威胁二次打击能力可能破坏战略稳定"的威慑观,因此与西方对核武器威慑作用的认识大相径庭。②

第三,一些批评指出威慑理论所依托的"理性人假说"站不住脚,这一理性逻辑不符合国际政治的现实状况。赫德利·波尔指出,威慑理论的理性逻辑来源于数理经济学的博弈论,其几乎被不加修改地套用到对现代国际关系的研究中,而以绝对理性的假设来理解国际关系行为是不合适的。除了实力和决心外,国际环境的变迁、各种集团利益的变化、各种力量的对比与变化等客观环境因素也对行为体理性选择起

---

① Jervis, "Deterrence Theory Revisited", *World Politics*, Vol. 31, No. 2, 1979, p. 293.
② Jervis, "Deterrence Theory Revisited", *World Politics*, Vol. 31, No. 2, 1979, pp. 296 – 297;另见 George H. Quester, "On the Identification of Real & Pretended Communist Military Doctrine", *Journal of Conflict Resolution*, Vol. 10, No. 2, 1966, pp. 173 – 179;瓦·达·索科洛夫斯基主编:《军事战略》,中国人民解放军军事科学院译,北京:战士出版社,1980 年,第 419—421 页。

着重要作用。[1]

二、百花齐放的"第四次潮流"

随着 20 世纪 80 年代末 90 年代初苏联放弃阵营对抗最终走向解体,冷战骤然结束,原本正处于第三次浪潮中方兴未艾的威慑研究也"戛然而止"并步入低谷。由于美国不再面对一个全球性的战略对手,世界格局进入"单极时刻",既有的主要针对同等体量对手的威慑理论被认为不再符合此时的国家安全需求。从美西方的视角出发,威慑失去了客体——不清楚要威慑"谁"的"何种侵犯行为",威慑研究的影响力、系统性和热度因此出现了明显下降,战略界一时陷入"威慑假日"。[2] 在第三次潮流偃旗息鼓后的一段时间内,威慑的来源、手段、方式和目标都发生了变化;随着新威胁、新对抗领域进入视野,威慑思想重新受到关注,引起了一些学者所述的威慑研究的"第四次潮流"。总的来说,冷战前后的威慑研究经历了研究对象和问题范式的转变,即从冷战期间重点考虑"如何威慑"向更多思考"威慑谁""威慑何种威胁"变化。非理性威慑、非核威慑、非对称威慑、非双边威慑成为这一时期威慑研究的重点课题。

(一)冷战后威慑的内容与理解方式

2010 年,杰弗里·克诺夫发表文章《威慑研究的第四次潮流》,称后冷战时代针对非国家行为体、低烈度局部战争和非对称性威胁(asymmetric threats)的威慑研究已经掀起了所谓的"第四次潮流"。这

---

[1] Hedley Bull, "Strategic Studies and Its Critics", *World Politics*, Vol. 20, No. 4, 1968, p. 600;另见 Ole R. Holsti, *Crisis, Escalation, War*, Montreal: McGill-Queen's University Press, 1972, pp. 7 - 25。
[2] Frank C. Zagare, "Deterrence is Dead. Long Live Deterrence", *Conflict Management and Peace Science*, Vol. 23, No. 2, 2006, p. 115;另见 Colin S. Gray, *Maintaining Effective Deterrence*, Carlisle: US Army War College, 2003, p. 6。

一趋势源于90年代后期,特别是"9·11"袭击后国家安全内涵转向应对恐怖主义和大规模杀伤性武器等非传统安全议题的大环境。如克诺夫总结的,所谓"第四次潮流"中的威慑研究起初基本围绕着美国如何应对恐怖主义组织等非国家行为体和所谓"流氓国家"(rouge states)而展开。

克诺夫提出,"第四次潮流"的重要共识在于学者认识到"威慑理论面临恐怖主义挑战时仍然有效"。由于威胁的不对称性,新安全条件下威慑研究的语境出现重大变化,威慑建设的关键"由原先的尽量控制失败变为争取更高效用"。① 在此基础上,阿利克斯·维尔纳提出"恐怖主义可以被威慑",前提是综合防御、调和(mitigation)、设阻(hinderance)等方法"将发出的威胁引导向恐怖组织的国家和个人支持者"。②

随着数字时代的到来与科学技术的不断发展,国际行为体之间的矛盾和对抗域也延伸到网络、太空和电磁空间。"第四次潮流"中的威慑理论学者也试图将新技术与旧范式接洽。举例而言,网络威慑是进入新世纪以来威慑领域研究另一个新兴的话题,指一国通过网络对抗能力,迫使对方不敢采取行动,特别是在网络与信息域发起侵犯的行为。③ 马丁·利比茨基和吉姆·陈等人发现,网络对抗的敌对水平介于经济与外交对抗和常规军事力量对抗之间,可以通过从"纯网络防御"到"核回应"间的八个层级递进威慑,不局限于以单一网络手段回应网络威胁。④ 约瑟夫·奈提出,与核威慑等传统威慑的思路不同,网络威

---

① Jeffery W. Knopf, "The Fourth Wave in Deterrence Research", *Contemporary Security Policy*, Vol. 31, No. 1, 2010, pp. 1 – 4;另见 Lawrence Freedman, *Deterrence*, Cambridge: Polity Press, 2004, pp. 75 – 76; Patrick M. Morgan, *Deterrence Now*, Cambridge: Cambridge University Press, 2003, pp. 284 –285。
② Alex S. Wilner, "Deterring the Undeterrable: Coercion, Denial, and Delegitimization in Counterterrorism", *Journal of Strategic Studies*, Vol. 34, No. 1, 2011, p. 3。
③ 赵子鹏、张光迎:《从俄乌冲突看网络威慑理论的创新发展》,《信息安全与通信保密》2022年第11期。
④ Jim Q. Chen, "On Levels of Deterrence in the Cyber Domain", *Journal of Information Warfare*, Vol. 17, No. 2, 2018, pp. 35 –38;另见 Martin C. Libicki, *Cyberdeterrence and Cyberwar*, Santa Monica: RAND Cooperation, 2009, p. 29。

慑追求的不是"全面阻止"(total prevention)侵犯发生,而是一定程度上的遏制和减轻。奈认为,虽然行为主体、应对手段模糊且多元,但网络中的威慑并非不可实现;然而,相较于传统威慑通过"惩罚""拒止"两种手段生效的简单机制,网络威慑更多借助于密切交互的"纠缠"(entanglement)与规范性禁忌(normative taboos)发挥作用。①

"第四次潮流"的另一新主题有关地区性中小国家的威慑行为研究。维平·纳兰观察了印度、巴基斯坦、法国、以色列和南非等国的拥核姿态(nuclear posture),并指出"保证报复"(assured retaliation)、"不对称升级"(asymmetric escalation)等不同姿态选择对其核威慑的效果影响显著。② 珍尼斯·斯坦等通过研究1948—1973年间以色列与埃及的多次战争发现,虽然以色列的即时威慑(immediate deterrence)多次失败,威慑失效后作战的胜利仍然使埃及"学习"到其威慑的可信性,最终造就了普遍威慑(general deterrence)的成功。③ 这一威胁和军事力量互相结合、相互影响的"累积威慑"(cumulative deterrence)现象得到了学界深入探索和讨论:乌里·巴尔-约瑟夫认为,与阿拉伯国家冲突中的不断胜利使以色列的累积威慑在1967年六日战争后开始生效,改变了阿拉伯国家一贯的"摧毁犹太国"的目标。④ 在前期研究更多关注大国博弈中的威慑互动基础上,对特定中小国家威慑实践的研究扩展了宏观规律下人们对不同国家具体威慑行为特征的认识。同时,累积威慑概念的提出也突破了威慑中不出现军事力量实际使用的限制,将武力的

---

① Joseph S. Nye Jr., "Deterrence and Dissuasion in Cyberspace", *International Security*, Vol. 41, No. 3, 2016, pp. 45, 68 – 69.
② Vipin Narang, *Nuclear Strategy in the Modern Era: Regional Powers and International Conflict*, Princeton: Princeton University Press, 2014, pp. 222 – 298.
③ Janice Gross Stein, "Deterrence and Learning in an Enduring Rivalry: Egypt and Israel, 1948 – 73", *Security Studies*, Vol. 6, No. 1, 1996, pp. 104 – 152; 另见 Doron Almog, "Cumulative Deterrence and the War on Terrorism", *Parameters*, Vol. 34, No. 4, 2004, p. 4;刘华清:《"累积威慑"与埃及和以色列关系的演变》,《阿拉伯世界研究》2022年第4期。
④ Uri Bar-Joseph, "Variations on a Theme: The Conceptualization of Deterrence in Israeli Strategic Thinking", *Security Studies*, Vol. 7, No. 3, 1998, pp. 145 – 181.

直接使用与威慑两种功能横向连接起来。

在威慑内容由传统的大国威胁向新对抗领域、中小国家乃至非国家行为体等非传统安全"新威胁""新话题"发散的同时,阿米尔·卢波维奇从宏观理论层面入手,总结了冷战后以建构主义学派为代表的解释主义(interpretivism)对威慑理论的补足和贡献。解释主义挑战了实证主义的历史经验论,认为人类对世界的体验并非对外界物质世界的被动感知与接受,而是主观的认识与解释;知识的意义基于语境产生,因为个人观点的差异可能导致多重解释。在解释主义理解中,威慑的效果受到身份认同和规范影响,威慑本身即建构新的规范(例如相互保证毁灭,MAD)。① 卢波维奇认为,与现实主义国际关系理论主导的前三次威慑研究潮流不同,吸取了解释主义基本假设的"第四次潮流"带来了如下突破,即威慑可以在社会化进程中习得,是社会建构的产物,威慑的内涵由话语赋予。②

(二)霸权的"迷失"与威慑的边界

进入21世纪第二个十年,随着美国主导下的"单极时刻"开始逐步退潮,不同国际行为体之间的安全关系愈加复杂,威慑研究再一次焕发新的生命力。所谓"第四次潮流"期间,学者们在一些重要的问题上尝试创新,特别是注意到了威慑在安全威胁多样化背景下的局限。为服务于解释新的国际现实,人们开始更辩证地看待威慑在应对特定新兴安全问题中的角色,而威慑无论是作用于恐怖主义还是网络威胁,都无法如同一般认识上的核威慑那样做到"百发百中"的地步,也不能如传统常规威慑一样以避免冲突为预期目标;甚至多可以减少对手的侵犯频次、降低对抗的激烈程度,而不可能消灭侵犯行为。国家既难以做到

---

① Lawrence Freedman, "Deterrence: A Reply", *Journal of Strategic Studies*, Vol. 28, No. 5, 2005, p. 791; Nina Tannenwald, *The Nuclear Taboo: The United States and the Non-Use of Nuclear Weapons*, New York: Cambridge University Press, 2007, p. 19.
② Amir Lupovici, "The Emerging Fourth Wave of Deterrence Theory: Toward a New Research Agenda", *International Studies Quarterly*, Vol. 54, No. 3, 2010, pp. 711-712.

"绝对威慑",更难以达成"绝对安全"。

因此,战略界开始具备初步的"边界意识",即将威慑视为策略工具箱中适用于特定情境的一种选择,其可以被其他策略所取代,从而不具有任何形式的特殊性。经历了威慑研究去绝对化的进程,威慑失败也被看作正常、可预期的结果而非对威慑理论的破坏,这增强了威慑理论对现实的解释力和政策指导意义。

弗兰克·扎加尔、马克·基尔格针对"胆小鬼博弈"式的、假定冲突一定是最不利结果的"古典威慑学"(classical deterrence)提出了"理想威慑学"(perfect deterrence),首次将威慑的可信性与国家对对抗抑或退缩的意愿程度联系起来。借助博弈论,他们指出,威胁"仅在可以被理性地实施时才可能可信和有效"①。成功的古典威慑被认为建立在被威慑方对于巨大代价的恐惧上,而理想威慑则靠可信的威胁促使理性对手放弃对抗的意愿转而退缩。②

(三) 在大国安全竞争复苏中的"第四次潮流"

近年来,大国传统安全议题回归,美国主导的世界秩序深入调整,国家行为体间,特别是大国之间爆发军事冲突的现实可能性重新开始提高。沿承冷战期间传统威慑研究的基本路径,这一时期国外学者结合国家安全的新形势尝试以威慑理论理解和完善自身的国防与对外战略。③

就美国而言,在其本土尚不面临严重威胁的情况下,学者主要注重延伸威慑相关的作用原理和政策建议。伊莱扎·格奥尔基通过回顾冷战期

---

① Frank C. Zagare, Marc Kilgour, *Perfect Deterrence*, Cambridge: Cambridge University Press, 2000, pp. 285 – 308;另见 Stephen L. Quackenbush, " Deterrence Theory: Where Do We Stand?", *Review of International Studies*, Vol. 37, No. 2, 2011, pp. 761 – 762。
② Frank C. Zagare, "Reconciling Rationality with Deterrence: A Re-Examination of the Logical Foundations of Deterrence Theory", *Journal of Theoretical Politics*, Vol. 16, No. 2, 2004, pp. 107 – 141.
③ 江天骄等一些学者认为,威慑理论由反恐、网络威慑等研究对象与内容重新向大国间一体化威慑的回归亦标志着"第四次潮流"向"第五次潮流"转变,本文采取目前学界共识,即下文所述威慑研究仍属于"第四次潮流"的延伸。

间北约、华约的案例,分析了在同盟内部(intra-alliance)权力分配产生量变、质变时盟友自主性、约束性的变化和盟主提供延伸威慑的不同方式。① 李到营(Lee Do-young)则关注决定核保护伞如何生效的条件,包括对盟友威胁的种类和对手取得速胜的概率等。② 安德鲁·奥尼尔提出东亚地缘环境的延伸威慑尤其特殊,驳斥了"核威慑无用论"的观点:"在这一地区国家安全计算中,核武器的战略作用远超出欧洲人的认识。"③

随着中国崛起并成为美国战略考量中的主要竞争者、潜在军事对手,美西方学界、战略界发现仅依靠单一的核威慑或单一的常规威慑都无法在军事上有效遏制中国。④查尔斯·格雷泽等发现,随着中美两国进入竞争乃至对抗的状态,以相互保证毁灭为保障的核威慑关系并不稳定。⑤ 卡尔·穆勒则总结了维持有效常规威慑成本高昂、容易在安全困境中引发误判、难以应对非传统安全威胁和新技术等问题。⑥

随着近年来中国军事现代化进程的加速,美国不再具有绝对的军事优势,其在西太平洋地区的威慑可信度也面临下滑的风险。在此背

---

① Eliza Gheorghe, "Balance of Power Redux: Nuclear Alliances and the Logic of Extended Deterrence", *The Chinese Journal of International Politics*, Vol. 15, No. 1, 2022, pp. 89, 107-108;另见 Benoît Pelopidas, "The Nuclear Straitjacket: American Extended Deterrence and Nonproliferation", in Stefanie Von Hlatky, Andreas Wenger (eds.), *The Future of Extended Deterrence: The United States, NATO, and Beyond*, Washington: Georgetown University Press, 2015, pp. 73-105。
② Do-young Lee, "Strategies of Extended Deterrence: How States Provide the Security Umbrella", *Security Studies*, Vol. 30, No. 5, 2021, p. 762.
③ Andrew O'Neil, "Extended Nuclear Deterrence in East Asia: Redundant or Resurgent?", *International Affairs*, Vol. 87, No. 6, 2011, pp. 1440-1441。
④ 参见 Robert Peters, et al., "Deterrence in the 21st Century: Integrating Nuclear and Conventional Force", *Strategic Studies Quarterly*, Vol. 12, No. 4, 2018, p. 15。
⑤ Charles L. Glaser, Steve Fetter, "Should the United States Reject MAD? Damage Limitation and U.S. Nuclear Strategy toward China", *International Security*, Vol. 41, No. 1, 2016, pp. 54-62;另见 Austin Long and Brendan R. Green, "Stalking the Secure Second Strike: Intelligence, Counterforce, and Nuclear Strategy", *Journal of Strategic Studies*, Vol. 38, No. 1-2, 2015, pp. 38-73。
⑥ Karl P. Muller, "The Continuing Relevance of Conventional Deterrence", in Frans Osinga, Tim Sweijs (eds.), *NL ARMS Netherlands Annual Review of Military Studies 2020: Deterrence in the 21st Century-Insights from Theory and Practice*, Hague: T. M. C. Asser Press, 2021, pp. 59-60;另见 Karl P. Muller, "Conventional Deterrence Redux: Avoiding Great Power Conflict in the 21st Century", *Strategic Studies Quarterly*, Vol. 12, No. 4, 2018, pp. 76-78。

景下,美国宣称要"量身订造"对华威慑方式(tailored deterrence),出台"跨领域""跨地区""跨门槛""跨部门""跨盟友"的所谓"一体化威慑"(integrated deterrence,又译为"综合威慑")政策,综合经济、外交等手段,意图把"技术、作战理念和各种能力恰当地加以结合起来","重视对中国施加拒止性威慑,使中国相信不会在军事行动中实现目标,以达到威慑中国的意图"。[①] 与传统理解的延伸威慑不同,在"一体化威慑"框架下,美国既为盟友提供保护,又依赖盟友的能力整合来实现威慑的目的,既涉及威慑模式的一体化、被保护方的一体化,也意味着威慑发起方的一体化、保护利益的一体化。

三、冷战后威慑研究的批判与前景展望

纵览冷战期间威慑理论的发展,其第一次潮流促进了武力使用逻辑从"战"向"止战"范式的转变,明确了"核威慑""核反击"等重要概念;第二次潮流发现了核威慑生效的作用机制,使威慑真正成为科学化的理论;第三次潮流引入历史案例分析,提供了可资检验假设的方法,带来了常规威慑、威慑心理学等有别于前人的流派;站在前人的认识上,"第四次潮流"以新兴安全领域中的威慑互动为主题,兼顾国际安全主要矛盾从非传统安全议题向大国竞争回归的现实,在探讨内容和方法上均有所创新。同时,当代威慑理论也存在着诸多问题与欠缺,这为我国学者从事相关研究提供了广阔的空间。

(一)"旧瓶装新酒"和"新鞋走老路"

在威慑理论得到当代学者继承和发展的同时,冷战后兴起的"第四

[①] 左希迎:《美国对华常规威慑战略的调整》,《国际安全研究》2022年第5期;另见李晨:《美国印太战略中的军事威慑》,《国别和区域研究简报》2021年第4—5月合刊;Michael S. Chase, Arthur Chan, *China's Evolving Approach to Integrated Strategic Deterrence*, Santa Monica: RAND Corporation, 2016。

次潮流"的研究成果主要暴露出"旧瓶装新酒"和"新鞋走老路"两类弊病。"旧瓶装新酒"（用旧理论解释新事实）体现在威慑目标的混乱上，指一些学者将现有理论体系生搬硬套到已经发生变化的、不适用于旧有解释的事实上，甚至"赶时髦"，把学界关注的话题不加挑拣地套上"威慑"的后缀。以对恐怖主义和网络威胁的威慑为例，很多时候其威慑主体、目标和所保护的利益或多或少都不明确，相比于传统威慑应对的威胁更加抽象，"看不见摸不着"。同时，将旧理论安在新事实上的研究成果更像是对前期研究的简单推广和应用，其本身的新意和理论价值有限。

帕特里克·摩根就指出："学界有很大兴趣把威慑概念运用到低烈度的与极端组织、宗教或民族团体间的暴力上；然而，针对如此随机、自发，背景复杂群体的威慑证明相当困难。"[①]理查德·克拉克和罗伯特·科内克评价："在所有的核战略理论中，威慑理论大概是最难以转化到网络空间作战的。"[②]虽然学者提出了威慑基础理论适配到上述新课题时所需要的改进，但从成果应用的收效看，威慑本就不是适用于此类非传统安全威胁的合适策略选项。此外，威慑在新领域的嵌套和过度延展（over-stretching）将研究按照威慑所采取武力的形式、威胁所涉领域切割，将细分领域的威慑彼此孤立看待，影响了理论的通用性。

"第四次潮流"的另一个弱点体现在所关注威慑形式的老套，缺乏原理层面的创新突破上，即"新鞋走老路"（用"新理论"解释旧事实），以看似新的观点标新立异、吸引眼球。强调"不同作战域、战区和冲突谱系组网""军事手段和非军事手段并重"的所谓"一体化威慑"不过是

---

① Patrick M. Morgan, "The Past and Future of Deterrence Theory", in Jon R. Lindsay, Erik Gartzke(eds.), *Cross-Domain Deterrence: Strategy in an Era of Complexity*, Oxford: Oxford University Press, 2019, p.54；另见 James H. Lebovic, *Deterring International Terrorism and Rogue States: US National Security Policy after 9/11*, New York: Routledge, 2007。
② Richard A. Clark, Robert K. Knake, *Cyber War: The Next Threat to National Security and What to Do About It*, New York: HarperCollins, 2010, p.189.

数个领域威慑简单叠加而成的空洞新名词，其在威慑效能的生成机制问题上照搬传统核威慑、常规威慑理论发现，而对叠加威慑的边际效益问题、不同领域威慑的兼容性等现实操作问题一概不谈——例如非军事的威慑手段是否真的能够慑止军事侵犯并未得到证实。① 因此，一体化威慑的概念得到了一定质疑——美国国会众议员麦克·盖拉格（Mike Gallagher）在质询中指出："传统的军事威慑本可以保护乌克兰，而一体化威慑的尝试却失败了。"②

如今，威慑正在变得"更容易失败"。举例而言，俄乌冲突在双向的"准核威慑条件下"最终爆发，双方以核武力、常规武力为筹码进行多轮威慑互动，企图达到拒止目的，但均难有成效，特别是俄罗斯通过所谓核、常"一体化威慑"手段阻止北约深度介入的尝试至今尚未成功。面临解释力的危机，威慑研究中出现的问题值得学界反思。

（二）新时期威慑理论突破的可能方向

纵观威慑理论冷战以来的发展过程，其进步总是依托着国家在特定历史时期、不同安全环境下不断变化的安全需求，而研究成果也往往以政策形式体现在国家追求安全的实践中。现实层面上，当前西方一些政客将中国视为主要竞争对手、潜在安全威胁和军事对抗假想敌，特别是部分美国人以对华战争准备作为威慑研究可能的现实需求导向，打着"止战""威慑"的幌子挑起对抗、策划冲突。这意味着，其意图中未来威慑的对象是中国、未来威慑的目标是阻止中国的所谓"破坏现

---

① 参见 Thomas Spoehr, "Bad Idea: Relying on 'Integrated Deterrence' Instead of Building Sufficient U. S. Military Power", The Heritage Foundation, December 30, 2021: https://www.heritage.org/defense/commentary/bad-idea-relying-integrated-deterrence-instead-building-sufficient-us-military, 访问日期：2023 年 9 月 5 日；另见 Melanie W. Sisson, "America's Real Deterrence Problem", The Brookings Institution, June 15, 2022: https://www.brookings.edu/articles/americas-real-deterrence-problem/, 访问日期：2023 年 9 月 5 日。
② Megan Eckstein, "Congressman Argues U. S. Deterrence Strategy Failed to Protect Ukraine and Could Fail Taiwan Too", Defense News, March 4, 2022: https://www.defensenews.com/congress/2022/03/03/congressman-argues-us-deterrence-strategy-failed-to-protect-ukraine-and-could-fail-taiwan-too/, 访问日期：2023 年 9 月 5 日。

状"行为,从而预期大国对抗主题下的威慑研究将在国际关系、战略学界重新成为热门。然而,在美西方对中美对抗事实认识不清、语焉不详,且威慑原理研究长期原地踏步的条件下,其所推出的新威慑观在很大程度上也只能是"蹭热度"或者"堂吉诃德"式的自我陶醉,难以实现理论层面的突破或提供显著的政策指导意义。

威慑理论研究是国际关系和战略学界的主要方向之一,自冷战以来受到了学界和决策者极大重视,在几次潮流期间产出了丰富的理论成果。然而,这并不能说明威慑研究已经达到饱和;事实上,冷战期间理论研究遗留的不足和问题尚没有比较理想的解答。例如,"在何种情况下武力的使用或威胁起到威慑作用,在何种情况下其将导致对手还以武力"的"杰维斯之问"至今仍没有得到充分讨论。[1] 经过数十年的发展,威慑仍然是一个基本静态、消极的选项,仍旧不能根本性地排除对方侵犯的故意,其作用方式的解释仍然建立在"西方化"的美欧思维习惯之上,没有较好的模型来阐释非理性复杂系统中国家威慑行为的依据。此外,前人将威慑分类时对威慑性质简单二分法(例如"拒止性威慑""惩罚性威慑")界限不明晰的不足也未得到改进。目前,威慑理论发展进度是与大国安全需求不符的,这也为我国学者从事威慑研究指明了努力方向。

我国的威慑研究尚处于起步阶段,与保卫国家安全和发展利益的重大需求相比仍有明显不足。2023 年 5 月,习近平总书记在二十届中央国家安全委员会一次会议上的讲话强调:"当前我们所面临的国家安全问题的复杂程度、艰巨程度明显加大……要坚持底线思维和极限思维,准备经受风高浪急甚至惊涛骇浪的重大考验。要加快推进国家安全体系和能力现代化,突出实战实用鲜明导向。"[2]紧迫的国际斗争形

---

[1] 参见 Robert Jervis, *Perception and Misperception in International Politics*, Princeton: Princeton University Press, 1976, pp. 58 - 102。
[2] 《习近平主持召开二十届中央国家安全委员会第一次会议强调:加快推进国家安全体系和能力现代化,以新安全格局保障新发展格局》,《人民日报》2023 年 5 月 31 日。

势下,国际关系与战略学学者亟待加深对威慑原理、案例、发展沿革的了解,以此为基础做出创新型的理论贡献,使威慑成为科学的、理论化的、行之有效的重要工具,加快形成和完善习近平强军思想和国家安全相关论述指导下、符合中国马克思主义军事哲学和方法论的威慑观。

从学理角度上看,中国未来威慑理论可以考虑向如下方向发展。第一,为避免威慑研究所谓"第四次潮流"期间"旧瓶装新酒""新鞋走老路"两大问题,需要一个统一的,普遍性的,原理上可以延续对新威胁、新技术解释力的威慑理论;第二,在威慑被滥用、泛化、广义化的背景下,需要明确并统一威慑的概念定义、判定方法和适用范围,给威慑限定边界;第三,现有关于威慑的研究多将威慑当作一种孤立的、理所应当的国家战略选择,而忽视了与其他形式武力使用方式间的横向联系与可能转换。除威慑外,为保全利益、拒止侵犯行为,国家还有哪些其他选择?武力还有哪些其他用途?这些都是有待我国国际关系和战略学界探索的可能领域。

结语

《求是》杂志 2023 年第 5 期发表署名为"钧政"的主题评论文章《在习近平强军思想引领下胜利前进》,将习近平强军思想评价为"坚持用马克思主义审视当代中国军事问题,敏锐洞察新时代军事领域的矛盾运动,深刻阐发军事与政治、战争与和平、稳局与塑势、威慑与实战、人与武器等重大关系"的伟大的认识工具。[①]《左传》曰:"止戈为武。夫武,禁暴、戢兵、保大、定功、安民、和众、丰财者也。"能战方能止战,善战方能胜战;准备打才可能不必打,越不能打越可能挨打。威慑与实战相结合、"战"与"不战而屈人之兵"相统一的辩证关系一直以来

[①] 钧政:《在习近平强军思想引领下胜利前进》,《求是》2023 年第 5 期。

都是我国国防战略和国家安全哲学的突出特征。回顾国外威慑理论研究的脉络和现状对我国建立创新性的国际关系和国家安全理论体系具有重要意义,可以为我国在新时代维护国家安全及世界和平稳定提供战略参考,同时更好地实证我国总体国家安全观的理论内涵。

Evolution of Deterrence Theory in International Security Studies: An Overview

Kang Tian　She Gangzheng

Abstract: As a terminology in international security studies, deterrence typically refers to the practice of discouraging or preventing certain actors from engaging in unwanted behaviors through the limited or potential use of coercive force. Scrutinized by decision-makers and scholars since the Cold War, deterrence theory has undergone multiple waves of academic research. Scholars have explored its key definitions, mechanisms of action, as well as empirical evidence, thus forming a relatively scientific and comprehensive explaining system. Aware of the diverse and complex security challenges on the rise in the 21st century, international relations academia has reassessed the effect, targets, and philosophy of deterrence, intending to reshape the existing theoretical paradigm to address the emerging non-traditional threats such as terrorism, cyber warfare, etc. Meanwhile, researchers and policymakers attempt to adapt deterrence theory to new phenomena and trends including the return of great power competition, thereby framing concepts such as "integrated deterrence". By reexamining the previous development and potential future directions of deterrence studies, the article seeks to present a comprehensive overview of this vital theory in international relations and security, providing a useful reference for China's capability of implementing deterrence in its foreign policy and strategy design.

Keywords: Deterrence, Armed Force, Security Strategy, International Relations, Great Power Competition

评　论

"最好的文化社会学研究是高风险且有创意的"

——访著名文化社会学家菲利普·史密斯教授[*]

刘子琨　朱远航　许松影[**]

摘要：菲利普·史密斯是当代文化社会学的杰出代表，在更新与拓展文化社会学的理论与主题方面做出了重要贡献。本次访谈不仅涵盖菲利普·史密斯本人的学术历程、思想来源和研究取向，也触及文化社会学这一领域的现状与未来，从五个方面展现当代文化社会学的面貌：第一，史密斯谈及青年时期的学习经历与如何接触到文化社会学；第二，史密斯深入反思涂尔干晚期思想对他的影响，说明有关文化的种种理论及文化社会学的基础性理论预设；第三，史密斯指出文化社会学在选择研究主题上的开放性，强调战争、人工智能、媒介、视觉乃至社会理论

---

[*] 菲利普·史密斯是耶鲁大学社会学系教授、文化社会学中心联合负责人，主要从事文化社会学和文化理论研究。他撰写了10余本专著和60余篇专业期刊文章及图书章节。他最新的著作《涂尔干及其之后：1893—2020年的涂尔干传统》(*Durkheim and After: The Durkheimian Tradition, 1893-2020*, 2020)，梳理了涂尔干范式从初创到今天的思想史。史密斯的其他专著包括《为何而战？：伊拉克战争、海湾战争与苏伊士运河战争的文化逻辑》(*Why War?: The Cultural Logic of Iraq, the Gulf War and Suez*, 2005)、《惩罚与文化》(*Punishment and Culture*, 2008)、《不文明：日常生活中的粗鲁陌生人》(*Incivility: The Rude Stranger in Everyday Life*, 2010)、《作为社会戏剧的气候变化：公共领域中的全球变暖》(*Climate Change as Social Drama: Global Warming in the Public Sphere*, 2015)。此外，他的著作《文化理论：导论》(*Cultural Theory: An Introduction*, 2001)为人所熟知，已被翻译成多种语言。

[**] 刘子琨，武汉大学新闻与传播学院特聘副研究员，清华大学-耶鲁大学联合培养博士；朱远航（通讯作者），耶鲁大学社会学系博士研究生；许松影，华中师范大学中国农村研究院讲师，华中师范大学-耶鲁大学联合培养博士。

本身都能成为文化社会学的研究对象;第四,史密斯讨论了文化社会学的变迁与未来,认为文化社会学在本世纪将变得更为重要;第五,史密斯概述自己近期有关音乐和神秘性的研究,并结合自身经验对新一代学者提出建议。

关键词: 文化社会学　社会理论　意义

一、个人经历和研究兴趣

刘:您曾在多所世界著名大学学习和工作,如爱丁堡大学、加州大学洛杉矶分校、昆士兰大学和耶鲁大学。您在这些不同的学校中都有哪些独特的学习和工作体验?它们对您的学术研究、思维方式和工作习惯有何影响?

菲利普·史密斯:这是一个很有趣的问题。我想你已经在耶鲁待了足够长的时间,看到我们与中国的做事方式有所不同。我意识到每个学院和国家都有自己的知识风格,你需要适应才能从每个校园中获得最大的收益。我在爱丁堡大学的本科生活是吉卜赛人式的,那是20世纪80年代初期,我们下课后会和教授们一起吃饭喝酒,这在美国是绝对不可能发生的事情。那个时候我还广泛阅读课外书,如一些最伟大的小说家的作品等等,这些都增加了我的文化资本。我的博士学校加州大学洛杉矶分校则更加专业,其课程结构非常严谨。美国的社会学似乎非常规范,但可能缺乏想象力或创造力。我时常感到实证主义和美国中心主义对美国社会学研究的影响,仿佛世界上的其他事情不那么重要。在澳大利亚昆士兰,老师必须是一个全能的人,能够广泛地教学和指导——这与美国恰恰相反,美国的体制更奖励那些钻研一个专题的人。可能是因为澳大利亚人口规模较小,它对全球学术研究的开放程度远远高于加州大学洛杉矶分校。例如,像安东尼·吉登斯(Anthony Giddens)或约翰·厄里(John Urry)这样的人物在美国几乎不为人知,但在澳大利亚则广受讨论。在我学习和工作过的这些学校中,耶鲁大学的教师队伍中有最坚定虔诚的知识分子,整个校园里有一种真正意义上的分析能力和创造力的氛围。

刘:请问您是如何第一次接触到文化社会学的?是什么使您对这个领域产生兴趣?

菲利普·史密斯:我的第一个学位是社会人类学学位,我觉得这门学科非常有智识上的吸引力。我们读了列维-斯特劳斯(Levi-Strauss)、涂尔干(Durkheim)、莫斯(Mauss)、埃文斯-普里查德(Evans-Pritchard)等人的作品,这些都对文化理论产生了巨大的、革命性的影响。当我读本科时,这种取向的人类学被指责忽视了权力和殖民主义问题。受此影响,我在申请加州大学洛杉矶分校时表达了我想要提出一种新的权力理论的愿景。我还阅读了教学大纲之外的福柯的作品。我惊讶地发现,美国社会学正在用权力、支配、社会组织和不平等来解释一切,而对文化没有任何理解。而我认为,需要解决的问题完全是相反的!于是,我与杰弗里·亚历山大(Jeffrey Alexander)及其社群建立了联系。当时他正开始发展文化社会学,逐渐摆脱他早期所建立的试图恢复帕森斯(Parsons)理论的"新功能主义"范式。由于我有社会人类学背景,我可以贡献很多东西。我对当时形成的文化社会学印象深刻,它比一般意义上的美国社会学更加开放。我刚刚提到过,美国的社会学具有实证主义和美国中心主义倾向,而文化社会学则汲取了哲学、历史学、人类学、文学理论等领域的思想,因此得以摆脱陈旧的固定思维模式,视野不那么狭隘。

二、文化社会学:思想渊源与理论基础

朱:您最新的专著《涂尔干及其之后:1893—2020年的涂尔干传统》(下文简称《涂尔干及其之后》)探索了涂尔干传统及其对未来可能产生的影响。此外,您还撰写了一系列文章,将晚期涂尔干理论应用于

各种社会现象。您能分享一下您在研究涂尔干方面的个人学术历程吗？是什么激励您写这本书的？

菲利普·史密斯：这是一段漫长的历程。就学术家族谱系而言，我"出身名门"。在我大约1982年读本科的时候，理查德·法登（Richard Fardon）向我介绍了涂尔干。他是一位做非洲研究的人类学家玛丽·道格拉斯（Mary Douglas）的学生，他写过一本权威性的道格拉斯思想传记并以此闻名，该书至今仍未过时。玛丽·道格拉斯是埃文斯-普里查德（Evans-Pritchard）领导的牛津学派的学生。20世纪40年代，他们发展出了高度涂尔干主义的"结构功能主义"模型。我之前提到，在我接受人类学训练的时候，这种范式某种程度上并不时髦，被认为忽视权力并与殖民主义勾结，但我一直对他们的思路钦佩有加，因为这种思路避开了当事人脑中所想，而专注于涂尔干所谓"社会事实"的排列组合，从而产生思想上的影响力。

在我本科时期，我遇到的最具说服力的例子是有关非洲巫术指控的研究。巫术指控可以被证明起源于村庄和家庭构成的人口变化，是管理"过渡"（transition）——比如大家庭院落的分裂——的一种方式。引起这种分裂的"原因"在于社会结构，而不在于村民认为在起作用的超自然力量。同样，埃文斯-普里查德在他关于阿赞德人（Azande）的著作①中表明，巫术信仰和占卜都通过解决争端来维持社会，是维系社会稳定的有效工具。尽管看起来会产生敌意，但实际上它们是维持社会运转的资源。对我来说，这是一个开阔眼界的经历。

我的另一条学术脉络是，当我来到加州大学洛杉矶分校时，杰弗里·亚历山大开始将涂尔干晚期作品《宗教生活的基本形式》作为重要理论基础。亚历山大本人是帕森斯、贝拉（Bellah）和斯梅尔塞（Smelser）的学生，这三位都是对美国涂尔干主义的发展有着重要影响

---

① E. E. Evans-Pritchard, *Witchcraft, Oracles, and Magic among the Azande*, London: Clarendon Press, 1937.

的人物,对功能主义和文化整合理论产生了巨大影响。这些都与我早期的训练相契合,并且更加推动我走向涂尔干文化而非结构功能主义的一面——相比英国人类学,这里对神圣性有着更加强烈的兴趣。同时,亚历山大所呈现的对社会的符号学认识也吸引了我。

至于《涂尔干及其之后》这本书的写作,是因为我当时被要求写一本关于涂尔干的书。在我看来,当时已经有上千本关于他的书了。有些是面向学生的教科书,有些专注于非常具体的主题(如法律、职业、道德),还有一些是涂尔干专家们试图详细解读他的著作的思想史作品。我认为一个有益的但尚未被注意的贡献是梳理在涂尔干的影响下产生的理论范式,并谈论其他重要思想家是如何推动这些原创思想的——特别是那些对经验解释社会学和人类学有影响力的思想家。我还认为这个主题与我的学术背景和技能非常契合。

最后我想补充的是,对我而言,佩里·安德森(Perry Anderson)的《西方马克思主义探讨》是一个很好的榜样。当我还是学生时,我就发现这是一本非常有用的书,因为它追溯了学术传承,并提供了对前沿"大牌"思想家的"最佳精选"的描述,同时没有陷入晦涩的争论中。它真正展现了一个充满无限可能性的活跃的学术传统。

朱:您最近讨论《涂尔干及其之后》一书的文章,以一个引人入胜的开放性问题作结尾:"在完成此书四年后,反思这本书及其批评者的言论,我现在认为推动这个范式前进的最具生产力的问题或许不是'谁是涂尔干主义者',而是'是什么条件促成了所有这些令人惊叹的创造力并使其生生不息?'"您自己对这个问题是怎么想的?

菲利普·史密斯:谢谢你提出这个问题。我仍在思考这个问题!这是一个多维的问题,涉及个体学者和集体要素或整体范式要素。我们还必须区分出两种生产力:一种是生产大量成果,一种是生产高度创新但少量的成果。

总体而言,文献似乎清楚表明,在范式创新中,拥有充满活力的团队、图腾式的领导者、使命感和在思想生态中的机遇空间都很重要。这些与单个学者或每个团队成员的个人生命周期以复杂,也许是偶然的方式交织在一起。在学术生涯中,行政(例如系主任)和学科(例如编辑期刊)的领导性工作可能会蚕食学者思考和写作的自由时间,生病也可能。矛盾的是,另一个潜在风险是实现自我存在或职业生涯的里程碑,让一个人自我感觉良好或获得晋升——在这本或那本期刊上发表文章,获得这项或那项资助,出版一本书,这些可能最初是动力,但过一段时间后,有些人会感到自己没有太多可证明的东西,我们从理性选择理论中知道的饱和定律(the laws of satiation)就会产生作用。即使是最优秀的大脑也可能在职业生涯后期出现创造力和生产力下降的情况。例如,在涂尔干的团体中,他去世后有太多人进入了"巡航控制"(cruise control)状态——占据终身职位,不太努力地创造。非凡的学者不仅具有才能,还有比其他人更强烈的关心思想或自我的不可思议的动力。他们还有良好的健康和家庭状况,让他们能够持续产生高质量的工作成果——甚至可以持续到70多岁。因此,你可以看到有多少偶然性的因素在起作用。

另外,关于范式的持久力,我认为核心思想中存在一定程度的模糊性也是重要的。这为创造力留出了空间。因此,我们可以找到一个把社会结构放在首位的涂尔干,也可以找到一个强调文化的涂尔干。下个世纪的学者们可能会争论不休,也可能会把核心模式结合起来,形成某种新的综合体。韦伯、马克思、福柯、尼采等也有着类似的情况。这种范式的权威领袖和后继者的原始文本中存在足够的复杂性和内在变化,以至于达到了一个自我催化点,理论话语可以进行自我滋养,成为一种自我可持续资源。

刘、许:您的《文化理论:导论》在中国学术界备受好评,影响广泛。[①] 这本书以社会学和人类学为视角,深入浅出地分析了西方各类代

[①] Philip Smith, *Cultural Theory: An Introduction*, New Jersey: Wiley-Blackwell, 2001;菲利普·史密斯:《文化理论:导论》,张鲲译,北京:商务印书馆,2008年。

表性文化理论。您写这本书的初衷和目标是什么？对于那些正在阅读这本书或者想要阅读这本书的读者，您有什么阅读建议和提示？

菲利普·史密斯：回顾自己很久以前写的东西总是感觉奇怪。这本书从开始到完成大约花了6个月的时间，在写它的过程中我发现我知道的比我想象的要多。我很自豪它能够帮助到全世界的学生。我试图写出一本我自己在学生时代想要拥有的书，即一本非常高效的书，包含所有对于新生来说或许略带神秘的著名理论家，概述每个理论流派的核心讨论点，提供思想领域的地图。打个比方，当人们测试汽车时，他们谈论的是0—100，即从静止到100公里/小时所需的时间。我认为《文化理论：导论》就是这样一本书。阅读这本书就类似于一场短跑，帮助你从零开始了解到相当多的内容，并在最后达到60公里/小时。读完这本书后，你可以去读原始文本，进一步理解这些理论，然后发展出自己的批判性观点——你已经"提速完毕"。2008年，我与亚历山大·莱利（Alexander Riley）合作更新了这本书，并为一些缺失的主题添加了章节。① 15年过去了，回望该学科的趋势，我想还应该添加或扩展其他内容，比如行动者网络理论（actor network theory）、实用主义（pragmatism）、治理术（governmentality）、新制度主义（neo-institutionalism）、网络（networks）和后殖民理论（postcolonial theory）相关的内容等等。

刘、许：杰弗里·亚历山大在20年前推出了强范式（strong program）和弱范式（weak program）这一对概念，这一对概念对明晰"文化自主性"（cultural autonomy）非常重要。您能谈谈对文化社会学中的"强范式"的理解，以及它与其他文化社会学理论的不同吗？

菲利普·史密斯：二位看我刚才提到的那些理论，它们也都与文化有关，应该在文化理论的教科书中出现。但当你们往下挖时，你们会发现这些范式中的文化是由其他东西决定的——实际需要、管理结构、在

---

① Philip Smith, Alexander Riley, *Cultural Theory: An Introduction*, 2nd edition, Malden, Mass.: Wiley-Blackwell, 2008.

网络中的位置、权力。虽然有些才华横溢的学者提出了令人印象深刻的诠释,表明其中蕴含着意义,但文化最终成为了因变量。同样的情况也出现在福柯和布尔迪厄的理论中——在这些理论背后,等级制度和支配力量起着决定性作用。而在强范式中,我们把文化看作自主性的、具有影响力的自变量,它具有内在的结构,如二元符码、神话和叙事,它们与权力或理性一样塑造着行动和制度。事实上,我们认为社会在某种程度上是非理性的——人们受情感驱动,即使在现代社会,社会生活也有强烈的仪式感。强范式是一个持续性的尝试,旨在开发理解这一切所需的思想工具。

三、文化社会学的多元主题

朱:您的研究主要是在文化社会学的视角下探索非常"硬核"和"物质性"的领域,比如战争、刑罚、警察暴力以及阶级等。您是如何培养对这些领域的兴趣的呢?

菲利普·史密斯:你对韦伯感兴趣,所以你非常自然地提出了这个问题。显然,这些是社会生活中重要的方面,所以应该有人来研究,但我自己研究它们有两个原因。一方面,它们是一个巨大的挑战。常识和主流文献——比如国际关系和战争研究中的理性选择理论,或者福柯关于监狱的理论——告诉我们,它们都与权力和统治有关。我们该如何反击这一点呢?我喜欢挑战自己。另一方面是基于务实的考虑,文化社会学想要得到重视,需要避免被指责只采撷低悬的水果,只能解释世界的某些方面。如果我们所做的只是研究爱好、音乐、最喜欢的电影、约会、宗教和流行文化等又有趣又有很多选择性的事物,那么得到的驳斥总是"这些事情显然是关于意义的,它们关乎人们想要、喜欢和感到激动的东西,人们选择做对他们而言有意义的事情。但大部分社会生活并非如此,如何去理解监狱和战争呢?"从强范式的角度来看,社会生活的每个方面都暗含意义的成分,尤其是暴力和控制,我们需要证明这一点。因此,我们的任务是开发解释性工具,并提供典范研究来建立领域自信,让其他人能够在此基础上有新的进展。

朱:关于这个话题,此刻距离您出版《为何而战?:伊拉克战争、海湾战争与苏伊士运河战争的文化逻辑》这本名著已经接近20年了。虽然大规模战争可能在数量上有所下降,但新形式的冲突和暴力不断出现。例如,俄罗斯与乌克兰的冲突一直延续至今。您认为人类有可行的方法来减少战争和暴力,同时促进更民主和世界主义的社会吗?文化社会学如何在推进这些努力方面发挥作用?

菲利普·史密斯:老实说,我认为学术著作很难直接推动现实改变。即使是像弗洛伊德、甘地和罗素这样的世界级、高知名度的思想家也无法通过书写来阻止战争。然而,我希望我们可以通过生产思想来为社会的反思性作出贡献。了解社会为何以及如何思考,是一种从文化结构中夺回控制权的方式——这些结构有时可能会超越我们的控制。理解叙事、隐喻和二元符号(binary codes)对思考的微妙影响是朝着正确方向迈出的一小步。

许:随着人工智能技术的快速发展并深刻影响着社会和文化,您认为这些影响会如何塑造我们的文化身份和社会关系?在人工智能时代,我们如何重新定义"人性",这又如何体现在我们的文化价值观和社会交往中?

菲利普·史密斯:感谢你的问题。我不是这个话题的专家。显然,人性、自我、原创性和创造力、知识产权等方面的许多界限都将变得模糊,且受到挑战。我觉得作为文化社会学者,我们应该密切关注人工智能是如何被我们定义的——神圣的、世俗的、边缘的、怪异的等等。这将影响对人工智能生成的思想的监管和接受程度,这是我们应该研究的问题。我预计在态度和政策方面会存在国际差异,这将为比较社会学带来一些真正的机遇。

刘:在文化社会学研究中,媒体是一个重要的研究领域。您认为文化社会学和新闻传播研究之间的联系有哪些方面?媒体的发展和变革如何影响文化社会学的研究和理论?

菲利普·史密斯:对意义和传播的关注是它们的共同点。在文化社会学中,历史上我们许多最好的见解和思想都来自对媒体的研究。例如,与文本的接受和阐释相关的主题,或者对国家认同的研究。但是,我对现状的印象是,社会学提出了更大的问题。从大多数文化社会学家的角度来看,媒体是公民话语、公众态度、社会思维和社会事件的"数据"来源。这种媒体话语可以用来解决重大问题——比如在你自己的研究中,你讨论了媒体在塑造对死亡和灾难的更广泛社会回应中的作用。媒体研究主要关注媒体以解释关于媒体的某些方面,研究有限且内向,例如最近我看了很多相关研究论文,发现它们提出的问题都非常狭窄,这让我怀念马歇尔·麦克卢汉(Marshall McLuhan)和伊莱胡·卡茨(Elihu Katz)那个时代的大思想家。

刘:我上过您一学期的《视觉社会学》课程,在这门课上您带着我们思考了很多关于图片、视频、博物馆、城市空间规划等的议题。您曾与迈克尔·埃米森合著了《研究视觉》一书①,但目前该书尚未有中文版。作为视觉社会学方面的专家,您能否向中国的新闻传播研究者介绍一下该书的内容和对他们的研究工作的帮助?

菲利普·史密斯:迈克尔最近去世了,所以提到这本书令我感到有些难过。他是一位真正有创造力的学者,对自己的成就非常谦虚,这在当今时代是罕见的。简而言之,我们认为视觉社会学过于关注摄影和图像,范围也太窄。我们旨在推动一种更广泛的强调可见的社会学。研究社会生活的视觉组织或使用视觉方法(如非介入性观察),并不需要相机。诸如展示、排序、监视、印象管理与设计等主题和话题应被视为视觉社会学的一部分。这也使更多有影响力的理论被纳入进来,比如戈夫曼和福柯等。

---

① Michael Emmison, Philip Smith, Margery Mayall, *Researching the Visual*, Los Angeles: SAGE Publications Ltd., 2012.

许:您和亚历山大教授指出,美国公民社会的话语由民主符码和反民主符码组成。类似于这种二元对立,社会理论也包含一系列二元对立,比如社会 vs 个人、秩序 vs 失序、结构 vs 能动性、宏观 vs 微观等等,除此之外,用于评估社会理论的话语也包含许多二元结构,比如还原论 vs 非还原论、宏大理论 vs 中层理论、思辨性 vs 经验性等等。社会理论也是一种文化系统吗?

菲利普·史密斯:这是一个敏锐的问题! 在我看来,社会理论的繁荣靠巧妙地阐明差异,然后从中构建新的东西来蓬勃发展。这与列维-斯特劳斯在《野性的思维》中描述的世界并没有太大的不同。大师们会想方设法地降低复杂性,引发辩论,并确定一个知识领域。我们在强范式中提出的解释世界的观点,在很大程度上反映了这种学术活动。举例来说,多年来,我经常注意到社会学界的私下谈话中充斥着纯洁性与污染性的语言("他的理论就是一堆垃圾"),某些文本是如何成为标志性和受尊敬的,一些理论中是如何包含着讲述现代性起源和命运的叙事弧线的。理论家也参与着意义的构建,他们使用与其他人相同的构建模块——符码、叙事、符象、神话、神圣性。

四、 文化社会学的未来

许:您认为文化社会学领域在过去几十年中发生了什么重要变化吗?

菲利普·史密斯:我认为这个领域相当稳定。当然,有新的主题领域(比如新认知转向[neocognitive turn])和方法(比如大数据)出现,但是传统分歧依旧存在:实证主义与阐释学,实用主义与符号学。新的想法往往会重述旧的立场之争。例如,新认知转向的推崇者提出了更加科学化、向心理学等其他学科学习、开发具有形式命题的分析模型、避免晦涩的人文概念、识别基本定律等主张——这些都是乔治·霍曼斯(George Homans)20世纪50年代作品的主题。

刘：非常感谢您的解释。您曾经介绍过文化社会学中的神经认知转向（neuro-cognitive turn）①，您能否告诉我们关于这个领域的更多最新发展？

菲利普·史密斯：事实上，我只写过一小部分。这个领域出现时，它利用了社会心理学的研究成果，这些成果表明，环境、习惯和直觉对判断的影响可能比深思熟虑、讨论和反思更大，这最初被视为对传统文化社会学的一种攻击。传统文化社会学被描绘成过分关注话语和批判性理性的"稻草人"理论。现如今，这种救世主式的争论已经有所收敛，现在这些新的取向正努力与更多的传统文化理论和文化社会学重新建立联系。社会心理学代表人物之一乔纳森·海特（Jonathan Haidt）是涂尔干的粉丝，这也帮助了争论局面的改善。在我看来，挑战本来就是错误的。神经认知转向在某种程度上借鉴了心理学研究，例如关于内隐偏见的研究，这些研究表明，任意的文化编码深深地融入了自动思维中。

刘：文化社会学通常是以定性研究为基础的。但是近年来，社会科学越来越向定量（计算、统计、大数据、人工智能）方向发展，您如何看待这种现象。您认为未来的发展趋势会是什么？我们应该如何做文化社会学研究？

菲利普·史密斯：在文化社会学中一直存在着定量研究，特别是对于那些认为意义是由其他因素（权力、网络、制度）来解释的人来说。布尔迪厄的《区分：判断力的社会批判》是当今文化社会学中被引用最多的著作之一，它就基于20世纪60年代法国的一项社会调查。但是你说得对，随着"大数据"和"文本挖掘"的到来，量化研究方面的研究将更加强势。这反映出实证主义的规范，但这并不都是有帮助的。我认为，论文或演讲中方法论部分越长，其发现就越乏味或越琐碎。当我阅

---

① Philip Smith, "The Neuro-Cognitive Turn in Cultural Sociology: From 1.0 to 2.0", *American Journal of Cultural Sociology*, Vol. 8, No. 1, 2020, pp. 1–2.

读我所欣赏的格尔茨、列维-斯特劳斯或福柯的书籍时,并没有方法论部分——只有好的思想、新的理论和阐释。在某种程度上,我们需要认真思考方法,但更多的是在概念与指标的关联方面,或者巧妙的研究设计——比如涂尔干的《自杀论》或韦伯的比较宗教社会学所使用的方法。我们先提出一个受理论指导的大问题或难题,然后想办法逼近它,这似乎比数据挖掘中的弥漫的实证主义更好,后者是先挖掘,然后寻找模式,再描述这些模式,假装自己对总体模式的描述是一个理论,且能够解释这些模式是什么、为何存在。

许、朱:您认为文化社会学将会走向何方?文化社会学会发展出系统化和普遍性的模型来解释社会系统和社会变革吗?21世纪会成为文化社会学的世纪吗?

菲利普·史密斯:我们似乎已经超越了对宏大和系统性模型的追求。我感觉未来会有许多战术创新来完善中层理论解释。这些创新可能会利用被忽视或被遗忘的在经典范畴之外的资源。例如,启蒙哲学家埃德蒙·伯克(Edmund Burke)关于"崇高"的思想,或者机器人学家森政弘[①](Masahiro Mori)关于"诡异"(uncanny)的思考,都为我们提供了新的视角来看待涂尔干关于神圣和凡俗的问题,最近杰弗里·亚历山大和我的研究都涉及了这些思想议题。它们表明,我们需要超越把善良、神圣、有价值和纯洁作为神圣性唯一方面的思考。事实上,神圣性还具有令人毛骨悚然、令人不安、神秘和凶险的方面。

21世纪将会见证文化社会学变得比以往任何时候都更为重要。这有三个原因。首先,与生命意义相关的存在主义问题永远不会消失。正如韦伯在他的宗教社会学中指出的,人类将永远寻求意义。其次,这

---

① 日本机器人学家森政弘于1970年提出恐怖谷理论(the Uncanny Valley)。详见:Philip Smith, "Of 'Near Pollution' and Non-Linear Cultural Effects: Reflections on Masahiro Mori and the Uncanny Valley", *American Journal of Cultural Sociology*, Vol. 2, No. 3, 2014, pp. 329-347;菲利普·史密斯:《"近距污染"与非线性文化效应:反思森正弘与恐怖谷》,载周怡主编:《文化社会学:经典与前沿》,北京:北京大学出版社,2022年,第158—181页。

与当下正在向符号社会转变有关,符号社会的经济和政治生活以符号、象征和叙事为基础。在社会学中,这早已被称为信息社会、后工业社会、晚期现代性、后现代……无论你如何称呼它,它已经存在,并将愈演愈烈。只需看一看今天的新闻,你就会看到它潜伏在你正在阅读的故事背后。最后,我们这个时代的社会问题显然无法在不关注意义的情况下得到解决。气候变化就是一个例子——几年前我曾就此写过一本书①。科学界早已有了定论,但要让个人和国家改变自己的行为方式并不像画一条温度曲线那么容易。理解信息是如何通过符码、叙事、梦想和恐惧进行过滤的,是制定行之有效的政策的关键一步。

五、当前研究与建议

朱、刘:您最近的研究工作和您未来的研究计划是什么?

菲利普·史密斯:我是那种喜欢从一个选题到另一个选题的学者,这一点可以在我的简历中看到。我认为这是因为我喜欢终身学习,而且我的无聊阈值很低。如果我在研究一个新的主题,我便总是在学习——或者至少思考新的东西,阅读新的作品。最近,我一直在研究作曲家理查德·瓦格纳(Richard Wagner)以及他在德国拜罗伊特(Bayreuth)创办的歌剧节。我认为这是一个展现神圣和世俗的场域。他把这个节日规划为平等主义的朝圣之旅,他的音乐可以带来一种超越的感觉。然而,这也是一个与邪恶的希特勒有关的活动,与社会排斥有关,与保持清醒、买票、旅行的世俗挣扎有关。这是一个复杂的矛盾区,似乎会自然而然地产生有趣的论文主题。

同时,我在和德米特里·库拉金(Dmitry Kurakin)合作撰写一本分析社会生活中的"神秘"的书籍。涂尔干将神秘视为神圣的一个方面,

---

① Philip Smith, Nicolas Howe, *Climate Change as Social Drama: Global Warming in the Public Sphere*, New York: Cambridge University Press, 2015.

但它并不完全等同于神圣。在某种程度上,"神秘"是我上面提到的那些"被遗忘的角落"之一,这可能会带来新的想法。我们正试图确切地了解"神秘"作为一种文化结构是什么,以及为什么它如此引人入胜且具有情绪吸引力。除了少数几位学者写作的有关福尔摩斯和侦探小说中的文学形式的文章,以及一些相当描述性的关于热衷于在树林中寻找怪物和在古老建筑中寻找幽灵的民族志研究外,社会学在这个主题上并没有太多研究。然而,信仰、个人经验和流行文化在生活世界中异常重要。有无数的电视节目讨论鬼魂、远古外星人、飞碟、诅咒等,吸引了数百万观众。调查显示,许多人认为自己曾与死者接触过或见过无法解释的东西——比起相信上帝或宗教文字的真实性,他们更多地相信这些。然而,宗教社会学随处可见,而神秘社会学却很少被关注。它被视为是不体面或琐碎的。我们希望将其理论化,部分原因是它作为"现实世界"的一方面值得研究,部分原因是它为涂尔干式的神圣社会学提供了新的视角。

我想补充说,最近美国军方和美国国家航空航天局承认一些飞碟目击事件是"真实的",并且是无法解释的,不管这些是什么,这带来了一定程度的政策相关性。什么样的神秘被认为是合法的或不合法的?国家何时会"批准"一个神秘事件?对于"神秘"但可能是对长期以来形成的人类中心主义宇宙观或物理学基本原则的根本性挑战,各机构如何进行反思?这似乎是一个能打开新局面的且值得尝试的空间。

刘、许:您认为在文化社会学领域,年轻研究生和学者需要具备哪些能力和素质才能做出更好的研究?

菲利普·史密斯:多年来,我在耶鲁大学文化社会学中心与许多来自中国的访问学生合作过,他们已经知道我要说什么了。我的感觉是,无论是来自中国还是其他地方的初入行者,他们的雄心不够。他们想取悦别人、取悦学术界或取悦他们的导师,而不是与人争论。他们太过尊敬权威和名家。因此,他们说 X 有一个好主意,Y 也有,我们应该把它们结合起来,而不是选边站,争论 X 是对的,Y 是错的,或者更好的是它们都错了。他们写论文只是应用现有理论或者稍微扩展它们，用我所说的"按数字填色"的方式，就像给儿童的书籍一样，提供了一个模板，只是填上颜色。所以，比如在文化社会学中，我们看到的是非常衍生性的工作，应用柯林斯的互动仪式理论、福柯的规训理论、亚历山大的社会表演理论、戈夫曼的前台/后台理论等。这或许足以让你拿到博士学位，但并不会拓展知识的前沿。你几乎可以从论文标题猜到其内容，如"老人公寓作为一种规训体制""意大利餐厅的前台和后台"，等等。

学生在方法方面也太过执着且具有防御性。就像我之前提到的，系统化的方法并非有趣作品的必要条件。事实上，情况可能恰恰相反。我之前说过，方法论部分越长越详细，论点和发现越无趣。当"方法创新"这个词组出现在我们眼前时，它可能是无聊发现的预警——当然，希望作者能证明我们的猜测是错的。

最好的文化社会学研究有着高度的风险性和创造性，它尊重理论和洞察力胜过方法和勤奋。它进行深入解释，深入探讨意义的核心，而不是仅触及表面的"编码"或"计数"。我在戈夫曼、福柯或格尔茨的作品中就没有看到方法论部分。所以，我的建议是广泛阅读社会科学和人文学科的理论，以一种他人未曾看到的方式联系这些理论，并寻找那些被忽视的写作领域，而不是随波逐流。文化社会学的学生应该立志成为知识分子，而不是只在熟悉的主题上机械地生产可预测作品的学院讲师。要成为知识分子，你必须冒一些险，要有一点无畏精神。

感谢你们的访谈。这些问题让我有机会反思了很多事情。我希望读者们会对我的观点和经验感兴趣。即使只有一两个人觉得有道理，得到了灵感，或者在他们自己的生命叙事中为自己的研究议程找到了前进的方向，我的使命就完成了。

The Best Cultural Sociology Has a High Level of Risk and is Creative: An Interview with Professor Philip Smith about Cultural Sociology

Liu Zikun   Zhu Yuanhang   Xu Songying

Abstract: Philip Smith is an outstanding theorist in the field of cultural sociology, making significant contributions to the renewal and expansion of theoretical perspectives and research interests in cultural sociology. This interview not only covers Smith's academic journey, intellectual influences, and research orientations, but also focuses on the current state and future prospects of cultural sociology. The interview comprehensively presents the face of contemporary cultural sociology from five aspects: first, Smith discusses his learning experiences during his youth and how he came into contact with cultural sociology; second, he reflects deeply on the influence of Durkheim's late thought on him, elucidating various theories about culture and foundational theoretical presuppositions in cultural sociology; third, Smith points out the openness of cultural sociology in selecting research themes, emphasizing that war, artificial intelligence, media, vision, and even social theory itself can be subjects of study within cultural sociology; fourth, Smith discusses the changes and future of cultural sociology, explaining that cultural sociology will become more crucial in the 21st century; finally, Smith outlines his recent research on music and the mysterious, and encourages the new generation to read extensively, take risks, and strive for innovation.

Keywords: Cultural Sociology, Social Theory, Meaning

法律的信息功能[*]

张泰苏^{**} 著

李世豪^{***} 译

  本文讨论法律能对意识形态的普及与加固产生哪些类型的作用，并着重分析其中的信息操纵机制。其核心论点为：意识形态的普及与加固既依赖于价值观环境，也依赖于信息环境。很多时候，后者的政治效果甚至强于前者。法律对于前者的规制或管理容易造成民众的抵触心理，但对于后者的规制则往往作用于更加隐形的行为层面，在潜移默化间即可起效。因此，如果想要系统地认识法律与意识形态之间的功能性关联，就一定要格外重视法律的"信息功能"。

  大多数时候，法学理论对于意识形态的兴趣是在意识形态如何影响法律，以及法律在何种程度上是意识形态化的问题上，举例来说，20世纪中叶发生在法律形式主义者和现实主义者之间的争论就常常以这个话题为中心。尤其是批判法学学者们反复声称：法律制度强化既存的社会等级制度，因此它们必然是严重意识形态化的。但在法理学中，不论是德沃金的准自然法理论还是更加纯粹的法律实证主义，都抵制将法律描述成是与生俱来的意识形态化的：考虑到两者都在尝试着确认法律中的某种"本质特性"，他们拒斥任何认为法"不可避免地被源自法律以外权力关系的观念所塑造"的描述。原旨主义（originalism）就

---

* 本文节选自《清代财政的意识形态基础》（2023 年剑桥大学出版社出版）第七章第三节。
** 张泰苏，耶鲁大学法学院教授，北京大学法学院全球教席。
*** 李世豪：清华大学社会学系硕士生。

是一个近来颇有影响力的例子:它试图表明自己是宪法解释的一种中立的形式主义理论。不过与此同时,法律和司法领域不断有大量文献借定量方法反复证明,各级司法判决都有严重的意识形态化倾向。

这些争辩通常欠缺的,是关于这一作用的箭头如何反方向运作——法律和法律制度如何影响意识形态的社会政治地位——的细致描述。乍一看,这也许可以被包括进法律是否是意识形态化的问题里,但不幸的是,事实并非如此。我们无法先验地保证在某一意识形态影响下制定的法律实际上就会提高这种意识形态的社会政治地位,也没法保证不会产生恰恰相反的效果。相反,为了理解法律如何影响意识形态,我们必须单独地辨认出法律制度借以塑造人类思想及行为的途径和动力机制。

出于篇幅限制,本文只能为这些途径和动力机制提供一个简单的类型梳理。如上所言,它的确特别强调了法律的"信息功能"——也就是政治体制中,法律制度规制公共信息之形成与交流过程的能力——在社会政治方面的重要性,但即便对这一功能也只是用基础的术语简单勾勒一下。尽管如此,仍然希望读者们在读完本文之后,可以获得一张有关这些理论上的可能性,以及有关如何在现实法律系统中寻找这些可能性的思维路线图。

法律对于意识形态之社会政治地位的潜在影响可以沿两个主要坐标轴进行分类。第一个坐标轴基于法律行为的目标对象进行分类:法律规则可以针对作为社会政治身份及从属关系的意识形态,也可以针对作为价值、信念集合体的意识形态。第二个坐标轴则按照所运用的法律功能(function)来进行分类:强制功能(coercive)、激励功能(incentivizing)、表达功能(expressive),以及信息功能(informational)。通过两个坐标轴的相交,我们可以准确定位一系列具体法律手段。这些手段可以被用于巩固或破坏一个意识形态的声望。它们不同程度地具备社会政治方面的显著性和行为方面的有效性。

第一个坐标轴分为两个主要类型:直接或间接地针对作为整体身

份的意识形态的法律行为，以及直接或间接地针对意识形态的实质价值和信念的法律行为。举例而言，前一类包括试图简单地通过个人身份划分来禁止（或提倡）保守主义的法律：比如，立法者可以通过法律规制直接禁止或提倡"成为保守派政党的成员"或"自我认同为保守主义者"。当然，人们可以争辩说：简单地禁止或提倡作为身份类别的"保守主义"是无意义的，除非进一步描述借以界定保守主义的标准——比如某个具体的社会政治群体的会员身份、对特定仪式的参与及特定符号的使用，或是持有特定的实质信念和价值——因此，真正被禁止或提倡的是这些标准，而不是这种类别本身。话虽如此，但作为法律问题而言，很难把意识形态身份类别直接拆解为组成该意识形态的实质价值和信念；恰恰相反，在尝试界定某一意识形态的支持者时，国家几乎总是高度借用党派或群体成员身份以及其他非思想性的标志。

第二个类别包括了那些更具体地针对某种意识形态的实质价值与信念的法律行为：比如禁止在公立学校教授自由主义观念，或者宣布高中国家历史考试的正确答案必须符合马克思主义史学。出于如下若干理由，这些法律行为在概念层面上同前一类有所区分：第一，几乎不存在某一组实质性观念和某一个意识形态标签之间的一一对应关系。比如说，相信马克思主义历史理论的人很可能会排斥马克思主义的规范性议程，因此其在任何常规的意义上来说都不能算是"马克思主义者"；而另一方面，那些在社会政治上被界定为"马克思主义者"的人可能并不相信马克思主义的历史理论，或甚至可能不知道它。第二，就社会事实而言，即便的确存在一个意识形态标签和一组实质性观念之间的一一对应关系——比如说，如果所有的马克思主义者都相信单一的一种历史理论，并且如果所有相信这种历史理论的人都普遍被认定为马克思主义者——一项针对这一意识形态标签的法律仍然可以在概念上同一项针对实质性观念的法律区分开来，只要这一对应关系在将来有可能发生断裂。

在这一类别里，我们应当进一步强调规范性观念和经验性观念之间的区别,也应当把这后一类的"针对观念的法律"进一步划分成规范性的和经验性的子类别:举例而言,宣布"谈到利润"在道德上不适宜并加以禁止,相比于在公立大学中强制教授马尔萨斯经济学。有些人也许会好奇这两个子类别在法律意义上是否真的足够不同,以至于要在此处分别界定,我希望在接下来讨论第二个坐标轴时这些区别可以更加清晰。

第二个坐标轴基于法律行为起作用的方式进行分类:第一,有些法律通过负面的惩罚强制人们做出(或避免)特定种类的行为,或者要求人们接受(或排斥)特定种类的观念。如果违法,则会被惩罚。举例而言,国家可能由于你侵占私人财产或是在纳税申报中未能公开收入而把你送进监狱。第二,还有一些法律则为理想行为提供正向的激励:比如由于进行了慈善捐赠而享受减税,或者在很多国家里,生了孩子的公民可以享受减税。

第三类行为运用的是桑斯坦所谓的法律的"表达功能"。在这类法律行为里,法律表达了对特定行为的偏好,但并不必然会用强制力或是物质激励支撑这种偏好。这些法律的存在价值仅仅在于对特定类型的行为或信念表达赞成或反对,而不取决于实际上强制执行的程度,高速公路上的限速就可能是一个例子:这种法规的实际执行力度往往很低,但它们依然表达了立法者的某种倾向性姿态。此外,法律也可以通过强制或激励某个次级群体的行为来向更庞大的一般性人群表达某种特定的意识形态偏好:比如说,国家可能要求所有的政府官员在就职时接受共产主义学说的培训,以表达对共产主义的普遍偏好。对于官员,这种法律是具有实际强制力的,但对于广大民众来说,它仅仅是一种政治上的表达。

在这三种功能类型之外——这三种类型的法律行为显然都具备影响意识形态的社会政治地位的能力——还有另一类法律行为,这一类法律对于一般人群的行为或信念根本不采取明确立场。它们并不试图强制或激励私人活动,实际上它们根本就不打算规制私人活动,因而并不对其表达立场。相反,它们只是试图规制国家的内在运作方式(internal workings of the state):权力和资源在国家内部的分配、运用这些权力与资源时的行政手续、为之配备人员并贯彻实施的行政结构。这些内部运作规则仅仅针对政府官员的内部行为,而完全不试图去改变或引导任何私人活动。法律的"信息功能"就存在于这一层面之上。

行政国家或官僚国家(administrative or bureaucratic states),不论是现代的还是前现代的,都进行着众多的常规性数据收集服务。它们生产着社会政治方面的各类权威信息:经济体体量多大、国家的人口多少、谁拥有什么财产等等。很大程度上,这些信息构成了政治话语(political discourse)的经验基础:绝大多数政治论证都依赖于事实的具体陈述,而这些具体陈述多半要用到政府提供的信息。事实上,国家对于特定类型的信息常常有着天然有效的垄断地位——没有别的实体能够有组织地在如此大的规模上收集信息——这一点对于清代官僚机构是适用的,对于现代国家也一样适用。因此,授权并规制这些信息服务的法律基础设施有能力通过操纵其信息大厦的砖块来塑造成片的政治话语,这种能力常常在政治上不引人注目,但极为重要:它可以禁止收集与意识形态主旋律可能相互矛盾的信息,也可以在核心数据的计算和散播中引入各种政治偏见。

其他三种法律功能既可以有效针对作为社会政治身份的意识形态,也可以针对作为实质思想成分的意识形态。相比之下,法律的信息功能所能影响的范围则要狭窄得多。比如说,法律可以对所有自由主义者实施惩罚性行为("任何被认定为自由主义者的人都应当入狱")或只是针对自由主义的观念进行惩罚("学校不允许讲授自由市场效率高的说法")。法律也可以激励对这两者不利的行为("所有离开自由主义政党的人可以获得一次减税机会",或"停止教授米尔顿·弗里德曼思想的学校可以得到特别经费")。法律同样可以仅仅表达反对它们的立场而不实际运用强制力或者实质的激励。

法律的信息功能则只能有效地针对意识形态的经验性陈述。这一类法律行为仅仅通过影响貌似政治中立的官方信息生产行为,来使得某种意识形态显得更吸引人或更不吸引人。比如,它们可以通过修改民众所能看到的经济数据,使持某种意识形态特性的经济体显得更加成功或失败。它们不直接同规范性信念对话,除非通过改变构成其叙事基础的经验性信念。不过,尽管影响范围很受限,在政治效力层面上,信息功能并不比其他三种更弱。最简单地来说,相信某种政治制度具有经济优越性的人几乎是必然更可能在意识形态上支持它的——比如,相比于仅仅在规范层面上相信"增税不道德",在经验层面上相信"增税将导致政治崩溃"显然是更加有力的政治话语。

下面这个表格列出了两条坐标轴间的各处相交,并为每一处相交举出了例子:

功能＼目标	针对意识形态身份的法律行为	针对实质信念或价值的法律行为	
		规范性	经验性
强制	"所有的自由主义者都要坐牢"	"所有学校都必须开设在规范性理想层面上批判自由(criticize liberty as a normative ideal)的课程"	"禁止在大学里教授米尔顿·弗里德曼的有效市场理论"
激励	"离开自由主义政党的人可以得到一次税收返还"	"在规范性理想层面上批判自由的学者将获得政府提供的研究经费"	"批判弗里德曼有效市场理论的学者将获得政府提供的研究经费"
表达	"信仰自由主义是违法的(但不执行惩罚)"	"名义上禁止赞美自由的出版物(但不执行惩罚)"	"名义上禁止教授有效市场理论(但不执行惩罚)"
信息	不适用	不适用	"以这样的方式操纵GDP数据:使市场效率理念丧失信誉"

事实上,有理由相信,信息功能有时可以比其他的意识形态灌输形式更能达到效果,因为它更不会被看作直接的意识形态化操作。如果认为政府参与了意识形态灌输,那么在很多现代社会里,即便是在威权主义社会里,很多民众都会对政府行为报以怀疑的态度——于是即便

此处的政府行为被法律允许了,它也很可能造成不了什么社会影响。但是,只有当民众普遍认为政府行为确实是意识形态化的时候,这种怀疑态度才会活跃起来。相对而言,那些对意识形态信念或身份有所惩罚、奖赏或表达的政治与法律行为是容易识别的,但要识别信息方面的操纵就要困难得多了。这不光是因为"信息"天然地戴着中立性与客观性的面纱(尤其是在以数字形式表达出来的时候),而且也是因为政府对庞大体量的社会经济信息——从军事情报,到各种形式的宏观经济信息,再到法律执行数据、产权证明记录、公司公开上市信息、公共健康信息——有一种"天然的垄断"。这种垄断容易使一般人群更情愿不带批判性地遵从这些信息。

以自由主义社会为例,这些社会的政治文化与宪政结构对于法律的信息功能的质疑与制约要远比它对其他三种功能的质疑与制约更加无力。最显著的就是,由于信息功能常常不对私人主体进行任何强制约束,所以它能够免于那些制约着其他功能的宪法类限制,比如美国宪法中的权利法案。当然,为了保障信息机构的准确和客观,大多数现代法律系统的确会对其施加法律控制,但就其本性而言,这些控制往往是程序性的而非实质性的,因此有时也没有什么清晰的效果。举例而言,美国对其联邦数据机构施加了明确的透明度及专家同行评议的要求,然而,正如大量学术研究所声称的,这些要求并不总是能达到预期的效果,而且常常为它们本应限制的那些机构的自主决定所左右。

值得一提的是,如要进行信息方面的操纵,政府往往无须对信息生产程序(或基础数据)做出任何主动的调整。各种形式的"不作为"也同样可以达到效果。在国家有效支配着某一种特定信息的生产的时候,它常常可以巩固并加强经验层面上的相关主流信念,只要简单地拒绝收集或者公布特定种类的新信息就可以了。仅仅是拒绝主动扩展某种数据的官方定义——比如,拒绝将特定的侵犯行为认定为仇恨犯罪或强奸罪——就可以呈现完全不同的经验图景,从根本上支持不同的意识形态解释。相比于主动的捏造,政府的不作为会受到更少的社会审查，但在意识形态灌输上却能有同样的效力。

2019年至2022年的新冠疫情里，不少国家的行政或政治行为中都能找到各种信息操纵的例子。比如，美国特朗普政府内的一些高级官员承认，该政府曾积极考虑过减少对病毒的公共检测，这样官方数据就会显得不那么严重，有助于特朗普的连任竞选。这件事，以及特朗普及其顾问所制造的关于疫情的大量虚假公开声明，都展现了官方信息轻易被政治化以及意识形态化操纵的极大可能性。更引人忧虑的是，即使是在互联网时代，民间的政治叙事依然极大程度地依赖于政府提供的官方信息。即便人们已经确切地知道联邦政府明确考虑过出于政治目的而操纵测试数据，但绝大多数媒体，甚至是左派倾向的主流媒体，仍然会不加注释地引用由政府发布的疫情数据，绝大多数的主流社会政治评论也依然在这些被操纵的信息基础之上进行。

近些年来，由于西方极右翼组织不遗余力地在社交媒体上推广他们所制造的"另类事实"（alternative facts）与各种阴谋论，国家发布的信息多多少少已经不那么权威了。但很不幸的是，由于右翼的"另类事实"只会比任何国家发布的官方信息要更加政治化、更加意识形态化，所以其兴起只是降低了公共话语（public discourse）的质量，正如用核废料去灭火永远不会改善空气质量。尽管社交媒体的崛起削弱了上层权威集团对信息的控制，但它仍然没有从根本上削弱政府对于许多宏观层面的信息（包括大范围的经济和公共健康数据）生产的功能性垄断（functional monopoly）。对于这类数据，并不存在可靠而准确的私人替代品。这意味着，就现在而言，唯一可行的提升公共话语之信息品质的方法就是减少政府操纵，而不是推广远远更成问题的私人的"事实"。在这之前，法律的信息功能将仍然稳固并在意识形态上具备极强的影响力。

《清华社会科学》投稿指南

一、刊物宗旨

《清华社会科学》是由清华大学社会科学学院主办、商务印书馆出版的综合性社会科学集刊,旨在为社会学、政治学、理论经济学、心理学、国际关系学、历史学等学科和领域提供一个高水平的学术交流平台,现阶段每年出版两辑。本刊坚持学术为本、问题导向,采用编辑部审稿与匿名审稿结合的方式,倡导严谨的学风,鼓励理论、历史和实证研究相结合。

《清华社会科学》常设"专题""论文""评论"和"书评"四个栏目。"专题"栏目围绕主题发表原创性的研究论文;"论文"栏目发表原创性的研究作品;"评论"栏目刊登学术演讲、学术对话、学术综述;"书评"栏目刊登对国内外社会科学经典著作和最新著作的介绍和评论;另不定期设置"特稿"栏目。

二、投稿体例

(一)专题类、论文类来稿除正文外应同时提供英文标题、中英文摘要及关键词、所有作者的单位及职称(或学历)、主要作者的电话和电子邮箱。评论类、书评类来稿除正文外仅须提供所有作者的单位及职称(或学历)、主要作者的电话和电子邮箱。

(二)引证文献采用页下注形式,每页断码排列注释序码。引证文献无须在文末单列。

(三)注释中的非连续出版物,需依序标注作者、文献题名(若系析出文献,依序标注析出文献题名、文集责任者、文集题名)、出版地点、出版者、出版时间、页码。

（四）注释中的连续出版物依序标注作者、文献题名、期刊名、年期（或卷期、出版年）。

（五）注释中的电子文献依序标注作者、电子文献题名、获取或访问路径。

三、说明

（一）来稿请投专用信箱:qhshkx@ tsinghua. edu. cn。

（二）来稿录用与否,本刊都会在2个月内通知作者。

（三）来稿一经刊用,即付稿酬并赠刊2册。

四、著作权使用说明

本刊享有已刊文稿的著作财产权和材料加工、电子发行、网络传播权。本刊已许可中国知网等网络知识服务平台以数字化方式复制、汇编、发行、信息网络传播本刊全文。本刊支付的稿酬已包含网络知识服务平台的著作权使用费,所有署名作者向本刊提交文章发表之行为视为同意上述声明。如有异议,请在投稿时说明,本刊将按作者说明处理。

图书在版编目（CIP）数据

清华社会科学 . 第 6 卷 . 第 1 辑 / 应星主编 . -- 北京：商务印书馆 , 2024. -- ISBN 978-7-100-24426-8

Ⅰ . C53

中国国家版本馆 CIP 数据核字第 2024FB6495 号

权利保留，侵权必究。

清华社会科学

第 6 卷 第 1 辑（2024）

应　星　主编

商　务　印　书　馆　出　版
（北京王府井大街 36 号　邮政编码 100710）
商　务　印　书　馆　发　行
江苏凤凰数码印务有限公司印刷
ISBN 978-7-100-24426-8

2024 年 11 月第 1 版	开本 700×1000　1/16
2024 年 11 月第 1 次印刷	印张 20½

定价：98.00 元